编审委员会

主　任　李树忠

副主任　吴景明

委　员　（按姓氏笔画排序）

　　　　　王敬波　卞建林　孔庆江

　　　　　曲新久　杨　阳　杨秀清

　　　　　李欣宇　费安玲　焦洪昌

法学 e 系列教材

中国法制史（第二版）

马志冰／著

ZHONGGUO FAZHISHI

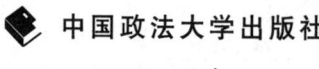
中国政法大学出版社

2023·北京

声　明　　1. 版权所有，侵权必究。
　　　　　2. 如有缺页、倒装问题，由出版社负责退换。

图书在版编目（CIP）数据

中国法制史/马志冰著. —2版. —北京：中国政法大学出版社，2023.5
ISBN 978-7-5764-0886-7

Ⅰ.①中… Ⅱ.①马… Ⅲ.①法制史－中国－教材 Ⅳ.①D929

中国国家版本馆CIP数据核字(2023)第071702号

出 版 者	中国政法大学出版社
地　　址	北京市海淀区西土城路 25 号
邮寄地址	北京 100088 信箱 8034 分箱　邮编 100088
网　　址	http://www.cuplpress.com（网络实名：中国政法大学出版社）
电　　话	010-58908435(第一编辑部) 58908334(邮购部)
承　　印	固安华明印业有限公司
开　　本	720mm×960mm　1/16
印　　张	16.5
字　　数	314 千字
版　　次	2023 年 5 月第 2 版
印　　次	2023 年 5 月第 1 次印刷
印　　数	1～4000 册
定　　价	49.00 元

编写说明

法学的实践性历来为法学教育所重视和强调，如何培养法科学生的法律运用能力也一直是法学教育的重点和难题。随着国家统一法律职业资格考试对法治实践水平的着重考察，以及同等学力人员申请硕士法学学位教育对理论知识结合司法实务的迫切需求，本系列教材编写组结合互联网科技和移动电子设备的发展趋势，根据全国各大法学院校不同学制法学教育的特点，针对学生法学基础深浅不一、理论与实践需求各异的现状，以掌握法学最基础理论知识、应对国家统一法律职业资格考试和同等学力人员申请法学硕士学位专业考试、提升司法实践能力和法律运用能力为目标，组织编写"法学 e 系列教材"。

本系列教材的特点主要体现在以下几个方面：

第一，本系列教材的编写人员均为中国政法大学从事法学教育数十年的知名教授，拥有极为丰富的法学教学经验和丰硕的科研成果，同时深谙司法实务工作特点和需求，能够在授课过程中完美地结合法学理论知识与法律实务技能，多年来深受学生的喜爱和好评。他们立足于法学教育改革和教学模式探索创新的需要，结合互联网资源信息化、数字化的特点，以自己多年授课形成的讲义和编著过的教材为基础，根据学生课堂学习和课外拓展的需要与信息反馈，经过多年的加工与打磨，精心编写而成。本系列教材是各位编写人员数十年法学教学、司法实践与思考探索的结晶，更是他们精心雕琢的课堂教学的载体和平台。

第二，知识详略得当、重点突出，完善法科学习思维导图。首先，本系列教材内容区别于传统法学全日制本科、研究生专业教材和学术著作，主要涉及法学教育中最根本、最重要的知识要点，教材篇幅适中，内容简洁明了、通俗易懂，准确阐述法学的基本概念、基本理论和基本知识，主要使学生了解该学科的通说理论。其次，本系列教材不仅旨在传授法学基础知识，更要帮助学生在脑海中形成脉络清晰的树状知识结构图，对于如何解构法律事实、梳理法律关系、分清主次矛盾、找到解决方法，形成科学完整的法学方法论，为法学理论拓展或法律实务工作奠定坚实的基础。最后，对于重难点内容进行大篇幅详细对比和研究，使学生通过学习本教材能够充分掌握重要知识点，培养学生解决常见问题的能力；对其他相关知识点如学术前沿动态和学界小众学术观点，则以二维码的形式开放线上学习平台，为有余力者提供课外拓展学习的窗口。

第三，实践教学与理论教学相结合，应试教学与实务教学相结合。本系列教材承载了海量案例库和法律法规库，同时结合扫描二维码形式跳转到相关资源丰富的实务网站，充分结合案例教学、情景教学、课后研讨和专题研究等教学、学习方法，引导学生从理论走向实践、从课堂走向社会。同时，为了满足学生准备国家统一法律职业资格考试和同等学力人员申请法学硕士学位专业考试的需要，本书设置了专项题库和法规库并定期更新，以二维码的形式向学生开放各类考试常考的知识点及其对应的真题、模拟题，提供考点法律法规及案例等司法实务必备信息，引领学生从法学考试走向法律实务、从全面学习走向深度研究。

第四，立体课堂与线下研讨相结合，文字与图表、音视频相结合。除了完善课前预习和课堂授课内容，本系列教材也为学生提供了丰富、立体的课下学习资源，结合网络学习平台，加强出版单位和读者沟通，加强师生互动沟通，不断更新、完善教师教学效果、学生学习成果、出版整合资源成果。

本系列教材是各位参编教师数十载潜心研究、耕耘讲台的直接成果，搭乘e时代的高速科技列车，以法学结合互联网、教材结合二维码为创新方式，攻克法学教育资源庞杂、重难点难以兼收的难题，希望为广大法科学子和司法实务工作者提供更加科学、实用的法学教材。我们相信，这些成果的出版将有力地推动各类法学院校法学教学改革和法律人才培养目标的实现，我们也希望能够得到广大从事法学教育工作的专家、学者的鼓励、交流与批评、指正！

编审委员会
2017 年 7 月

第二版说明

本书第一版自2017年12月出版以来,至今已届五年。根据中国政法大学出版社的统一要求和具体部署,现对本书进行了全面审阅和重新修订。本次修订,主要有以下改动。

一是对个别章节内容进行了一些修订,包括增加、删减或改写了一些内容,总的原则是弥补不足,削除烦芜,订正讹误。

二是对撰写录入时出现的文字、引注及标点符号等"笔误"进行了勘误改正。

三是对原书所附拓展阅读资料的99个二维码链接逐一进行了验证,删除了一个目前已无法查阅的视频讲座链接和一个历年真题链接,而继续保留的97个链接均可有效使用。

四是在原来所附2007~2014年历年考试真题链接的基础上,新增2015~2021年的考试真题链接,以便读者参考备查。

本书的重新修订,也是贯彻落实中共二十大精神的具体体现。党的二十大报告明确指出,"中华优秀传统文化源远流长、博大精深,是中华文明的智慧结晶,其中蕴含的天下为公、民为邦本、为政以德、革故鼎新、任人唯贤、天人合一、自强不息、厚德载物、讲信修睦、亲仁善邻等,是中国人民在长期生产生活中积累的宇宙观、天下观、社会观、道德观的重要体现";"我们必须坚定历史自信、文化自信,坚持古为今用、推陈出新",吸取"中华优秀传统文化精华",为中国特色社会主义法制建设服务。而《中国法制史》在践行这一历史使命中,责无旁贷,义不容辞。

在本次修订过程中,中国政法大学出版社有关部门,特别是本书责任编辑艾文婷、郭嘉珺二位老师,克服疫情的干扰和影响,为本书的编审付出了辛苦的劳作,在此表示衷心感谢!

希望本次修订能够更好地为各位读者服务,也感谢大家的关心、支持、鼓励和不吝赐教!

作　者

2022年11月

前言

《中国法制史》是同等学力人员申请硕士学位法学学科综合水平全国统一考试的五门专业课程之一，也是学习和了解中国法制发展的历史规律，进而为当代法制建设提供历史借鉴的一门基础理论课程。为了帮助学员及考生顺利地学习并掌握这门课程，在中国政法大学有关部门的统一组织和指导下，按照法学e系列教材的特色要求，我们编写了这部《中国法制史》教材。作为一部在职学习和复习应考的专业教材，本书的编写具有以下主要特点：

第一，紧扣考试大纲，明确应试要求。本书严格依据国务院学位委员会办公室发布的同等学力人员申请硕士学位法学学科综合水平全国统一考试大纲编写而成，全书的体系结构和具体内容紧扣考试大纲的章、节、目，便于读者全面、系统地掌握考试大纲所要求的学习及应试内容。

第二，内容简明扼要，重点难点突出。本书的服务对象主要是在职人士，其中绝大多数读者具有一定的实践工作经验，自学能力和理解水平较高，但是囿于业余时间有限，希望在较短的时间内尽快地掌握《中国法制史》的课程内容。针对这一特殊需求，本书尽量压缩纸质教材的篇幅内容，力图简明扼要，突出重点，详解难点，归纳要点，以便达到事半功倍的学习效果。

第三，利用网络资源，拓展阅读视野。在精简纸质教材篇幅内容的同时，本书充分利用互联网科技和移动电子设备等多媒体技术手段，将近年来全国统一考试的部分真题和网络教育平台的有关视频课程，通过二维码的链接方式，分别插入教材的相应内容中，既有助于考生进一步了解考试命题的有关信息，增强复习应试的针对性和实战性，又可以借助寓教于乐的影视传媒形式，扩大阅读范围，拓展专业视野，提高学习法制史的直观性和趣味性，增加专业研修的深度和广度。

在本书的编写过程中，参考、借鉴了法制史学界的一些教学科研成果，链接使用了央视等网络教育平台的部分视频资料，在此表示衷心的感谢！

在本书的审稿过程中，中国政法大学学生郭梁同学、中国政法大学出版社马

前 言

旭编辑,认真审读了全部书稿,逐条核查了各段引文及其文献出处,指出了其中的脱漏讹误,提出了一些修改意见。对于他们的严谨负责精神和辛勤编审工作,在此深表敬意和谢意!

最后,感谢读者阅读和使用本教材,欢迎各位不吝赐教,批评指正!

2018 年 1 月

图书总码

目 录

第一章　先秦时期的法律制度 ……………………………………（ 1 ）
　　第一节　夏商法制概况 …………………………………………（ 1 ）
　　第二节　西周法律制度 …………………………………………（ 6 ）
　　第三节　春秋战国时期的法律制度 ……………………………（ 28 ）

第二章　秦代法律制度 ……………………………………………（ 39 ）
　　第一节　法制概况 ………………………………………………（ 39 ）
　　第二节　刑法制度 ………………………………………………（ 44 ）
　　第三节　司法诉讼制度 …………………………………………（ 50 ）

第三章　汉代法律制度 ……………………………………………（ 55 ）
　　第一节　立法概况 ………………………………………………（ 55 ）
　　第二节　文帝、景帝时期的刑制改革 …………………………（ 60 ）
　　第三节　法律内容的儒家化 ……………………………………（ 62 ）
　　第四节　司法制度 ………………………………………………（ 69 ）

第四章　三国两晋南北朝法律制度 ………………………………（ 74 ）
　　第一节　立法概况 ………………………………………………（ 74 ）
　　第二节　法律形式与内容的发展变化 …………………………（ 81 ）
　　第三节　司法制度的变化 ………………………………………（ 88 ）

第五章　隋唐法律制度 ……………………………………………（ 91 ）
　　第一节　隋代法制概况 …………………………………………（ 91 ）
　　第二节　唐代立法概况 …………………………………………（ 94 ）
　　第三节　唐律各篇主要内容 ……………………………………（101）
　　第四节　唐律的基本原则与精神 ………………………………（112）
　　第五节　唐律的特点与历史地位 ………………………………（122）
　　第六节　司法制度 ………………………………………………（126）

第六章　宋元法律制度 ……………………………………………（133）
第一节　宋代法律制度 …………………………………………（133）
第二节　元代法律制度 …………………………………………（153）

第七章　明代法律制度 ……………………………………………（163）
第一节　立法概况 ………………………………………………（163）
第二节　法律的基本内容 ………………………………………（168）
第三节　司法制度 ………………………………………………（180）

第八章　清代前期法律制度 ………………………………………（189）
第一节　立法概况 ………………………………………………（189）
第二节　清律的基本内容 ………………………………………（194）
第三节　司法制度 ………………………………………………（201）

第九章　清末法律制度的变革 ……………………………………（206）
第一节　清末预备立宪 …………………………………………（206）
第二节　清末修律的重要活动与影响 …………………………（213）
第三节　外国在华领事裁判权制度 ……………………………（228）

第十章　中华民国南京临时政府的法律制度 ……………………（235）
第一节　《中华民国临时政府组织大纲》的制定与颁行 ……（235）
第二节　《中华民国临时约法》的制定与颁行 ………………（238）
第三节　南京临时政府社会改革的主要法令 …………………（242）

第一章 先秦时期的法律制度

(公元前 21 世纪~公元前 221 年)

法律制度是国家机器的有机组成部分,它与国家这一社会政治组织一样,不是与生俱来的,而是人类社会发展进化到一定历史阶段的产物。早期的法律制度脱胎于原始民间习惯及道德伦理观念,属于不成文的习惯法性质,有别于后世的成文法,即制定法体系。

先秦时期的夏商两代是习惯法的初步形成阶段,西周是习惯法的发展完善阶段。春秋时期的"礼崩乐坏"[1],促使以礼为核心的习惯法时代迅速解体。而经过战国时期各诸侯国的变法改革,开始进入成文法时代,并最终由秦朝的统一集权而逐步建立起在中国延续两千多年的君主专制帝国的法制体系。

第一节 夏商法制概况

公元前 21 世纪,夏禹之子夏启以武装夺取王位的方式,改变原来的夏部族首领选举继承制度,建立了以夏后氏为统治宗族的中国历史上第一个王位世袭制国家,从此开始了"大人世及以为礼"[2]的"家天下"制度。夏代政权共传十四世十七王,历时 400 余年。

公元前 16 世纪,商部族首领成汤率部起兵,推翻夏桀的暴虐统治,建立商代政权。从此历经十七世三十一王,立国约 500 年。至公元前 11 世纪,周武王率众起兵伐纣,商代政权被西周取代。

夏商两代政权以"天讨""天罚"的神权法思想为指导,逐步形成了以礼刑二者为主要法律形式、以肉刑和死刑为基本刑罚制度的习惯法体系,初步建立起军事、行政、司法职能不分的司法制度。

---

[1]《隋书》卷十四《音乐志中》,中华书局 1973 年版,第 345 页。
[2]《礼记·礼运》,见《十三经注疏》,中华书局 1980 年版,第 1414 页。

一、夏代法制概况

(一)"天讨""天罚"的自然法律观

夏代的社会发展水平还比较落后,人们的认知能力尚处于野蛮蒙昧状态,"天命"与"鬼神"之类的天道观长期占据意识形态领域。基于对"天"及自然神的敬畏、信仰和崇拜,敬事"天命"的神权法思想直接影响着法制指导思想,从而在立法、执法和司法活动中形成了"天讨""天罚"的自然法律观。

《尚书·召诰》称:"有夏服天命。"[1]早在夏禹时期,夏部族即盛行"致孝于鬼神"的天道观。夏后氏宗族也曾长期流传着夏禹母亲托梦"流星"有孕和"吞神珠薏苡"[2]有孕而生育夏禹的传说,这实际是给夏禹的降生罩上一个"受命于天"的神秘光环,进而为夏后氏政权的建立提供一种先天自然的合理性与正当性。正因为夏后氏政权是代表"天命"和"神意"的,因而违背夏后氏的统治意志,就是违背"天命"和"神意"的犯罪,就要受到"天讨""天罚"的惩处。例如,夏启夺取王位时,曾遭到有扈氏等各支宗族势力的反对,夏启便发动"天讨""天罚"的战争,并发布《甘誓》历数其"威侮五行"等罪状,宣称"天用剿绝其命,今予惟恭行天之罚"[3]。"五行"原指金、木、水、火、土,这里泛指"天道"。而"威侮五行",就是不敬"天命",辱犯"天道",因而要遭到"天讨""天罚",即由"受命于天"的夏启替天行道,"行天之罚","剿绝其命"。

(二)"禹刑"

《左传·昭公六年》有"夏有乱政,而作禹刑"的记述。所谓"乱政",是指社会矛盾不断加剧,统治危机日益加深。所谓"禹刑",并不是一部具体的成文法律,也不是由夏禹制定的,而是后世对夏代刑事法律的统称;其主要内容是根据夏部族长期形成的习惯规则,由统治者不断修订并加以认可的有关罪与刑的习惯法。由于年代久远,文献记载失传,"禹刑"的具体内容已不得而知。

真题 2016

---

[1] 见《十三经注疏》,中华书局 1980 年版,第 213 页。
[2] 以上引文,见《史记》卷二《夏本纪》及其注引《帝王纪》,中华书局 1982 年版,第 51、49 页。
[3] 《尚书·甘誓》,见《十三经注疏》,中华书局 1980 年版,第 155 页。

第一章　先秦时期的法律制度

（三）罪名与刑罚

夏代处于早期习惯法时代，并不具备后世的罪刑法定性质，故其罪名与刑罚尚不规范，带有"议事以制，不为刑辟"，"临事制刑，不豫设法"[1]，即根据具体案件临时议定罪刑的显著特点。

1. 罪名。根据目前文献记载所见，夏代的罪名主要有以下几种："不孝"。根据《孝经·五刑》的记载，夏代"五刑之属三千，而罪莫大于不孝"。夏代政权是以夏后氏宗族统治为核心、以父系血缘关系为纽带的宗法制国家，孝敬尊长是所有宗族成员必须遵循的伦理道德要求，也是维护宗法等级社会和谐有序的基本行为规范。不孝是影响宗法社会秩序和谐稳定的违法行为，因而是刑法严厉打击的严重犯罪。作为夏代最大的罪名，"不孝"也成为后世历代法律中最严重的犯罪之一。

"弗用命"。在以孝敬尊长为基本要求的父权家长制社会，国君就是国家的父权大家长，忠君就是孝敬尊长的扩大化。而不服从以夏王为代表的各级宗主贵族之命，即成为严重的违法犯罪行为。根据夏启发布的《甘誓》的有关规定，"弗用命，戮于社，予则孥戮汝"[2]。对于"弗用命"者，不仅本人处以极刑，而且要株连其妻儿眷属。

"昏；墨；贼"。《左传·昭公十四年》引《夏书》有"昏、墨、贼，杀，皋陶之刑也"的记载。按照春秋后期晋国贵族叔向的解释："己恶而掠美为昏，贪以败官为墨，杀人不忌为贼。"对于这三种罪名，依据"皋陶之刑"的规定，一律处以死刑。

2. 刑罚。夏代的刑罚制度，以极端野蛮残忍的身体刑（俗称肉刑）和生命刑（死刑）为主体，它是由伤及人身肢体、破坏生理功能和剥夺生命的五种主要酷刑构成的，故称五刑。根据《晋书·刑法志》的记载："夏后氏之王天下也，则五刑之属三千。"这也就是《隋书·经籍志》所说的："夏后氏正刑有五，科条三千。"按照汉代著名经学家郑玄的解释，所谓"五刑之属三千条"，包括"大辟二百，膑辟三百，宫辟五百，劓、墨各千"[3]。但这些记载和解释

---

[1]《左传·昭公六年》及杜氏注，见《十三经注疏》，中华书局1980年版，第2043页。

[2]《尚书·甘誓》，见《十三经注疏》，中华书局1980年版，第155页。

[3]《周礼·秋官·司刑》郑氏注，见《十三经注疏》，中华书局1980年版，第880页。

是后人的理解或推测，未必完全符合夏代刑罚制度的原貌。

3. 刑罚适用原则。根据《左传·襄公二十六年》转引的《夏书》记载，夏代有"与其杀不辜，宁失不经"的刑罚适用原则。所谓"不辜"，即无辜，无罪；"不经"，即违背常规或违反常法。这一刑罚适用原则，是指对待证据不足或情节可疑的案件，与其错杀无辜或无法定罪的疑犯，宁可承担违背常规或违反常法的失误风险，做出有可能漏杀有罪者的无罪裁定。这可以说是中国法制史上最早出现的疑罪从无原则。

（四）监狱

中国古代的监狱产生很早，按照《急就篇》所载"皋陶造狱法律存"[1]的传说，早在夏禹之前的虞舜时代就已发明监狱。《竹书纪年》有"夏帝芬三十六年作圜土"的记载，圜土即是夏代的监狱，主要关押劳役刑徒。

真题2008-1

夏代末年，商部族的势力和影响不断增强，为了防范他们对夏政权的威胁，夏桀曾将商部族的首领商汤囚禁于夏台（又称钧台），因而也有人把夏代的监狱称为夏台。不过，夏台其实是夏代宫城里的一座殿堂，只是临时作为一处关押商汤的软禁场所而已，并非普通的监狱。

二、商代法制概况

（一）"汤刑"

《左传·昭公六年》有"商有乱政，而作汤刑"的记载。"汤刑"与夏代的"禹刑"性质相同，也是后人对商代以刑事内容为主的习惯法的一种统称，而并非由商汤制订的法律，更不是后世所说的成文法。从《竹书纪年》关于第二十四代商王祖甲在位第二十四年"重作汤刑"的记载来看，"汤刑"是随着商代社会的发展变化而逐渐形成和不断修订的，显然不是商汤一人或一时完成的。

真题2008-2

（二）罪名与刑罚

商代除继续沿用夏代的罪名与刑罚外，随着社会的发展变化和统治者的需要，又进行了一些调整和增删。

真题2019-1

1. 罪名。第一，商代继续沿用夏代的"不孝"罪以及与夏代"弗用命"基本相同的"不从誓言"罪。根据《吕氏春秋·孝行》引《商

---

[1]《后汉书》卷四十四《邓张徐张胡列传》注引，中华书局1962年版，第1504页。

书》所载"（汤）刑三百，罪莫重于不孝"的规定，"不孝"罪在商代也同样是最重的罪名。商汤在征讨夏桀时发布的《汤誓》中曾对部众下令："尔不从誓言，予则孥戮汝，罔有攸赦。"〔1〕这里对于"不从誓言"罪的规定，与夏启《甘誓》中"弗用命"的规定如出一辙，即本人连同妻儿亲属连坐处死，不予赦免。

第二，商代有"不吉不迪""颠越不恭"及"奸宄"等各种罪名。商王盘庚迁都于殷时曾经明确宣布："乃有不吉不迪，颠越不恭，暂遇奸宄，我乃劓殄灭之，无遗育。"〔2〕所谓"不吉"，即不善或作恶；"不迪"，即不道或忤逆；"颠越不恭"，即败坏尊卑秩序，不顺从商王之命；"暂遇奸宄"，即劫夺或窃取，奸指对外，宄指对内。对于这些违法犯罪行为，本人及其子孙将全部处死，不留后患。

根据文献记载，商代还有"乱政"和"疑众"等罪名。《礼记·王制》："析言破律、乱名改作、执左道以乱政，杀。作淫声、异服、奇技、奇器以疑众，杀。行伪而坚，言伪而辩，学非而博，顺非而泽以疑众，杀。假于鬼神、时日、卜筮以疑众，杀。"所谓"乱政"罪，主要涉及擅自更改或破坏法律政令、严重扰乱或败坏礼制名分以及利用旁门左道干扰统治秩序等违法犯罪行为。所谓"疑众"罪，大体包括各种以违禁或违法言行蛊惑人心、制造混乱等犯罪行为。对于这两种罪名，是要依法处死的。不过，由于《礼记·王制》是西汉初年文帝下令博士诸生兼采六经古制编撰而成的，它所记载的商代"乱政"和"疑众"等罪名，未必完全符合当时的具体情况。但严惩破坏政治秩序、危害社会稳定等违法犯罪，应是商代刑法的重要内容。

此外，在商代惩治职务犯罪的"官刑"中，有关于"巫风"罪的规定。据《墨子·非乐上》所载："汤之官刑有之，曰：'其恒舞于宫，是谓巫风。其刑：君子出丝二卫，小人否。'"〔3〕所谓"巫风"，即沉湎于歌舞声色而怠惰于政事的违法行为。根据商汤时期的"官刑"规定，按"巫风"者身份地位的高低，轻者罚缴蚕丝，重者罢黜职务。

2. 刑罚。《晋书·刑法志》在记载商代刑罚制度时称："殷因

---

〔1〕《尚书·汤誓》，见《十三经注疏》，中华书局1980年版，第160页。
〔2〕《尚书·盘庚中》，见《十三经注疏》，中华书局1980年版，第171页。
〔3〕见《诸子集成》第四册，中华书局2006年版，第160页。"否"，一说通"倍"，即加倍之意。

于夏，有所损益。"表明商代在继承夏代刑罚体系的基础上，对刑罚制度略有调整和增减。商代的刑罚体系仍以五刑为主体，包括墨、劓、刖、宫、大辟等五种刑名。战国时期的《荀子·正名》有"刑名从商"的说法，表明商代的刑罚制度对后世的周秦刑制影响深远。

3. 刑罚适用原则。根据文献记载，商代确立了"殷罚有伦"的刑罚适用原则，强调处理案件和定罪量刑时，要依据"殷彝"之类习惯法的有关标准或处罚规则，对违法犯罪者实行依法"义刑义杀"[1]，反对滥刑滥杀。

第二节 西周法律制度

殷商后期，经过长期的农耕生活和社会发展，世代定居于今陕西中西部的周部族迅速强盛起来。公元前11世纪，在周武王的带领下，周部族联合周边各部族势力，起兵推翻殷纣王统治，灭商建周，定都镐京，史称西周。西周政权共传十一世十二王，历时200多年。至公元前771年，在内部矛盾和外来侵扰的联合打击下，周幽王统治下的西周政权灭亡。

西周统治者吸取夏商两代先后覆灭的历史教训，在"以德配天"的天道观的指导下，通过周公制礼和吕侯作刑等重要立法活动，确立"明德慎罚"[2]的法律思想和"礼乐刑政"[3]综合为治的法制体系，将先秦时代以习惯法为主体的中国早期法制建设推向了成熟鼎盛时期。西周时期开创的礼乐文明和礼刑制度，在孔子"周监于二代，郁郁乎文哉！吾从周"[4]的赞誉和推崇下，基本为后世的儒家学派所承袭，并对中华民族历史传统及其法律文化的发展产生了深远的影响。

一、西周时期法律思想的发展

（一）"以德配天"说

西周法律思想是在夏商两代天命论和神权法的基础上有所发展与

---

[1] 以上引文，见《尚书·康诰》，见《十三经注疏》，中华书局1980年版，第204页。
[2] 《尚书·康诰》，见《十三经注疏》，中华书局1980年版，第203页。
[3] 《礼记·乐记》，见《十三经注疏》，中华书局1980年版，第2527页。
[4] 杨伯峻译注：《论语译注·八佾篇第三》，中华书局1980年版，第28页。

创新的。虽然西周政权的建立同样宣称是"受天明命"[1]的,武王伐纣时发布的《牧誓》也同样声称"行天之罚"[2],但周人积极总结借鉴夏商两代严刑峻法、残暴统治导致相继灭亡的历史教训,进一步提出了"以德配天"的天道观,认为像夏商两代那样"敬事上帝"[3]固然重要,但更为重要的是"不可不敬德"[4]。因为"皇天无亲,惟德是辅"[5]。倘若像夏桀和殷纣王那样"不敬厥德,乃早坠厥命"[6],最终将遭到天命的唾弃。由于"民之所欲,天必从之"[7],因此,顺应民意即合乎天意,"敬德保民"即可"享天之命"[8]。

(二)"明德慎罚"的法律主张

在"以德配天"的天道观和"敬德保民"的政治观的基础上,西周统治者提出了"明德慎罚"的法律主张。所谓"明德",即彰明德治,注重德礼教化,以德治国,以礼化民。所谓"慎罚",即慎用刑罚,先教后刑,大德小刑。这种注重德礼教化、强调礼刑并用的"德治"理论,改变了夏商两代专任刑罚、一味镇压的"刑治"思想,超越了夏商两代天命论和神权法的局限性,并为后世"德主刑辅"思想的产生和发展创造了条件,可谓中国传统法律思想的重大创新。

二、西周时期的法律形式

(一)"周公制礼"

西周建立初年,政权尚未稳定,武王病故,成王年幼即位,由周公摄政。周王室的一些姬姓贵族对此不满,以殷纣王之子武庚为首的殷商遗民也趁机发动叛乱,社会形势动荡不宁。为了消除内忧外患,维护新生政权统治,稳定社会秩序,周公毅然平定内外叛乱后,通过"制礼作乐"[9]等立法活动,建立起一套以《周礼》为核心的礼乐政制法度和伦理道德规范,成为西周政权有效管理国家和全面调整规制各种社会关系的根本大法。

---

[1]《史记》卷四《周本纪》,中华书局1982年版,第126页。

[2]《尚书·牧誓》,见《十三经注疏》,中华书局1980年版,第183页。

[3]《尚书·立政》,见《十三经注疏》,中华书局1980年版,第231页。

[4]《尚书·召诰》,见《十三经注疏》,中华书局1980年版,第213页。

[5]《左传·僖公五年》引《周书》,见《十三经注疏》,中华书局1980年版,第1795页。

[6]《尚书·召诰》,见《十三经注疏》,中华书局1980年版,第213页。

[7]《左传·襄公三十一年》引《泰誓》,见《十三经注疏》,中华书局1980年版,第2014页。

[8]《尚书·多方》,见《十三经注疏》,中华书局1980年版,第228页。

[9]《礼记·明堂位》,见《十三经注疏》,中华书局1980年版,第1488页。

(二)"吕刑"

"吕刑"是西周中期在"九刑"的基础上修订完成的一部刑事习惯法。据《左传·昭公六年》记载:"周有乱政,而作九刑。"这里的"九刑",是周人早年形成并为西周前期所沿用的"刑书九篇"[1]的统称,其内容主要是周部族在长期社会发展中陆续形成的一套刑事习惯法。

西周中期以后,"王道衰微",周天子的权威地位开始下降,统治集团内部逐渐出现"诸侯有不睦者"之类的分裂因素,原来的"九刑"越来越不适应日益变化的社会需要。为了恢复统治秩序,缓和社会矛盾,维护宗法等级制度,周穆王下令时任司寇的吕侯,对"九刑"进行整理修订,完成了"吕刑"这部新的刑事习惯法。由于吕侯后来改封为甫侯,故"吕刑"又名"甫刑"。

真题 2009-1

"吕刑"早已失传,现存《尚书》中的《吕刑》并非吕侯"作修刑辟"[2]的原文,但它保留了大量周代刑事法律的重要内容,是研究中国早期法律制度和法律思想的宝贵资料。"吕刑"的内容属于刑法和刑事诉讼法性质的习惯法,全文大体包括三章二十二项内容。它以"明德慎罚"的法律思想为宗旨,系统地规定了五刑、赎刑等刑罚制度及其刑法适用原则,代表了先秦时期刑事习惯法的最高成就。

三、礼及礼刑关系

(一)"礼"的渊源与发展

"礼"作为中国古代规范社会秩序、调整社会关系的伦理道德准则和日常行为规则,最初起源于人们在长期生产、生活中不断创造的物质文化和在祭祀崇拜活动中逐渐形成的精神文化。《礼记·礼运》生动地描述了"礼"的渊源:"夫礼之初,始诸饮食,其燔黍捭豚,污尊而抔饮,蒉桴而土鼓,犹若可以致其敬于鬼神。"[3]根据这一描述,"礼"的渊源最初脱胎于先民们淳朴自然的饮食供奉仪式和原始乐舞活动,即在石板上烧烤谷物和撕开的畜肉,双手掬捧

视频资料:
"礼"从
远古来

---

[1]《逸周书·尝麦解》,见黄怀信:《逸周书校补注译(修订本)》,三秦出版社 2006 年版,第 297 页。"九刑"的另一种含义,是指墨、劓、剕、宫、大辟、流、赎、鞭、扑等九种刑罚。

[2] 以上引文,见《史记》卷四《周本纪》及注,中华书局 1982 年版,第 134~138 页。

[3] 见《十三经注疏》,中华书局 1980 年版,第 1415 页。"燔黍捭豚":在石板上烧烤谷物和撕开的畜肉;"污尊抔饮":以泥土制成酒具,双手掬捧而饮;"蒉":本义是草编的土筐,此处应指草编的土鼓;"桴":鼓槌;"蒉桴而土鼓":用鼓槌敲击草编的土鼓演奏乐舞。

土制酒具饮用酒水，同时敲击土制乐鼓演奏乐舞，作为敬神祭祖祈福的典礼仪式。后世的"礼"，包括宗法礼仪制度和伦理道德规范，就是随着这种宗教祭祀礼仪和日常行为习惯的日益复杂化而逐渐形成和不断丰富的。起初，这种宗法礼仪制度和伦理道德规范是比较简约的，仅仅是一些约定俗成的祭祀祈祷的仪式、信仰崇拜的观念以及宗教禁忌的规则。进入阶级社会，特别是出现阶级分化和矛盾对立后，统治者为了维护自身利益，稳定社会秩序，便把日益繁缛的"礼"改造成强制人们必须遵守的规范性制度，使其具有维系和调整社会关系的"礼法"属性。

夏商时期即已形成早期的夏礼和殷礼，后来的周礼就是以周部族的传统礼制为基础，吸收夏礼和殷礼的部分礼制渊源制定的。孔子曾经指出："殷因于夏礼，所损益，可知也；周因于殷礼，所损益，可知也。"[1]这说明夏商周三代的礼是一脉相传并逐步发展改进的。

(二) 周礼的性质与作用

周礼是西周的主要法律形式之一，属于国家习惯法体系的重要组成部分，因而具有法的性质与作用。

第一，周礼的作用是调整社会关系和法律关系，维护宗法等级秩序，保障各级贵族的统治利益。这就是周人所说的"礼，经国家，定社稷，序民人，利后嗣者也"[2]；"夫礼者，所以定亲疏，决嫌疑，别同异，明是非也"[3]；"礼者，贵贱有等，长幼有差，贫富轻重皆有称者也"[4]。可见，周礼具有规定国家根本制度的基本大法性质，属于调整社会关系的一种"礼法"规范。

第二，周礼的作用是有效地预防和禁止违法犯罪，犹如一道防范祸水恣意泛滥的堤防。这就是《礼记·经解》所强调的："夫礼，禁乱之所由生，犹坊止水之所自来也。故以旧坊为无所用而坏之者，必有水败。"倘若没有这道堤防，就无法保证社会秩序的稳定。正是由于周礼具有防患于未然的作用，因而一向受到统治者的高度重视，认为"安上治民，莫善于礼"[5]，"治人之

---

[1] 杨伯峻译注：《论语译注·为政篇第二》，中华书局1980年版，第21~22页。
[2] 《左传·隐公十一年》，见《十三经注疏》，中华书局1980年版，第1736页。
[3] 《礼记·曲礼上》，见《十三经注疏》，中华书局1980年版，第1231页。
[4] 《荀子集解·富国》，见《诸子集成》第二册，中华书局2006年版，第113页。
[5] 《孝经·广要道》，见《十三经注疏》，中华书局1980年版，第2556页。

道,莫急于礼"[1]。

基于周礼的性质与作用,它确立了"亲亲""尊尊"的基本精神原则。"亲亲"是一条别亲疏、序长幼的宗法伦理原则,它以家庭血缘关系和伦理道德亲情为纽带,主张"父慈子孝,兄爱弟敬,夫和妻柔,姑慈妇听"[2],要求每个人都亲敬和爱护自己的亲属,特别是要孝敬以父权家长、族长和宗主为首的尊长。"亲亲父为首"[3],以孝为核心,强调长幼有序,男女有别,旨在维护各个家庭、家族及宗族的伦理道德关系和宗法等级秩序。"尊尊"是一条别贵贱、序尊卑的身份等级原则,它以"名位不同,礼亦异数"[4]的法律地位为基础,要求下级对上级、小宗对大宗、臣民对君长、卑贱者对尊贵者必须绝对敬事和遵从,严守等级名分,严禁违法僭越。"尊尊君为首"[5],以"忠"为核心,强调身份地位的等级差别,旨在维护君臣、贵贱、尊卑间的政治关系和社会秩序。

在"亲亲""尊尊"原则的指导下,逐渐形成了一套具体的礼仪规范。其内容极其丰富,包括指导性规范、强行性规范和禁止性规范等各种形式。所调整和适用的范围也非常广泛,大到国家政制法度和各种社会关系,小到各个社会组织及其个人的日常行为规范,几乎无所不包。按照《礼记·礼器》的说法:"经礼三百,曲礼三千。"而《礼记·中庸》也说:"礼仪三百,威仪三千。"说明礼仪制度的规定是十分全面而又具体的。后人按照礼所调整的对象性质,把各种礼仪规范分为"五礼""六礼"或"九礼"等不同类别。其中又以《周礼·春官·小宗伯》关于"五礼"即吉礼、嘉礼、宾礼、军礼、凶礼的划分影响最大。吉礼即祭祀鬼神之礼,嘉礼即婚冠庆贺之礼,宾礼即宾客接待之礼,军礼即治军统兵之礼,凶礼即殡葬治丧之礼,涉及国家、社会、家庭、个人必须遵守的各种行为规范。

(三)"礼"与"刑"的关系

礼与刑是西周习惯法的两种基本法律形式,二者功能有别,各司其职,相辅相成,互为补充,既有紧密联系,又有显著区别。

---

[1] 《礼记·祭统》,见《十三经注疏》,中华书局1980年版,第1602页。
[2] 《左传·昭公二十六年》,见《十三经注疏》,中华书局1980年版,第2115页。
[3] 《史记》卷一百三十《太史公自序》注,中华书局1982年版,第3291页。
[4] 《左传·庄公十八年》,见《十三经注疏》,中华书局1980年版,第1773页。
[5] 《史记》卷一百三十《太史公自序》注,中华书局1982年版,第3291页。

第一章 先秦时期的法律制度

第一,从二者的紧密联系来看,礼与刑都属于当时的习惯法,都具有法的相同性质,亦即法的规范性和强制力。凡是违反礼的规定,就是违法行为,就要受到法律的制裁。不仅如此,礼还是刑的立法依据,无论罪名与刑名的确定,刑事责任的追究与否,定罪量刑的轻重裁定,都是以礼的原则精神及具体规定为判定标准的。遵守礼的规定,即不触犯刑的规定,不受刑的制裁;违反礼的规定,则触犯刑的规定,就会受到刑的制裁。这就是古人所说的"律出于礼","寓刑于礼"[1],"礼之所去,刑之所取,失礼则入刑,相为表里者也"[2]。

真题 2007-1

第二,从二者的相互区别来看,首先是礼与刑的内容性质和功能作用不同。礼是统治者制定或认可的要求人们自觉遵守的指导性、禁止性或强行性规范,全面规定国家根本制度、社会等级秩序和日常行为规则,注重德礼教化,侧重于积极的预防,其功能作用在于正面的指导、规制或强行禁止。刑是统治者制裁违法犯罪的惩罚性规范,注重刑事镇压,侧重于事后的处罚,其功能作用在于惩治、震慑和遏制违法犯罪。正所谓"礼者禁于将然之前,而法者禁于已然之后"[3]。

其次是礼与刑的适用原则和实施对象不同。西周是典型的宗法等级社会,实行"礼不下庶人,刑不上大夫"[4]的适用原则,礼与刑从制定宗旨到实施对象都有所不同。礼的制定宗旨,主要是为了调整以"大夫"以上的各级贵族为主体的宗法等级秩序。礼所具有的等级差别性,决定了不同的社会关系要由不同的礼来调整,不同身份地位者分别适用不同等级规格的礼。各级贵族所享用的各种等级特权性的礼,是依法赋予他们的排他性的特殊待遇,"庶人"以下的平民百姓是不得逾越或违法适用的。因此,"礼不下庶人"并不是指礼完全不适用"庶人"以下的平民百姓,更不是说礼对他们没有约束力;反之,古人早就指出:"礼,所以整民也。"[5]作为管理国家和治理民众的强制性规范的礼,"庶人"以下的所有人都必

视频资料:
礼刑时代

---

[1] (清)孙星衍:"重刻故《唐律疏议》序",见刘俊文点校:《唐律疏议·附录》,中华书局 1983 年版,第 667 页。

[2] 《后汉书》卷四十六《郭陈列传》,中华书局 1965 年版,第 1556 页。

[3] 《汉书》卷四十八《贾谊传》,中华书局 1962 年版,第 2252 页。

[4] 《礼记·曲礼上》,见《十三经注疏》,中华书局 1980 年版,第 1249 页。

[5] 《左传·庄公二十三年》,见《十三经注疏》,中华书局 1980 年版,第 1778 页。

须遵守。正是从这个意义上说，礼具有规范和维护西周宗法等级制度的国家基本大法性质。

所谓"刑不上大夫"，也并不是说"大夫"以上的各级贵族犯罪一概不适用刑的处罚，而是指刑的制定宗旨主要在于威慑和制裁"庶人"以下被统治者的犯罪行为，而不是针对"大夫"以上的各级贵族集团。后者即使犯罪，需要追究刑事责任，也可以凭借身份地位的高低贵贱，享有同罪异罚的司法特权，分别获得减刑、换刑甚至免刑的优遇。从这个意义上说，西周的刑事法律制度是典型的宗法等级特权法制度。

真题 2019-2

四、刑法制度

（一）主要罪名

西周的主要罪名，与夏商时期相比，既有继承也有变化。根据文献记载，当时主要有以下几种罪名：

"不孝"。周成王曾明确宣布："元恶大憝，矧惟不孝不友。"[1]"憝"，罪恶；"矧"，亦，也。对父祖的"不孝"和对兄长的"不友"，在西周也属罪大恶极。

"寇攘奸宄"；"杀越人于货"。《康诰》规定："凡民自得罪，寇攘奸宄，杀越人于货。"这里的罪名是指抢劫盗窃和杀人越货两类行为。根据《周礼·秋官·掌戮》的规定："凡杀人者，踣诸市，肆之三日。"犯杀人罪者，要在众人聚集的闹市处以极刑，并陈尸三天示众。

此外，《左传·文公十八年》所引"九刑"也规定了四项罪名："毁则为贼，掩贼为藏，窃贿为盗，盗器为奸。"破坏国家政令法度为贼罪，包庇或隐匿罪犯为窝藏罪，窃取他人财物为盗罪，偷盗等级性或宗教性的重要礼器为奸罪。根据该条"九刑"的量刑规定，对这些行为的处理是"有常无赦"，即依据普通的"常法"规定，严惩不贷。

（二）主要刑罚

西周的主要刑罚有死刑、肉刑、赎刑、劳役刑、拘役刑等各种刑名，其中以死刑和残害人身或破坏生理功能的肉刑为主体，基本沿用夏商时期的"五刑"体系，各种刑罚手段仍然非常野蛮

---

[1]《尚书·康诰》，见《十三经注疏》，中华书局1980年版，第204页。

残酷。

1. 死刑和肉刑。西周的死刑和肉刑制度，在继承和沿用夏商时期"五刑"体系的基础上有所调整变化，属于当时最重的两类刑罚。根据《周礼·秋官·司刑》的记载，西周初年的规定是五刑二千五百条，包括"墨罪五百，劓罪五百，宫罪五百，刖罪五百，杀罪五百"。到西周中期穆王下令司寇吕侯制定《吕刑》时，将其改为五刑三千条，即"墨罚之属千，劓罚之属千，剕罚之属五百，宫罚之属三百，大辟之罚其属二百，五刑之属三千"[1]。比较前后两者的变化，《吕刑》把五刑总数增加为三千条，是把死刑和宫刑这两种重刑的条目削减了一半，而把墨刑和劓刑这两种轻刑的条目各自增加了一倍。因此，这次调整修订"五刑"制度的立法精神，是对重刑体系的大幅减轻，反映了西周"明德慎罚"思想的具体化。

真题2007-2

真题2012-1

真题2020-1

西周的死刑执行方式非常杂乱，行刑手段也极为残酷，仅见于文献记载的刑名就有磬（绞缢窒息）、磔（肢解碎尸）、脯（剥衣碎尸）、轘（车裂分尸）、焚（活活烧死）、踣（闹市行刑，曝尸示众）、斩（腰斩或斩首）等。西周的肉刑得到了考古出土文物材料的证实。20世纪六七十年代，在陕西岐山、扶风等地的多处考古发掘遗址中，先后出土了多件反映西周墨刑、刖刑的青铜器。[2]

2. 赎刑。赎刑是依据法律规定，并经司法机关判决，允许用缴纳钱财物品的方式，折抵原判刑罚的一种刑名。根据《尚书·舜典》的记载，早在夏代建立之前的虞舜时代，就有所谓"金作赎刑"的规定，即以缴纳铜的方式建立了赎刑制度。《尚书·吕刑》关于"穆王训夏赎刑，作《吕刑》"的记载，表明在穆王下令司寇吕侯制定的《吕刑》中，又以夏代赎刑为基础，通过"五刑之疑有赦"的规定，进一步完善了与"五刑"相对应的赎刑制度。按照这一规定，对于不应执行五刑即死刑或肉刑的疑罪或疑案，应当采取从轻从宽的减刑原则，改处赎刑之类的财产刑，即以罚交铜锾的方式赎抵罪刑。铜锾是当时的货币单位，一锾为古代六两。《吕

---

[1]《尚书·吕刑》，见《十三经注疏》，中华书局1980年版，第249页。

[2] 分别参见唐兰："陕西省岐山县董家村新出西周重要铜器铭辞的译文和注释"，载《文物》1976年第5期；《中华古文明大图集》（第一部），人民日报出版社等1992年版，第189页。

刑》对五刑折抵赎刑的具体规定是墨刑为百锾、劓刑为二百锾、剕刑为五百锾、宫刑为六百锾、大辟为千锾。在上述陕西出土的西周铜器铭文中，记录有赎刑的具体案例，而且涉及的数额相当大，是西周赎刑制度的实物证明。

3. 圜土之制。圜土之制属于劳役刑性质，是限制或剥夺罪犯自由并强制其从事法定期限劳役的一种刑罚，后世称为作刑或徒刑。圜土是专门关押和惩罚劳役刑徒的普通监狱。西周圜土之制的适用对象，主要是所犯罪行相对较轻，尚未达到判处五刑的罪犯。《周礼·秋官·大司寇》规定："以圜土聚教罢民。凡害人者，置之圜土而施职事焉，以明刑耻之。"所谓"罢民"，指不服从教化管理、不勤事日常劳作的怠惰刁顽之人。圜土即关押和惩罚这些危害社会、但并未构成判处五刑之罪的"罢民"，强制其从事劳役的服刑监所。根据《周礼·秋官·司圜》的规定，当时设置有专门管理圜土及其劳役刑徒的司圜一职："司圜掌收教罢民。凡害人者，弗使冠饰而加明刑焉，任之以事而收教之。能改者，上罪三年而舍，中罪二年而舍，下罪一年而舍。"在司圜的监押管理下，劳役刑徒服刑一年至三年不等的刑期后，能够改过自新者，即可期满释放。这种圜土之制，是后世有期徒刑的历史渊源。

4. 嘉石之制。嘉石之制属于拘役刑性质，是限制或剥夺罪犯自由并强迫其从事短期劳役的一种轻刑，主要适用于所犯罪行较轻，尚未达到判处劳役刑的轻罪犯人。按《周礼·秋官·大司寇》的规定："凡万民之有罪过而未丽于法，而害于州里者，桎梏而坐诸嘉石，役诸司空。"嘉石是一种有纹理的大石头，一般放置于京城外朝门的左侧，违法犯罪者先被强制罚坐在嘉石上反省思过，再移交给掌管土木工程建设的司空，由该机构监督其从事短期劳役，故称为嘉石之制。按照服刑者所犯罪行的轻重，罚坐嘉石和并处拘役的时间分别为五个等级，前者依次为三、五、七、九、十三天，后者分别对应的拘役时间依次是三、五、七、九、十二个月，期满后改过自新，"则宥而舍之"[1]，予以释放。

---

[1] 参见《周礼·秋官·大司寇》，见《十三经注疏》，中华书局1980年版，第870页。

第一章 先秦时期的法律制度

（三）主要刑法原则与刑事政策

西周的主要刑法原则与刑事政策，是在西周初年确立的"明德慎罚"法律思想的指导下形成的，不仅对周代刑事法律制度的建设具有决定性影响，还对后世刑事法律制度的发展方向产生了深远的影响。

1. 主要刑法原则。西周初步确立了一些基本刑法原则，作为定罪量刑的法律依据，主要有：矜老恤幼原则；区分故意与过失、惯犯与初犯原则；疑罪从无或从轻原则；比附类推原则；同罪异罚原则；等等。

（1）矜老恤幼原则，即耄耋老人、年幼无知的未成年人以及智力发育不全的残障者犯罪减免刑罚的原则。《周礼·秋官·司刺》有"三赦之法"的规定："壹赦曰幼弱，再赦曰老旄，三赦曰憃愚。"按照《礼记·曲礼上》的规定："八十九十曰耄，七年曰悼。悼与耄虽有罪，不加刑焉。"此处的"幼弱"称为"悼"，指七岁以下的未成年人；"老旄"即"耄"，指八十以上的耄耋老人；"憃愚"，指严重智障的残疾人；这三种人违法犯罪，"非手杀人，他皆不坐"，即除故意杀人罪外，一律不追究刑事责任。周代的矜老恤幼原则，按照当事人的行为能力，给予豁免刑罚的宽宥处理，符合刑事立法的基本精神，是西周"明德慎罚"法律思想的具体化。

真题 2021-1

（2）区分故意与过失、惯犯与初犯原则，即依据犯罪者的主观动机和行为性质，区分故意犯罪与过失犯罪、惯犯与初犯等不同情况，分别给予不同处置的刑法原则，据说早在周代以前就已经出现。根据《尚书·舜典》的有关记载，虞舜时代有"眚灾肆赦，怙终贼刑"的规定。"眚"，即过失；"灾"，指因不可抗力或无法预见而带来的灾害或危害后果；"肆赦"，即缓刑或赦免；"怙终"，指故意犯罪和惯犯；"贼刑"，轻者追究刑事责任，重者判处死刑。周成王在《康诰》中也明确宣布："人有小罪，非眚，乃惟终……乃不可不杀。乃有大罪，非终，乃惟眚灾……时乃不可杀"。其中的"眚"与"非眚"分别是指过失犯罪与故意犯罪，"终"与"非终"分别是指惯犯与初犯。对于故意犯罪或惯犯从重严惩，过失犯罪或初犯从轻处罚。这一刑法原则，显然是以上所说的虞舜时代有关规定的延续。《周礼·秋官·司刺》还有"三宥之法"的规定："壹宥曰不识，再宥曰过失，三宥曰遗忘。"所谓"不识"，是指由于不能准确识别所侵害对象或不能预判自己行为后果而导致的误犯；"遗忘"，是指由于身体或精神原因导致的健忘；"过失"，即过失犯罪。对于这三种情况，可以给予宽宥处理，从轻处罚。这一刑法原则，明确区分犯罪者的主观动机与行为性质，作为定罪量刑的构成要件，也为后世历代刑事立法所沿用。

（3）罪疑从轻、罪疑从赦原则，最初源于夏代的疑罪从无原则。据《左传·襄公二十六年》引《夏书》所载，夏后氏有"与其杀不辜，宁失不经"的刑法适用原则。"不辜"，即无辜；"不经"，即不守常规。对于并无确凿证据确定罪责的疑案或疑犯，与其错杀可能的无辜者，宁可漏杀可能的有罪者，体现了夏代的疑罪从无原则。西周建立后，也采取罪疑从轻、罪疑从赦的定罪量刑原则。《尚书·吕刑》有"五刑之疑有赦，五罚之疑有赦，其审克之"的规定，对于适用"五刑"存在疑义的案件，应从轻宽宥，改处赎刑，缴纳铜锾；而适用"五罚"即五等赎刑存在疑义的案件，则应赦免，不予追究刑事责任；务求证据充分，定罪准确，量刑适当。对于重大案件或疑难案件，《周礼·秋官·小司寇》有"三刺之法"的规定："以三刺断庶民狱讼之中，一曰讯群臣，二曰讯群吏，三曰讯万民。听民之所刺宥，以施上服下服之刑。"所谓"三刺"，即根据案件审理的需要，分别在三个不同的范围内征求意见，作为定罪量刑的参考或宽宥赦免的依据。对于疑罪，重罪从轻，轻罪从无，显然是一种慎刑原则，体现了"明德慎罚"的法律思想。

（4）上下比罪原则。《尚书·吕刑》有"上下比罪"的规定，相当于后世唐律中的法律类推原则，即对某些法无明文规定的行为，参照同类行为的法律规定或者同类案例比附类推，以适用恰当的定罪量刑。其具体的适用原则是"上刑适轻，下服；下刑适重，上服"。前者关于"上刑"的规定，是指适用法律类推的某种行为，如果罪责轻于所比照的有法律规定的同类行为，应当采取"适轻，下服"的原则，比照该条"上刑"即"重刑"的规定，"下服"即下调定罪量刑，"适轻"即适用减轻刑罚的类推；后者关于"下刑"的规定，是指适用法律类推的某种行为，如果罪责重于所比照的有法律规定的同类行为时，则应采取"适重，上服"的原则，比照该条"下刑"即"轻刑"的规定，"上服"即上调定罪量刑,"适重"即适用加重刑罚的类推。这种根据具体案情,参照同类法律规定或相关案例进行法律类推的原则,是后世唐律关于"举轻以明重""举重以明轻"[1]的法律类推原则的立法渊源。

(5)同罪异罚原则。西周实行宗法等级制度,对不同身份地位的人采取同罪异罚原则。首先,在刑法适用制度方面,《周礼·秋官·小司寇》有"八辟之议"的规定,即议亲(天子宗亲)、议故(天子故旧)、议贤(德行修养高尚者)、议能(才能道艺卓越者)、议功(有大功勋者)、议贵(大夫以上的贵族)、议勤(勤谨为国者)、议宾(先贤之后及前代国宾)等八种特权人物"犯法则在八议,轻重不在刑书"。也就是说,他们违法犯罪,不适用"刑书"即普通法律关于定罪量刑的一般规定,司法人员也无权直接审理判决,而要采用特别程序,针对具体案件临时"议罪""议刑",由贵族官僚议定结果,再上报天子最终裁定。"八辟之议"的规定,是后世"八议"制度之源。其次,在定罪量刑内容方面,《礼记·文王世子》有"公族无宫刑,不翦其类"的规定,严禁对王公贵族使用宫刑,以保障其人口繁衍和宗族延续。再次,在诉讼审判程序方面,《周礼·秋官·小司寇》有"命夫命妇不躬坐狱讼"的规定,赋予被"册命"为贵族的男女可以不出庭受审的司法特权。最后,在刑罚执行制度方面,《周礼·秋官·掌戮》有"唯王之同族与有爵者,杀之于甸师氏"的规定,王公贵族即使犯有死罪,一般也不像普通人那样,在公众场所公开执行死刑并陈尸示众,而是由管理郊野地区的甸师氏秘密执行,以维护贵族集团的尊严和体面。这些同罪异罚的规定,全面反映了宗法等级制度的特权法性质。

2.刑事政策。西周初年,通过宗法分封制建立起幅员辽阔的宗族国家政权体系后,根据社会形势的变化和统治利益的需要,针对境内各地不同的地域特色及其各种不同族类的居民传统,因时因地制宜地确定了"刑罚世轻世重"[2]的刑事政策。这里的"世",指时势变动、世事变化及社会变迁。"刑罚世轻世重",是

---

[1] 刘俊文点校:《唐律疏议》卷六《名例》,法律出版社1999年版,第145页。
[2] 《尚书·吕刑》,见《十三经注疏》,中华书局1980年版,第250页。

指刑罚制度的制定，定罪量刑的原则，必须针对刑罚适用对象的不同或者变动，随时进行调整，灵活变通，以适应国家统治和社会管理的需要。这也就是《吕刑》所说的"轻重诸罚有权"。"权"，即权衡变通，灵活调整。根据"刑罚世轻世重"的刑事政策，《周礼·秋官·大司寇》提出了影响深远的"三国三典"的刑法理论，明确规定了"刑新国用轻典，刑平国用中典，刑乱国用重典"的刑法适用原则。"新国"，指新近开辟的疆域及其居民，刚刚建立的国家或政权，因其初创之际百废待兴，当务之急是缓和矛盾，安定民心，故其统治应当采用"轻典"，即轻刑、轻法，重在引导教化；"平国"，指局势稳定的"太平"之世，应当使用"中典"，即恰当适中的刑罚及稳定持平的法制；"乱国"，指社会动荡、治安混乱、犯罪严重的无序状态，应当矫枉过正，施行"重典"，即重刑、重法，严厉打击严重犯罪，以便迅速恢复社会秩序。西周创立的"刑罚世轻世重"的刑事政策及其"三国三典"的刑法理论，是"明德慎罚"法律思想和礼刑并用法制原则的具体体现，为中国古代法制传统的形成和发展奠定了基础。

五、民事法律制度

为了有效地调整和规范民事法律关系，及时处理和解决民事纠纷，西周通过制礼作乐的立法活动，初步建立起一套包括财产、契约、婚姻、家庭、继承等各方面内容的民事法律制度。

（一）民事制度

1. 财产所有权制度。财产所有权是物权法中各项民事权利的基础，也是民事法律制度中的一项重要内容。西周的财产所有权制度，以关于主要生产资料（土地）和土地上的生产者（人口）的所有权规定为基本内容，同时包括其他各种财产的所有权内容。西周政权的性质是古代宗族国家体制，其社会结构以家族、宗族制度为基础，因而财产所有权表现为以世袭宗主为代表的宗族国家所有权。周天子作为姬姓宗族的大宗和异姓宗族的共主，是代表整个宗族国家的最高权利主体，因而拥有最高的财产所有权和支配权。从这个意义上说，全国最重要的财产，即土地及其附着于土地上的民众，在名义上都属于周天子所代表的宗族国家所有。这就是《诗经·小雅·北山》所说的"溥天之下，莫非王土；

率土之滨，莫非王臣"。这种王有制的宗族国家所有制，表明周王所代表的宗族国家拥有对全国土地及其臣民的财产所有权，而各级宗主贵族对于所受封赐的土地及其臣民只有占有权、使用权和世袭继承权。

周王对于土地及其民众等财产所有权的支配，主要是通过宗法制赋予他的三项居于垄断和独享地位的重要权利实现的。一是分封赏赐权，即周王有将全国土地及其土地上的民众分封或赏赐给各地诸侯或各级贵族的权利。西周著名青铜器"大盂鼎"铭文中的"受民受疆土"[1]，《诗经·鲁颂·閟宫》中的"锡（赐）之山川，土田附庸（依附于土地上的民众）"，即指这一处分权。二是夺爵削地权，即周王有削减或收回他所分封或赏赐的封地及其民众的权利。根据周礼的规定，"诸侯朝于天子曰述职……一不朝，则贬其爵；再不朝，则削其地"[2]，夺爵削地即属天子的支配权。三是贡赋征课权，即周王有向接受分封或赏赐而占有和使用土地的各地诸侯或各级贵族征收贡赋的权利。这就是《周礼·地官·小司徒》所说的"以任地事而令贡赋"。而各地诸侯或各级贵族，对于受封赐的土地及其民众，只有占有、使用和收益的权利，并无完全的所有权与处分权。他们除了可以将受封赐的一部分"土田"作为封地，连同"土田"上的民众一起，再分授给自己的卿大夫使用外，是无权私自买卖或任意处置受封赐的土地和民众的。西周之所以有"田里不粥（鬻）"[3]的规定，就是由于当时的土地属于周天子所代表的宗族国家所有，而各级宗主贵族只有土地及其臣民的占有权、使用权和世袭继承权。

西周实行宗法分封制和世卿世禄制，各级宗主贵族的封爵、封国及封地都是世袭的，可以依法传给子孙世代继承，因而他们实际上享有不完全的土地所有权。这种名与实的分离，导致西周中期以后，随着周王室的政治经济实力日渐削弱，周天子的权势地位不断下降，他所代表并控制的宗族国家土地所有权制度开始动摇，而以各地诸侯为代表的各级宗主贵族逐渐攫取了对于所受

---

[1] 参见胡留元、冯卓慧：《长安文物与古代法制》，法律出版社1989年版，图版第19页。
[2] 杨伯峻译注：《孟子译注》卷十二《告子章句下》，中华书局1960年版，第287页。
[3] 《礼记·王制》，见《十三经注疏》，中华书局1980年版，第1338页。

封赐的土地的实际所有权。在西周时期的青铜器铭文中,记录了诸侯用受封土地进行交换、交易、赠与、赔偿、租赁等处分活动的诸多案例。例如,周共王时期的"卫盉"铭文记录了"以田易物"的案例:通过三有司主持的交易仪式,矩伯用"十田"和"三田"换取了裘卫价值"八十朋"的玉璋和"廿朋"的礼器;"格伯簋"铭文记录了"以物易田"的案例:格伯用四匹"良马"换取了倗生的"卅田";"五祀卫鼎"铭文记录了"以田易田"的土地交换案例:在五大臣的主持下,裘卫用"五田"换取了被他看中的邦君厉的"四田"[1];周孝王时期的"曶鼎"铭文记录了"以田赔偿"的案例:匡季指使自己属下的众臣盗抢曶的"十秭"稻禾,被曶控告到东宫,被判决以自己的"七田"和"五夫"赔偿曶[2];"鬲攸从鼎"铭文记录了"土地租赁"的案例:鬲从与攸卫牧订立契约,把自己的土地租赁给攸卫牧使用[3];等等。这些铜器铭文记录的典型案例,传递了一个重大的社会变动信息:以周天子及其宗族国家为代表的土地所有权,开始向以各地受封诸侯为代表的各级宗主贵族的土地所有权逐步转移。

除了作为不动产的土地之外,周代法律对于作为财产形态的奴隶之类的其他财产的所有权也是严加保护的。根据文献记载,早在周文王时代,就有"有亡荒阅"[4]的规定。"亡",指奴隶逃亡;"荒阅",即大搜捕。这条严禁私自收留或藏匿他人逃亡奴隶的法律规定,就是对财产所有权的法律保护。西周政权建立以后,进一步规定了"无敢寇攘,踰(逾)垣墙,窃马牛,诱臣妾,汝则有常刑"[5]的内容,严惩强劫寇盗、翻墙入室、偷窃牲畜、诱拐奴隶之类侵犯他人财产所有权的违法犯罪行为。

2. 契约制度。契约是随着人们之间社会关系的日趋复杂和经

---

〔1〕 以上青铜器铭文内容,见徐中舒主编:《殷周金文集录》,四川人民出版社1984年版,第101页、103页。

〔2〕 参见王文耀:《简明金文词典》,上海辞书出版社1998年版,第210~211页。

〔3〕 参见北京图书馆金石组编:《北京图书馆藏青铜器铭文拓本选编》,文物出版社1985年版,第65页。以上内容可参阅胡留元、冯卓慧:《长安文物与古代法制》,法律出版社1989年版;《西周法制史》,陕西人民出版社1988年版。

〔4〕《左传·昭公七年》,见《十三经注疏》,中华书局1980年版,第2048页。

〔5〕《尚书·费誓》,见《十三经注疏》,中华书局1980年版,第255页。

济交往的日渐频繁,尤其是商品交换活动的不断扩大而开始出现的,并且是经济交往活动由习惯调整方式上升为法律调整方式的必然产物。人们之间是"先有交易,后来才由交易发展为法制"。"这种经过交换和在交换中才产生的实际关系,后来获得了契约这样的法的形式"〔1〕。按照契约所调整的具体法律关系的不同,契约制度涉及的主要内容包括买卖交换、租赁借贷、典当质押等各个领域。

西周时期的民事经济法律关系比较活跃,由此引发的诉讼纠纷也不断增多,当时的青铜器铭文中记录有不少这方面的典型案例。例如,"矢人盘"铭文〔2〕、前引"曶鼎"铭文等分别记录了因违约或侵权引起的财产纠纷,并依法追究了当事人的民事经济赔偿责任。为了调整民事经济法律关系,西周有傅别、质剂之类的契约规定。

傅别是调整债权债务关系的借贷契约。《周礼·天官·小宰》规定:"听称责以傅别。"汉朝经学家郑玄注释道:"称责,谓贷予。傅别,谓券书也。听讼责者,以券书决之。"这里的"贷予"即借贷,"称责"即"称债",指债权人与债务人双方建立借贷关系;"券书"即契约,"傅别"即借贷契约,是保护债权关系和处理债务纠纷的法律凭证。

真题 2013-1

质剂是调整商品交易关系的买卖契约。《周礼·天官·小宰》规定:"听卖买以质剂。"唐朝经学家贾公彦解释说:"质剂,谓券书。有人争市事者,则以质剂听之。"此处的"争市事",指买卖纠纷,"质剂"即确定买卖交易关系、处理买卖交易纠纷的法律凭证。这就是《周礼·地官·司市》所说的"以质剂结信而止讼"。质剂分为两种长短不同的"券书",质指"长券",剂指"短券"。凡人口、牲畜之类的大宗交易谓之"大市",使用"质";而日常器具或珍异之类的小宗交易称为"小市",使用"剂"。〔3〕

契约是确定权利义务关系的法律凭证,也是处理有关诉讼纠纷的法律依据。《周礼·秋官·士师》规定:"凡以财狱讼者,正之以傅别、约剂。"这里的"约剂",即契约的统称,是处理财产之

---

〔1〕《马克思恩格斯全集》第19卷,人民出版社1963年版,第423页。
〔2〕北京图书馆金石组编:《北京图书馆藏青铜器铭文拓本选编》,文物出版社1985年版,第197页。
〔3〕参见《周礼·地官·质人》及郑玄注,见《十三经注疏》,中华书局1980年版,第737页。

类的诉讼案件或争讼纠纷的书证。根据《周礼·秋官·司约》的规定，周代有"司约掌邦国及万民之约剂"，司约是管理契约事务的职官。此外，当时还有负责市场交易及物价管理的"质人"一职。

（二）婚姻制度

西周的婚姻制度，以礼的伦理道德规范及其法律规制为指导原则，以维护男尊女卑的家庭关系和等级秩序为基本精神。无论婚姻关系的成立或解除，必须符合礼的原则和精神，遵循礼的有关规范要求。否则，婚姻关系属于违法或无效。

1. 婚姻制度的原则。西周的婚姻制度，以一夫一妻制和男尊女卑制为基本原则，同时允许各级宗主贵族有合法纳妾的权利和待遇，因而广泛盛行一妻多妾制。《礼记·昏义》有"古者天子后立六宫、三夫人、九嫔、二十七世妇、八十一御妻，以听天下之内治，以明章妇顺"的记述，《礼记·曲礼下》也有"天子有后，有夫人，有世妇，有嫔，有妻，有妾"、"公、侯有夫人，有世妇，有妻，有妾"的说法。按照礼所规定的婚姻制度的基本精神，缔结婚姻的根本目的是"将合二姓之好，上以事宗庙，而下以继后世"[1]。因此，一夫一妻制下的合法纳妾制度，既满足了各级宗主贵族骄奢淫逸、繁衍后代及巩固宗法统治的需要，又明确了家庭内部妻贵妾贱的等级名分，保障了嫡长子继承制的顺利实施。

2. 婚姻关系的成立。根据周礼的有关规定，婚姻关系的成立，必须具备两个基本形式要件。这也成为后世历代缔结婚姻关系的先决条件。

第一，婚姻关系的成立，必须遵从"父母之命，媒妁之言"[2]。古人云："取妻如之何？必告父母"[3]；"取妻如何？匪媒不得"[4]；"男女非有行媒，不相知名"[5]。男女双方缔结婚姻关系，不仅是男女当事人的个人终身大事，更是整个家族传宗接代，以保证族类繁衍的先决条件，因而必须听命于父母意志，由家长为子女的婚姻做主，并借助媒妁充当双方婚姻的媒介。倘若不经过父

---

[1]《礼记·昏义》，见《十三经注疏》，中华书局1980年版，第1680页。
[2] 杨伯峻译注：《孟子译注》卷六《滕文公章句下》，中华书局1960年版，第143页。
[3]《诗经·齐风·南山》，见《十三经注疏》，中华书局1980年版，第352页。
[4]《诗经·豳风·伐柯》，见《十三经注疏》，中华书局1980年版，第399页。
[5]《礼记·曲礼上》，见《十三经注疏》，中华书局1980年版，第1241页。

母做主同意，或不通过媒妁从中做媒，男女双方不得自由聘娶或自主成婚。否则，属于违法无效婚姻，将追究当事人的法律责任。

第二，婚姻关系的成立，应当履行"六礼"的婚嫁聘娶程序。所谓"六礼"，是指男女双方缔结婚姻的六项聘娶程序及婚嫁仪式，也是一个合法婚姻应当具备的各项条件及其完整过程：一是"纳采"，男方家长委托媒妁向女方家正式提出求婚表示。二是"问名"，询问及核实女方姓氏、生辰等信息情况。三是"纳吉"，男方家长要到供奉祖先的家族宗庙，通过占卜之类的仪式，求取男女双方是否适宜婚配等吉凶禁忌，并把卜问所得"吉兆"通报女方家长。四是"纳征"，又称"纳币"，男方向女方家送交聘财，双方正式举行订婚仪式。五是"请期"，双方家长共同商定婚期及婚礼议程。六是"亲迎"，成婚之日正式举办婚礼仪式，丈夫亲自前往女家迎娶妻子。[1]"六礼"程序的有关规定表明，当时的婚姻制度属于买卖包办性质，男女双方当事人没有自主选择婚姻的权利和自由，妇女成为用钱财进行买卖交易的一种"商品"。

真题 2008－3

真题 2012－2

真题 2020－2

3. 婚姻关系的限制。西周对于婚姻关系的限制，主要遵循"同姓不婚"[2]的禁忌原则。从中国古代的姓氏起源来说，"同姓"原本出自上古时代的同一祖先，"同姓"婚配意味着具有同一直系血缘关系的双方亲属互相结合。这不但有悖于中国传统的道德伦理，而且也不利于后代子孙的生殖健康。古人在长期的种族繁衍和人口增殖过程中，早就总结出"男女同姓，其生不蕃"[3]的优生经验，形成了"同姓不婚，恶不殖也"[4]的婚姻禁忌规则，并由此建立起实行外婚制原则的氏族制度。基于"取妻不取同姓，故买妾不知其姓则卜之"[5]的婚姻限制原则，西周确立了"取于异姓，所以附远厚别"[6]的政治联姻制度，既可以把同姓宗族与异姓宗族共同联合起来，逐步扩大统治集团的势力范围，维护宗法等级制国家的

---

[1] 参见《仪礼·士昏礼》，《礼记·昏义》，见《十三经注疏》，中华书局1980年版，第961~963页，第1680页。

[2] 陈桐生译注：《国语·晋语四》，中华书局2013年版，第385页。

[3] 《左传·僖公二十三年》，见《十三经注疏》，中华书局1980年版，第1815页。

[4] 陈桐生译注：《国语·晋语四》，中华书局2013年版，第385页。

[5] 《礼记·曲礼上》，见《十三经注疏》，中华书局1980年版，第1241页。

[6] 《礼记·郊特牲》，见《十三经注疏》，中华书局1980年版，第1456页。

统治秩序，不断巩固姬姓贵族家天下的政权利益，同时在客观上也有利于提高人口质量，促进中华民族的健康发展。

4. 婚姻关系的解除。西周有"七出""三不去"的礼制规定。"七出"是丈夫或夫家借口合法休弃妻子的七种情形，妻子有其中的某种行为者，丈夫或夫家就有权将其合法地休弃，又称"出妻"或"去妻"。根据《大戴礼记·本命篇》的规定："妇有七去：不顺父母，去；无子，去；淫，去；妒，去；有恶疾，去；多言，去；窃盗，去。"所谓"不顺父母"，指不孝顺公婆；"无子"，丈夫会断绝后嗣子孙；"淫"，指违背伦理道德或违反三从四德；"妒"，指嫉妒，影响夫妻及妻妾之间的家庭和谐；"恶疾"，指令人厌恶的传染性疾病，不能与丈夫共同参与祭祖等家族祭祀活动；"多言"，指搬弄是非，挑拨离间，破坏家庭和睦或邻里关系；"窃盗"，既悖逆道德礼义，也违法侵权。这七种情况属于丈夫休弃妻子的七项"合法"理由。

真题2009-2

真题2017

真题2015

真题2019-3

"三不去"是对"七出"的三种限制，妻子有这三种情形之一者，丈夫或夫家不得以"七出"为借口将其休弃。根据《大戴礼记·本命篇》的规定："有所取无所归，不去；与更三年丧，不去；前贫贱后富贵，不去。"妻子被休弃后无家可归，既违背礼所倡导的人道精神和仁慈主张，更重要的是会给社会增添不安定因素；妻子为公婆养老送终并服丧三年，证明她是有大孝行的，当然不应以"七出"的借口将其休弃；丈夫婚后由贫贱上升为富贵，应与结发妻共苦同甘，得志之后休妻，违背忠信仁义，因而在"三不去"禁止之列。"三不去"是对"七出"的三条限制，其立法意图并非保护妇女不被休弃，而是为了维护礼所提倡的伦理道德秩序。无论"七出"还是"三不去"，都是保障丈夫单方面利益的法律规定，旨在维护夫权和男尊女卑的婚姻家庭等级制度。

六、司法诉讼制度

在夏商两代初步建立的司法诉讼制度的基础上，西周逐渐形成了一套相对比较系统的司法诉讼制度，其司法机构的设置和诉讼审判制度的发展，比夏商两代有所进步。

（一）司法机构

西周司法机构的设置及其职能，大体与夏商时期相同，仍然具有司法与行政不分的基本特征。周王作为全国最高的军政长官,同时也是最高的司法官,掌握着最高的司法审判权和最终的案件裁决权。周王之下设有大司寇,属于中央常设最高司法官,"掌建邦之三典,以佐王刑邦国,诘四方"[1]。主要职责是协助周王贯彻"三国三典"的刑事政策,辅佐周王掌管全国重大案件或疑难案件的司法审判事务。按照周礼的有关规定,凡属重大案件或疑难案件,大司寇是不能独立做出最终决定的,而要把审理的结果上报周王最后裁断,或由周王指派一定范围的公卿贵族进行议决,最终结果还要经周王批准执行。这就是《礼记·王制》所说的"大司寇以狱之成告于王,王命三公参听之;三公以狱之成告于王,王三宥然后制刑"。这里的"三公",是指周王指定的公卿贵族。

大司寇以下设置小司寇,主要职责是"以五刑听万民之狱讼"[2],即协助大司寇掌管狱讼案件的审理等司法审判事务。小司寇之下还有士师之类的司法人员,"掌国之五禁之法,以左右刑罚"[3],负责监督各项国家法律禁令的执行。

地方各诸侯国的司法机构,一般仿效周王国的设置,也分别有司寇、士师等官员,只是规模小于周王国,并且只有处理本诸侯国内案件的权力。由于西周政权具有宗族国家性质,在各地基层社会组织中,各支宗族的宗主、各个家族的族长以及各个家庭的家长也拥有对本宗族、家族、家庭成员的领导权和管辖权,在一定程度上也掌握着对于下属成员进行生杀予夺的司法裁判权和刑罚执行权。这种父系宗法制的社会结构、管理体制以及司法特色,对后来延续两千多年的族权产生了深远的影响。

(二)诉讼制度

西周基本形成一套比较完整的诉讼审判程序,对于案件的起诉、立案、审理、判决等各个程序都有相关规定,对于司法人员也有一些司法审判原则以及责任追究制度方面的规定。

1. 区分"狱讼"形式。根据诉讼案件的性质,西周明确区分

---

[1]《周礼·秋官·大司寇》,见《十三经注疏》,中华书局1980年版,第870页。
[2]《周礼·秋官·小司寇》,见《十三经注疏》,中华书局1980年版,第873页。
[3]《周礼·秋官·士师》,见《十三经注疏》,中华书局1980年版,第874页。

真题 2009-3

刑事诉讼与民事诉讼,分别称为"狱"与"讼"。《周礼·秋官·大司寇》规定:"以两造禁民讼,入束矢于朝,然后听之。以两剂禁民狱,入钧金,三日乃致于朝,然后听之。"根据郑玄注的解释,"讼谓以财货相告者",属于控告财产纠纷之类的民事诉讼,要求"两造"即原告与被告双方到庭,并且缴纳"束矢"即一束(一百支)箭作为民事诉讼费;"狱谓相告以罪名者",属于控告犯罪行为的刑事诉讼,要求控辩双方提交"两剂"即书面诉讼状,并且缴纳"钧金"即一钧(三十市斤)铜作为刑事诉讼费。当事人违反起诉的有关规定,或不按规定缴纳诉讼费用,官府不予受理立案。对于刑事案件的审理,一般称为"断狱";民事案件的审理,一般称为"听讼"。

2. "五听"审讯方式。司法机关受理案件,并按规定立案后,即可择期开庭审理。在长期的司法审判实践中,周人总结出一套"以五声听狱讼,求民情"的审讯方式,称为"五听"。其特点是在审讯中察言观色,通过观察受审者五官及其情绪的外部表现,分析其心理活动的变化,判断其供述是否属实。"五听"的具体方式,一曰"辞听","观其出言,不直则烦",即观察分析其言辞供述,虚假不实则会出现破绽。二曰"色听","观其颜色,不直则赧然",即观察其面部表情,供述不实往往会神色反常。三曰"气听","观其气息,不直则喘",即观察其呼吸气息,弄虚作假难免心跳紧张,喘息慌乱。四曰"耳听","观其听聆,不直则惑",即观察其听觉反应,心里有鬼自然会分散注意力,影响应对讯问的专注度。五曰"目听","观其眸子视,不直则眊然"[1],即观察其眼神交流,编造谎言难以掩饰目光传递的心理失常。这种"自由心证"的审讯方式,是古人长期司法实践经验的总结,在一定程度上也带有犯罪心理分析方法的某种性质。与夏商时期盛行的"天罚""神判"的神明裁判相比,毕竟是司法审判制度的一种历史进步。同时,这种审讯方式对于法官办案经验及其观察分析能力的要求也是比较高的。因此,后世历代法律对于司法官员也沿用了"五听"审讯方式。当然,完全依赖主观经验主义的审讯方式,仅凭面部表情的五官变化判定其供述真伪,作为审理案件定罪量刑的主要证

---

[1] 以上引文,见《周礼·秋官·小司寇》及郑玄注,见《十三经注疏》,中华书局 1980 年版,第 873 页。

据，是不符合司法审判制度的基本原则的，也难免会导致专擅武断的经验主义，影响案件的公正审判，甚至酿成冤假错案。

3. 运用各种证据。在诉讼审判制度中，西周提倡运用各种证据。《周礼·秋官·司盟》规定："有狱讼者，则使之盟诅。"原告与被告出庭时，先要在法庭上进行盟誓或对质，以保证供述或举证的真实性。西周以来的刑事诉讼制度，采取有罪推定原则，案件举证责任倒置。被告一旦受到有罪指控，必须提供充分证据，证明自己无罪，否则将被推定为有罪。因此，审理案件或审讯被告的目的，首先是获取口供。为此，法律并不禁止使用刑讯逼供。不过，在重视获取口供的同时，西周也特别强调"听狱之两辞"，要求兼听原告和被告的双方意见，反对偏听偏信一面之"单辞"[1]，以免影响公正的裁决。

除了以口供作为重要证据之外，西周也注意运用其他各种证据，包括证人证言、物证、书证等。《周礼·地官·小司徒》明确规定："凡民讼，以地比正之；地讼，以图正之。"凡是处理民间争讼纠纷，要听取邻里族党的证人证言；处理土地疆界纠纷，应依据图籍账簿之类的书证。《周礼·秋官·士师》也规定："凡以财狱讼者，正之以傅别、约剂。"凡是处理财产关系之类的诉讼纠纷，应依据契约文书之类的凭证。

4. 规定法官责任。司法人员在司法审判活动中，必须依据法律或相关规定审理案件并做出判决。《尚书·吕刑》明确规定："哀敬折狱，明启刑书胥占，咸庶中正。其刑其罚，其审克之。"要求司法人员断狱判案时，应敬畏法律，谨慎用刑；要依据"刑书"即法律规定进行斟酌权衡，务必使判决结果公正，定罪量刑准确。倘若没有明确的"刑书"规定，也可以遵循"上下比罪，无僭乱辞，勿用不行"的原则，参照或比附相关规定进行法律类推，以确定刑事责任，但不要受到"乱辞"干扰的误导，也不得滥用主观臆断。

为了保障司法审判活动的正常进行，《尚书·吕刑》明文禁止司法人员犯"五过之疵"，即徇私枉法、出入人罪的五种违法行为：一是"惟官"，即办案人员与当事人不得有曾在一起任职的同僚关系。二是"惟反"，即办案人员不得胁迫或诱导当事人随意推

---

[1]《尚书·吕刑》，见《十三经注疏》，中华书局1980年版，第251页。

翻供词或故意隐瞒案情。三是"惟内",即办案人员与当事人之间不得有亲属关系或受亲属指使及影响。四是"惟货",即在办案过程中不得索贿受贿、徇私枉法。五是"惟来",即办案人员与案犯之间不得有互相勾结或互为往来等关系。按照《吕刑》的明文规定,司法人员犯"五过之疵"者,"其罪惟均",即与当事人所犯罪行同等处罚。

此外,西周政权还非常重视司法人员的选拔任用。《尚书·吕刑》有"非佞折狱,惟良折狱,罔非在中"的规定,严禁任用"奸佞"之辈参与断狱判案活动,只能选用"良善"之才担任司法审判人员,以杜绝徇私枉法,确保案件审理的公平、公正。

第三节 春秋战国时期的法律制度

视频资料：
礼崩法生

西周中期以后,以周天子为代表的各级宗主贵族集团的世袭统治开始出现政治经济危机,以宗法等级制度为基础的西周宗族国家逐渐走向衰败。公元前770年,在一些大国诸侯的拥立下,周平王继承王位,并将都城东迁洛邑,从此进入东周时期。到公元前256年被秦国灭亡时止,东周政权共历时514年,前后分为春秋和战国两个阶段。

春秋战国时期是社会结构发生剧烈动荡、社会制度发生重大变革的转型时代。以春秋时期大国争霸引发的"礼崩乐坏"为起点,经过战国时期意识形态领域的百家争鸣和各国统治集团自上而下的变法改革运动,为后来的秦朝君主专制主义中央集权制国家的统一及其政治法律制度的建立开辟了道路。

一、春秋时期的法制改革

春秋时期,随着大国诸侯势力的迅速扩张,并相继争霸称雄,一些新兴统治者为了确立自己的霸主地位,维护自身的合法权益,打破旧贵族对于法律的专擅垄断和秘密控制,陆续进行了一些法制改革。其中最重要的改革就是制定并公布各自的成文法,进一步瓦解夏商周三代的习惯法体系。

（一）公布成文法的主要活动

在夏商西周时期的习惯法时代,各级宗主贵族统治集团出于巩固世袭法律特权、维护宗法等级秩序的政治需要,往往利用"刑不可知,威不可测,则民畏上"的神秘性及威慑力,把立法、执法和司法作为自己秘密操控的统治工具,公然采取"议事以制,不为刑辟"、"临事制刑,不预设法"[1]亦即临时"议罪议刑"的擅断方式,针对具体案件及其当事人的不同情况,凭借临时议定的特别程序来决定如何定罪量刑,而在法律规定中则并不明确规定统一适用的罪刑标准。这种一案一议、暗箱操作的习惯法,以随意性取代了成文法的规范性条款,也就不存在公布法律的可能性。

自西周中后期起,以"九刑"为代表的"旧法"越来越不适应统治集团的政治需要,习惯法开始出现向成文法过渡的发展趋势。周穆王命司寇吕侯"作修刑辟"[2],进行编订"吕刑"的立法活动,显然已不再像"禹刑""汤刑"和"九刑"那样的习惯法,而是初步采用成文法的某些立法程序和规范特征。当然,"吕刑"毕竟还算不得是严格意义的成文法,这不仅是由于本次立法活动及基本内容并非属于"新法"的创制,归根结底仍然只是在"九刑"之类的"旧法"基础上改订而成的习惯法性质,并且其立法内容也还是不予公布的。

进入春秋后期,一些新兴统治者根据政治形势和社会变化的需要,先后在郑、晋等诸侯国进行了公布成文法的改革。从目前已知的文献记载来看,最先公布成文法的是郑国的"铸刑书"。

公元前536年,郑国在执政子产的主持下,"铸刑书于鼎,以为国之常法"[3]。这里的"刑书"已不是以前那种习惯法,而是重新制定的成文法。子产将它以铭文的形式铸造于鼎上,作为郑国常行遵守的基本法,成为中国历史上第一次公布成文法的活动。

继郑国"铸刑书"之后,晋国的"铸刑鼎"是第二次公布成文法的活动。公元前513年,"晋赵鞅、荀寅帅师城汝滨,遂赋晋国一鼓铁,以铸刑鼎,著范宣子所为刑书"[4]。赵鞅、荀寅执政期间,在汝水畔修筑城邑后,向晋国境内征收了一鼓(度量衡单位)铁,用以铸造"刑鼎",将前任执政范宣子制定的成文法铸造于鼎上,以铭文的形式公布于众。

视频资料:
子产铸刑书

真题2011-2

---

[1]《左传·昭公六年》杜氏注、孔颖达疏,见《十三经注疏》,中华书局1980年版,第2044页。
[2]《史记》卷四《周本纪》,中华书局1982年版,第138页。
[3]《左传·昭公六年》杜氏注,见《十三经注疏》,中华书局1980年版,第2043页。
[4]《左传·昭公二十九年》,见《十三经注疏》,中华书局1980年版,第2124页。

鼎在中国古代并非普通的实用器物,而是一种象征王权、政权和国家主权的重要礼器。据说夏禹在建立夏后氏的势力范围后,就曾将其辖区的"茫茫禹迹,画为九州"[1],并铸造九鼎,以代表九州之领土主权,作为夏代政权及其统治权威的象征,故后世将建立政权、宣示主权称为"定鼎"。春秋中期,楚庄王欲争霸中原,悍然陈兵于周王国京畿城外,向周天子施加压力,并且向周天子派遣的特使王孙满"问鼎之大小轻重"[2],大有取代周王权位的野心,故后世把"问鼎"作为觊觎王权、僭越夺权的代名词。郑、晋两国以铸鼎的方式公布成文法,表明法律具有至高无上的权威地位。

继郑、晋两国先后公布成文法之后,郑国大夫邓析进一步修订成文法,并抄写在竹简上,史称"竹刑"。然而,根据当时的礼制和法律规定,个人"私造刑法"是违反"国家法制"的政治性犯罪行为。公元前 501 年,执政驷歂将邓析定罪处死。但是,由于邓析所作"竹刑"适应郑国法制建设和社会发展的需要,遂因"其法可取"[3]而被郑国继续援用,被视为郑国又一次公布成文法的活动。以竹简书写法律,自然比铸鼎的方式更便于法律的公布和普及。

(二)公布成文法的历史意义

公布成文法的活动,是一场具有划时代意义的法制变革事件,是对习惯法传统及其旧贵族集团垄断立法、执法和司法体制的公然挑战,将会瓦解以"礼治""德治"体系为基础的宗法等级秩序,必然遭到顽固守旧的宗法贵族统治集团的强烈反对。晋国旧贵族势力的代表叔向就曾致信子产,指责郑国的"铸刑书"。他认为,"昔先王议事以制,不为刑辟",采取"临事制刑,不预设法"的一案一议制度,而不公布当时的法律内容,是由于"惧民之有争心",担心百姓知道法律内容后就会不再驯顺。因为在"刑书"中做出明文规定,并且公之于众,就会导致"民知争端矣,将弃礼而征于书。锥刀之末,将尽争之";更重要的是"民知有辟,则不忌于上,并有争心,以征于书,而徼(侥)幸以成之"[4]。也就是说,百姓知道法律有明文规定,就会抛弃旧贵族的"礼治"传统

---

[1]《左传·襄公四年》,见《十三经注疏》,中华书局 1980 年版,第 1933 页。
[2]《左传·宣公三年》,见《十三经注疏》,中华书局 1980 年版,第 1868 页。
[3]《左传·定公九年》孔颖达疏,见《十三经注疏》,中华书局 1980 年版,第 2143 页。
[4]《左传·昭公六年》,见《十三经注疏》,中华书局 1980 年版,第 2044 页。

及其对法律的独断控制,转而征引"刑书"规定据理力争,最终将破坏旧贵族的统治权威和以"周礼"为圭臬的宗法等级制度。

晋国的"铸刑鼎"也同样遭到了鲁国贵族孔子的愤怒指责。他指出:"贵贱不愆,所谓度也!"这个"度"是宗法等级制度的根本原则,也是"礼治"社会中"民是以能尊其贵,贵是以能守其业"的立国之本。倘若泯灭或混淆贵贱尊卑的等级界限,旧贵族集团的尊贵地位和统治权威就失去了保障。晋国背弃这一原则,"而为刑鼎,民在鼎矣,何以尊贵?贵何业之守?贵贱无序,何以为国?""铸刑鼎"公布成文法,就会动摇宗主贵族的权威地位,瓦解贵贱尊卑的宗法等级秩序。所以,孔子愤而疾呼:"晋其亡乎,失其度矣!"[1]他要维护的这个"度",就是周礼所维系的"贵贱不愆"的宗法等级制度。

真题 2021-2

然而,成文法的公布,反映了成文法取代习惯法的时代要求,代表了"礼治""德治"原则向"法治"原则过渡的进步趋势,是中国法制发展史上的重大变革,也是任何顽固守旧势力都阻挡不了的历史潮流。成文法的公布,结束了习惯法时代的法律秘密状态,推进了法律的公开化,有助于破除旧贵族对法律的专擅垄断及其所享有的世袭特权,加速宗法等级制度的解体。成文法的公布,也为新兴统治者确立"以法治国"和"刑无等级"原则开辟了道路,为成文法体系的建立创造了条件。

真题 2009-4

二、战国时期的主要变法活动及其成果

战国时期,各诸侯国从维护新兴统治集团的政治、经济利益出发,纷纷进行变法改革,废除宗法等级制度及其旧贵族的世袭特权,迅速确立法家"法治""重刑"思想,相继制定并颁布了一批重要的成文法律,取得了重大的立法成果,如赵国的《国律》[2]、楚国的《宪令》[3]、魏国的《大府之宪》[4]和《法经》[5]、秦国的《秦

---

[1] 《左传·昭公二十九年》,见《十三经注疏》,中华书局1980年版,第2124页。
[2] 参见《韩非子集解·饰邪》,见《诸子集成》第五册,中华书局2006年版,第91页。
[3] 参见《史记》卷八十四《屈原贾生列传》,中华书局1982年版,第2481页。
[4] 参见《战国策》卷二十五《魏四·魏攻管而不下》,上海古籍出版社1985年版,第915页。
[5] 参见《晋书》卷三十《刑法志》,中华书局1974年版,第922页。

律》[1]等。其中以战国初期魏国李悝编撰的《法经》和战国后期秦国商鞅制定的《秦律》立法成就最高,是战国时期各国变法改革的突出代表。

(一)《法经》的主要内容及历史地位

1. 李悝变法与《法经》的编撰。战国初年,魏文侯在位期间(公元前445~公元前396年),为了富国强兵,任用李悝(公元前455~公元前395年)为国相,主持魏国的变法改革,其内容涉及经济、政治和法律等诸多方面。

经济方面的改革,主要是"作尽地力之教",行"善平籴"之法。前者是要求农民"治田勤谨",积极开垦荒地,扩大耕地面积,同时提高农田的单位面积产量,增加农业生产收入,为富国强兵积累物质财富。后者是由国家设立常平仓,丰收之年以平价收购粮食,储存备荒,避免因谷贱伤农而影响农耕生产;歉收之年再以平价出售,平抑粮价,防止投机者囤积居奇,避免因粮贵伤民而影响市场秩序,从而"使民毋伤而农益劝"[2]。

政治方面的改革,主要是废除世卿世禄制,推行"食有劳而禄有功,使有能而赏必行、罚必当"的奖惩制度。李悝把那些"其父有功而禄,其子无功而食之"的贵族子弟称为"淫民",下令"夺淫民之禄,以徕四方之士"[3],建立赏罚分明、量才任用的新型官僚制度。

法律方面的改革,主要是总结各国制定和公布成文法的立法经验,系统地编撰中国历史上第一部比较完备的成文法典《法经》,确立法家所倡导的"法治""重刑"原则,以国家重要立法的形式,全面保护魏国的变法改革成果。不过,《法经》早已失传,目前只能通过《晋书·刑法志》《唐律疏议》及《唐六典》等历史文献的片段记载,大致了解其基本的篇章结构、主要内容及历史地位。

2.《法经》的篇章结构与主要内容。《法经》共有六篇,依次是"盗法""贼法""囚法"(或作"网法")"捕法""杂法"及"具法"。其内容大体可以归纳为三部分:

---

[1] 参见刘俊文点校:《唐律疏议》卷一《名例》疏议,法律出版社1999年版,第28页。
[2] 以上引文,见《汉书》卷二十四上《食货志上》,中华书局1962年版,第1124~1125页。
[3] 以上引文,见(汉)刘向:《说苑·政理》,参见向宗鲁校证:《说苑校证》,中华书局1987年版,第165~166页。

第一章 先秦时期的法律制度

第一部分包括前四篇,主要是惩治盗贼罪的法律规定。根据《晋书·刑法志》的记载,李悝"撰次诸国法,著《法经》,以为王者之政,莫急于盗贼,故其律始于'盗'、'贼'。盗贼须劾捕,故著'网'、'捕'二篇"。可见,李悝参考、总结各国的立法成就,着手编撰《法经》时,认为盗贼罪是危害国家统治、破坏社会秩序的两种最严重的犯罪,严惩盗贼罪是维护国家统治和社会秩序的当务之急,因而把"盗法"和"贼法"两篇置于《法经》六篇的首要地位。按照《荀子·修身篇》的解释,"窃货曰盗","害良曰贼"[1],故"盗法"是对侵犯官私财产所有权等违法犯罪行为的定罪量刑规定,"贼法"是对侵犯人身安全和破坏社会秩序等违法犯罪行为的定罪量刑规定,而"囚(网)法"和"捕法"两篇则是缉捕、囚禁、审理、制裁盗贼罪的程序方面的定罪量刑规定。

第二部分涉及第五篇"杂法",主要是对盗贼罪以外的其他违法犯罪行为的定罪量刑规定,其内容涉及的范围较广,具有拾遗补阙的立法性质。根据《晋书·刑法志》的记载,"杂法"篇的内容包括"轻狡、越城、博戏、借假不廉、淫侈、逾制"等各种罪名。"轻狡"是指盗窃符节、印玺或议论政令、法律之类的政治性狡诡行为;"越城"是指翻越城池或偷渡关禁之类的威胁国家安全的违法犯罪行为;"博戏"是指赌博、欺诈之类的违法犯罪行为;"借假不廉"是指借贷违法违约与贪赃受贿之类的违法犯罪行为;"淫侈"是指生活及道德方面奢侈、淫靡之类的违法犯罪行为;"逾制"是指越级僭用不应享有的权益、待遇及其器物服饰之类的违法犯罪行为。这些行为也要依据《法经》追究刑事责任。

第三部分涉及第六篇"具法",主要是刑法适用的原则性规定或定罪量刑的变通性规定,相当于现代刑法总则的立法性质及法律内容。《晋书·刑法志》称:"又以《具律》具其加减。"所谓"具其加减",即根据犯罪性质或情节轻重,依法给予"加刑"或"减刑"的处置。

真题 2018

3.《法经》的历史地位。《法经》是中国历史上第一部比较系

---

[1] 以上引文,见《荀子集解·修身篇第一》,见《诸子集成》第二册,中华书局 2006 年版,第 14 页。

统、完备的成文法典，其篇章结构和法律内容还相对较为简略，其立法技术也存在一些明显的时代缺陷。但它以先秦法家的"法治""重刑"思想为指导，总结、吸收春秋以来各国的立法经验，代表了当时的最高立法成就，在中国古代法制发展史上占有重要的历史地位。

真题 2009-5

真题 2013-2

从法典名称及法律概念来看，《法经》把夏商西周以来"刑书"的"刑"改为成文法典的"法"，初步确立了定罪量刑原则的客观规定性和法律内容的规范性，使以往单纯强调刑罚杀戮的"刑"开始向具有规则性质的"法"过渡，反映了法律制度由相对野蛮残酷向相对文明人道方向发展的进步趋势。

从法典结构来看，《法经》以严惩盗贼罪为核心，根据罪名类型、囚捕程序、量刑标准等各项不同内容分立篇目，包含了总则与分则、实体法与程序法等各方面内容，首次奠定了成文法典的篇章体例结构，对后世各代的法典编纂和立法技术产生了深远的影响。

从立法宗旨来看，《法经》为维护君主专制集权制度，巩固新兴地主阶级统治，保护以私有权和生命权为核心的财产制度及社会制度，首次确立了"王者之政，莫急于盗贼"的刑事立法原则，把直接侵犯官私财产所有权和人身安全、危害专制政权统治及社会秩序的盗贼罪视为最严重的犯罪，作为刑事法律重点打击的首要对象，为后世各代确立了刑事立法的基本宗旨。

从法律内容来看，《法经》坚持"刑乱国用重典"的刑事政策，贯彻重刑主义法制原则，不惜动用残酷的肉刑、死刑和族刑连坐等严刑峻法手段，保障君主专制集权制度的推行，使野蛮残酷的刑罚威慑传统得以继承并延续下来，决定了后世两千多年刑罚制度的基本特色和发展方向。

视频资料：
商鞅变法

总之，从法典的篇章体例结构、立法宗旨和法律内容等各个方面，《法经》作为一个开创法制建设新时代的重要标志，对后世的立法产生了深远的影响。作为秦国商鞅变法制定《秦律》的直接蓝本，《法经》也成为秦汉以后中国传统成文法典的立法渊源，开创了后世独树一帜的律令体系的立法先河。

（二）商鞅变法与秦国法制的发展

在战国时期各主要诸侯国先后进行的变法改革中，以秦国的商鞅变法时间最晚，也最为成功，所取得的成就最为显著。商鞅（公元前390～公元前338年），卫国人，姓公孙，名鞅，"少好刑名之

第一章 先秦时期的法律制度

学",早年曾在最先进行变法改革的魏国任职,受法家法制思想的影响较大。秦孝公元年(公元前361年),"下令国中求贤者",商鞅离魏入秦应聘,于孝公三年和十二年先后两次主持秦国的变法改革,迅速取得巨大成效。后因率众击败魏国,军功显赫,被赐爵为列侯,并受封於(河南内乡东)、商(陕西商县东南)之地十五邑,号为商君,遂世称商鞅。[1] 由他主持的两次变法改革活动,除了奖励耕织、发展生产等经济改革措施外,关于法制改革的内容,主要涉及以下六个方面:

1. 坚持"法治""重刑"原则,确立《秦律》法典地位。商鞅坚持法家"法治""重刑"的指导原则,在魏国李悝《法经》的基础上制订《秦律》,为秦国确立了基本法典的立法地位。

商鞅的"法治"主张,主要包括三方面内容:一是"缘法而治"[2],即一切以法为断,崇尚"法治",以法治国;二是"刑无等级",规定"自卿相将军以至大夫庶人,有不从王令、犯国禁、乱上制者,罪死不赦"[3];三是"法必明,令必行"[4],强调法律的宣传普及和贯彻实施,目的是使"万民皆知所避就"[5]。

商鞅的"重刑"思想,也包括三方面内容:一是"行刑重轻"[6],即对轻罪也适用重刑,强化重刑主义的震慑力,从而遏制并消灭犯罪;二是"刑用于将过"[7],即防患于未然,在犯罪尚未实施或尚未发生严重后果的预备阶段,即予以惩戒或处罚;三是"不赦不宥",强调"有功于前,有败于后,不为损刑;有善于前,有过于后,不为亏法"[8],即功不抵过,有罪则罚,不予赦宥。

视频资料:
改法为律

2. 废除世卿世禄制,实行军功赐爵制。商鞅变法明令废除各级贵族及其子孙的世袭等级特权,要求贵族"宗室非有军功论,不得为属籍";"有功者显荣,无功者虽富无所芬华"。从此以后,不论原来的身份地位高低,一律按军功大小赐爵授禄,即"有军功

---

[1] 以上引文,见《史记》卷六十八《商君列传》,中华书局1982年版,第2227~2228页。
[2] 《商君书·君臣》,见《诸子集成》第五册,中华书局2006年版,第38页。
[3] 《商君书·赏刑》,见《诸子集成》第五册,中华书局2006年版,第29页。
[4] 《商君书·画策》,见《诸子集成》第五册,中华书局2006年版,第33页。
[5] 《商君书·定分》,见《诸子集成》第五册,中华书局2006年版,第43页。
[6] 《商君书·去强》,见《诸子集成》第五册,中华书局2006年版,第9页。
[7] 《商君书·开塞》,见《诸子集成》第五册,中华书局2006年版,第17页。
[8] 《商君书·赏刑》,见《诸子集成》第五册,中华书局2006年版,第29页。

者,各以率受上爵"[1],杀敌"能得甲首一者,赏爵一级,益田一顷,益宅九亩"[2]。其中有做官才能的人,还可以委任为五十石俸禄的官职。[3]

3. 废止宗法分封制,建立专制集权制。商鞅变法下令废止西周以来的宗法分封制,在全国"集小乡邑聚为县,置令、丞,凡三十一县"[4],各县直接隶属于国君,县令、县丞等地方官也由国君直接任免,各级官吏"有不行王法者,罪死不赦,刑及三族",消除了地方分裂割据因素。同时,鼓励检举告发违法犯罪官员,将其官爵田禄作为赏赐[5],建立起一套专制君主集权控制的行政体制及其官僚制度。

4. "为田开阡陌封疆",改革田制与税制。商鞅变法推行"为田开阡陌封疆"[6]的田制改革,重新规划土地疆界,并把耕地固定分配到户,按户按丁征收"贡赋"[7]、征调兵役徭役,稳定国家财政收入。

5. 创立什伍连坐制,实施奖励告奸法。在全面推行县制的同时,商鞅变法还在各县之下设置乡、邑之类的地方基层组织,"令民为什伍,而相牧司连坐",把民众按五家一伍、十家一什的邻里关系编制起来,一家犯罪,其余各家承担连带刑事责任,并且进而实施奖励告奸和严惩匿奸之法:"不告奸者腰斩,告奸者与斩敌首同赏,匿奸者与降敌同罚。"

6. 颁布《分户令》,禁止族居及私斗,稳定个体小农经济。针对秦国仍然保留的聚族而居的大家族制度,商鞅变法颁布《分户令》,"令民父子兄弟同室内息者为禁";"民有二男以上不分异者,倍其赋"。这一变法令强制男子成年必须分家析产,另立户籍,否则将加倍征收赋税。《分户令》的颁布,迅速肢解了秦国落后的大家族制度及其血缘组织结构,推动了个体小农编户制度的形成,扩

---

[1] 以上引文,见《史记》卷六十八《商君列传》,中华书局1982年版,第2230页。
[2] 《商君书·境内》,见《诸子集成》第五册,中华书局2006年版,第34页。
[3] 《韩非子集解·定法》,见《诸子集成》第五册,中华书局2006年版,第306页。
[4] 《史记》卷六十八《商君列传》,中华书局1982年版,第2232页。按《史记》卷五《秦本纪》作"四十一县",第203页。
[5] 《商君书·赏刑》,见《诸子集成》第五册,中华书局2006年版,第29页。
[6] 《史记》卷六十八《商君列传》,中华书局1982年版,第2232页。
[7] 《史记》卷五《秦本纪》载:秦孝公"十四年,初为赋"。《集解》引徐广曰:"制贡赋之法也。"《索隐》引谯周云:"初为军赋也。"中华书局1982年版,第203~204页。

大了国家财政税收的来源，强化了国家对户籍人口的控制。在民间争端解决机制方面，商鞅变法还严令禁止民间私斗，规定"为私斗者，各以轻重被刑大小"，使秦国"民勇于公战，怯于私斗"[1]，推进了专制集权法制的实施与普及。

商鞅变法取得了巨大成功，秦国由原来僻处于西部边陲的野蛮落后的"夷狄化外之邦"，迅速跻身于中原先进国家之列，其政治、经济、军事实力不断超越原本领先的关东六国。尽管变法改革严重触犯了秦国贵族顽固守旧势力的既得利益，商鞅在秦孝公死后也被车裂而死，但变法改革的成果为秦国的崛起和强盛奠定了雄厚的物质基础，特别是为秦朝统一全国创造了必要的历史条件。正如古人所评价的那样："商君死，惠王即位，秦法未败。"[2]

商鞅变法是春秋战国时期的一次重大法制改革和社会变革活动，它以法家"法治""重刑"思想为指导，取代西周确立的"礼治""德治"思想，废除了以宗法分封制和世卿世禄制为基础的等级特权制，结束了旧贵族的世袭统治及其对法律的秘密操控，建立起君主专制中央集权制的官僚政治制度和地方郡县制度，形成了以个体小农经济为基础的新型社会结构，推进了农耕生产的发展和社会经济的管理，直接影响到秦帝国以后两千多年的历史发展方向。

拓展阅读材料

1. 《尚书》之《吕刑》、《舜典》、《甘誓》、《汤誓》、《盘庚》和《康诰》等篇，参见《十三经注疏》，中华书局1980年版。

2. 《周礼》，参见《十三经注疏》，中华书局1980年版。

3. 杨伯峻：《春秋左传注·昭公六年》，中华书局1981年版。

4. 《商君书》，参见《诸子集成》第五册，中华书局2006年版。

5. 《韩非子集解》，参见《诸子集成》第五册，中华书局2006年版。

6. 《史记》卷一《五帝本纪》、卷二《夏本纪》、卷三《殷本纪》、卷四《周本纪》、卷五《秦本纪》、卷六十八《商君列传》，中华书局1982年版。

---

[1] 以上引文，见《史记》卷六十八《商君列传》，中华书局1982年版，第2230页。

[2] 《韩非子集解·定法》，见《诸子集成》第五册，中华书局2006年版，第305页。

7. 《汉书》卷二十三《刑法志》,中华书局1962年版。

8. 《晋书》卷三十《刑法志》,中华书局1974年版。

9. (清)沈家本:《历代刑法考》,中华书局1985年版。

10. 王国维:《观堂集林》卷六《释礼》、卷十《殷周制度论》,中华书局1959年版。

第二章 秦代法律制度

（公元前221年~公元前206年）

战国后期的商鞅变法取得巨大成就，秦国的综合国力不断强盛起来。秦王嬴政即位后，开始着手进行兼并统一战争。从公元前230年至前221年的十年间，他先后灭掉韩、魏、楚、赵、燕、齐等关东六国，建立了中国历史上第一个君主专制中央集权制统一的多民族国家——秦朝。它把先秦法家"法治""重刑"的指导原则运用于统治实践之中，迅速构筑起一套君主专制集权制的统一法制体系。但是，由于秦朝片面地推行专制暴政和严刑峻法，严重地激化了社会矛盾，致使不可一世的强秦帝国政权仅仅延续了两代十余年的短暂统治即被推翻，给后世统治者留下了沉重的历史教训。而秦朝创立的君主专制中央集权制度及其法制体系，则一直影响着后世两千多年的历代政治体制及其法制建设。

第一节 法制概况

一、法制指导思想与基本特点

秦始皇全面吸收先秦法家学派集大成者韩非关于"法""术""势"相结合的专制集权制的国家学说和法制理论，进一步发展法家"法治""重刑"的指导思想，通过一系列统一法度、严刑峻法的立法活动和强制措施，确立了君主专制中央集权制的政治体制与法律体系。

（一）君主专权，"事决于上"

秦始皇二十六年（公元前221年），"秦初并天下"，"平定海内"，统一全国，立即兼采"三皇五帝"之"位号"，将国君"名号"改为"皇帝"，正式确立专制君主至高无上的统治地位和神圣不可侵犯的绝对权威；同时下诏更名皇帝下达之命令，"命为'制'，

视频资料：
集权皇帝

视频资料:
统一制度

令为'诏'",赋予皇帝颁布的诏令圣旨拥有凌驾于普通法律之上的最高效力。从此以后,"天下之事无小大,皆决于上",专制君主不仅是国家最高的统治者和执法者,而且成为最高的立法者和司法官。

(二)统一法度,厉行"法治"

秦朝统一全国后,坚持厉行"法治"的指导思想,通过一系列统一法度的立法活动,形成了"天下已定,法令出一","海内为郡县,法令由一统"的法制体系,确立了"事皆决于法"的基本原则。秦始皇不仅先后颁布律令诏旨,强制推行统一的法律、文字、货币、度量衡、车轨轮距、道路标准,快速建立起全国普遍适用的统一规制,而且通过频繁的出巡视察、封禅刻辞等政治活动,陆续制定、公布和宣传、普及各项法律政令。

视频资料:
焚书坑儒

为了深入贯彻厉行"法治"的指导思想,全面统一国家的意识形态和人们的思想言行,秦始皇还采纳丞相李斯的立法建议,强行颁布《挟书焚书令》,明文规定朝廷史官只准收藏秦国一国的历史典籍,原战国时期其余六国的史籍文献一律焚毁;除博士官等职责所需者外,凡民间收藏的儒家诗书经典以及其他诸子百家著述,必须在规定时间内上缴官府统一销毁;本法令下达后三十天内拒不交出及焚烧者,依法判处苦役;民众私下谈论或交流违禁诗书者,判处弃市;议论朝廷时政者,满门族诛;官吏知情不报者,与违反法令者同罪;鼓励百姓学法、知法、守法,由有关官吏进行宣讲传授,"以法为教","以吏为师"。

视频资料:
焚书之谜

秦始皇的统一法度、厉行"法治"取得了显著成效,秦朝的专制集权统治及其国家管理活动实现了"治道运行,诸产得宜,皆有法式"[1]。正如汉朝著名史学家司马迁所说,秦朝的"明法度,定律令,皆以始皇起"[2]。秦始皇本人也反复宣称,"皇帝临位,作制明法";"大圣作治,建定法度";"秦圣临国,始定刑名"[3]。从近些年发掘出土的考古文物材料,特别是秦简等法律文书资料,也反映出秦代立法体系的完备和法律内容的丰富。

---

[1] 以上引文及相关内容,参见《史记》卷六《秦始皇本纪》,中华书局1982年版,第236~254页。
[2] 《史记》卷八十七《李斯列传》,中华书局1982年版,第2546~2547页。
[3] 以上引文,见《史记》卷六《秦始皇本纪》,中华书局1982年版,第243~261页。

（三）"专任刑罚"，"繁法严刑"

秦朝的厉行"法治"，不仅由于专制君主拥有最高立法权，最终仍然走向变相的"人治"，而且由于片面地推行"重刑"思想，背离了先秦法家"以刑去刑""以杀止杀"的"重刑"目的，结果走向了"法治"的反面。正如汉朝人所批评的那样，"至于秦始皇，兼吞战国，遂毁先王之法，灭礼谊之官，专任刑罚"，"而奸邪并生，赭衣塞路，囹圄成市，天下愁怨，溃而叛之"[1]。

秦二世即位后，更是变本加厉，滥用严刑峻法，疯狂镇压民众，致使"秦法繁于秋荼，而网密于凝脂"[2]，朝野上下，"蒙罪者众，刑戮相望于道，而天下苦之"[3]。随着社会矛盾的急剧激化，昔日强大统一的秦帝国仅仅建立十五年，顷刻之间便土崩瓦解。

二、主要法律形式

自秦国商鞅变法至秦朝统一全国，在继承和发展战国后期法制改革与立法成果的基础上，逐渐形成了以律为中心、以律令为主体、多种法律形式并行的法律体系。

律是秦代最基本的也是最重要的普通法律形式，属于国家正式制定并颁布施行的成文法。它最初创设于商鞅变法时参照李悝《法经》改造而成的《秦律》，但在历史上早已失传。直到1975年12月，考古工作者在湖北省云梦县城关的睡虎地11号秦墓中发现大批抄录有秦律内容的竹简，其中的《秦律十八种》《效律》和《秦律杂抄》等三种秦简均属秦律内容，涉及《田律》《仓律》等27种律名[4]；2007年至2008年，湖南大学岳麓书院从香港收藏了一批秦简，其中的《秦律杂抄》也出现20多种秦律篇目。[5]这些秦简的篇目和内容大大超出李悝《法经》六篇的内容，是目前研究秦律的第一手材料。

令是仅次于律的一种重要法律形式，属于朝廷制定和颁布的国家法令。自战国后期秦国商鞅变法以来，曾经颁布过许多令，例如

---

[1]《汉书》卷二十三《刑法志》，中华书局1962年版，第1096页。
[2]（汉）桓宽：《盐铁论·刑德》，见《诸子集成》第七册，中华书局2006年版，第56页。
[3]《史记》卷六《秦始皇本纪》，中华书局1982年版，第284页。
[4] 详见睡虎地秦墓竹简整理小组编：《睡虎地秦墓竹简》，文物出版社1990年版，第17~90页。
[5] 参见陈松长等：《岳麓书院藏秦简的整理与研究》，中西书局2014年版，第95页；陈松长主编：《岳麓书院藏秦简（肆）·前言》，上海辞书出版社2015年版。

"垦草令""为田开阡陌封疆令""分户令""什伍连坐令"及"奖励告奸令"等。岳麓书院收藏的秦简中也发现了《秦令杂抄》之类的内容,其中有 20 多种秦令,例如《郡卒令》《谒令》《县官田令》《迁吏令》《捕盗贼令》[1]等,这些都属于成文法性质的法令。

制和诏是朝廷发布的制敕、诏旨或政令,也是律和令的重要补充或立法来源。秦始皇统一全国后,"制"和"诏"成为替代"命"和"令"的两种法律形式。由于皇帝颁布的"制"和"诏"可以代替或者修改普通法律的某些规定,因而具有最高的法律效力和权威地位。关于"制"与"诏"的区别,东汉人蔡邕解释说:"制书,帝者制度之命也,其文曰'制'。诏,诏书;诏,告也。"皇帝对朝臣上书奏议所下达的批复称为"制",而他直接发布的"诏书"或"诏令"则称为"诏"[2]。从此以后,秦朝的令,特指法令,而非诏令。

式是程式或格式的简称,主要是关于案件审理的程序规定、司法规则或文书程式。睡虎地秦简有"封诊式",即属于这种式。其中规定了司法机关审理案件必须遵守的原则规定、程序要求以及文书程式,同时也收录了一些供司法机关参考的重要案例。

程是规章或章程的简称。唐朝学者颜师古注:"程,法式也。"[3]睡虎地秦简的《工人程》,即是程的一种,主要是关于官营手工业生产定额制度的法律规定。

课是具有检验、考核及督课性质的一种专门法规。睡虎地秦简有《牛羊课》,即是检查、考核及督课畜牧人员饲养和管理牛羊的有关规定。

法律解释是官府或官吏代表国家对法律做出的官方解释,也是一种具有法律效力的法律形式,睡虎地秦简的"法律答问"即属于这种法律解释。它以问答的形式,对秦律内容或诉讼程序等进行解释或做出答复,涉及立法解释和司法解释两类内容。

判例是司法机关对案件进行审理、做出判决并且业已执行和生效的判案成例。按照秦代法律的有关规定,一些有重要代表性的典

---

[1] 参见陈松长等:《岳麓书院藏秦简的整理与研究》,中西书局 2014 年版,第 96~97 页;陈松长主编:《岳麓书院藏秦简(伍)·前言》,上海辞书出版社 2017 年版。

[2] 《史记》卷六《秦始皇本纪》之裴骃《集解》引蔡邕曰:"群臣有所奏,请尚书令奏之,下有司曰'制',天子答之曰'可'。"中华书局 1982 年版,第 237 页。

[3] 《汉书》卷一下《高帝纪下》注,中华书局 1962 年版,第 71 页。

型判例，也可以作为司法官员审判案件时参考援用的法律依据，因而也成为一种具有法律效力的法律形式。在睡虎地秦简中，将判例称为"廷行事"[1]。所谓"廷"，是指朝廷、郡廷、县廷之类的官府衙门；"行事"，则指已经判决执行的典型案例或者已经施行有效的重要事例。

真题2014

三、睡虎地秦墓竹简的主要内容

1975年12月，考古工作者在湖北省云梦县城关的睡虎地11号秦墓中出土大批秦代竹简，经过整理和拼复，有1155支，共计10种内容。其中有6种涉及秦代法律内容，可分为四类：第一类是秦律，包括《秦律十八种》《效律》和《秦律杂抄》等3种，主要有《田律》《仓律》等27种律名；第二类是"法律答问"，属于法律解释；第三类是"封诊式"，是关于司法审判原则、调查勘验程序等方面的法律规定或文书程式，其中也收录了一些案例；第四类是"为吏之道"，主要是各级官吏应当遵守的法律规定和道德准则。[2] 睡虎地秦简的发现，使早已失传的两千多年前的战国后期至秦朝前期的法律得以重见天日，为我们研究秦国至秦朝法制提供了可靠的历史文物资料。

值得注意的是，自睡虎地秦简发掘出土以来，考古文物界又陆续发现了一批数量可观的涉及法律方面的秦简，不仅丰富了睡虎地秦简的内容，而且补充或者更正了法制史学界对于秦代法律制度的一些传统认识。其中比较著名的是里耶秦简和岳麓书院所藏秦简。

里耶秦简包括两部分，一部分是2002年在湖南省龙山县里耶古城遗址1号井发现的38 000余枚秦代简牍，另一部分是2005年在里耶古城北护城壕11号坑发现的51枚秦代简牍，合称里耶秦简。其性质与上述睡虎地秦简完全不同。睡虎地秦简是11号秦墓墓主"喜"作为司法官员个人抄录的秦始皇三十年（公元前217年）以前的秦国至秦朝初年的部分文书法律，里耶秦简则是秦朝统一全国的前一年即秦王嬴政二十五年（公元前222年）至秦二世二年（公元前208年）秦朝洞庭郡迁陵县官署遗留下来的官方文书档案，数量巨大，内容繁多，其中包括大量行政、司法、契券之类的

---

[1] 睡虎地秦墓竹简整理小组：《睡虎地秦墓竹简》，文物出版社1990年版，第102页。
[2] 详见睡虎地秦墓竹简整理小组：《睡虎地秦墓竹简》，文物出版社1990年版，第19～176页。

文书簿籍以及各种律令法规。[1]

岳麓书院所藏秦简包括两批，一批是2007年湖南大学岳麓书院从香港收藏的秦简，共计2100个编号，其中有1300余枚相对比较完整；另一批是2008年由香港收藏家捐赠的秦简，共有76个编号。这些秦简并非一人一时所抄录，而是由多人在一个比较长的时期内陆续抄写而成的，时间最迟应在秦始皇三十五年（公元前212年）以后，主要内容分为七类，其中四类与法律有关。第一类是《为吏治官及黔首》，与睡虎地秦简的《为吏之道》内容基本相同，属于要求官吏遵守的行政规则和道德准则。第二类是《奏谳书》，属于地方官府对刑事案件进行审理、奏谳及裁决的记录。第三类是《秦律杂抄》，其中已发现20种律名。第四类是《秦令杂抄》，共有20余种令名，其中大都是第一次发现，并且很多令是以干支和数字编号或编定顺序。[2]

第二节 刑法制度

秦朝统一政权建立后，继续以先秦法家重刑主义思想为指导，以商鞅变法以来秦国的刑事立法为基础，以维护专制集权大一统的社会秩序为目的，建立了一套严刑峻法的刑事法律体系。

一、刑罚种类

秦朝的刑罚制度直接继承自战国时代，其基本特点仍然是刑名繁杂，刑罚严酷，手段野蛮残忍。但是，随着统一国家的建立，由于发展生产、恢复经济、富国强兵、维护统治的需要，秦朝的刑罚体系也发生了一定程度的变化，其总的发展趋势是在基本沿袭旧"五刑"的基础上，不断减少或适度限制身体刑的滥用，广泛适用剥夺自由的劳役刑和经济处罚类的财产刑，使刑罚种类的变化具有过渡时代的显著特征。

（一）死刑

秦朝的死刑名目繁多，行刑手段极为残酷和杂乱。其中以斩刑

---

[1] 参见湖南省文物考古研究所编著：《里耶秦简[壹]》，文物出版社2012年版，"前言"，第1～6页。
[2] 参见陈松长等：《岳麓书院藏秦简的整理与研究》，中西书局2014年版，第89～97页；陈松长主编："《岳麓书院藏秦简（肆）和（伍）·前言》，上海辞书出版社2015年版和2017年版。

的使用最为普遍，同时也保留有许多野蛮残忍的执行方式，例如具五刑、车裂、凿颠、抽胁、镬烹、枭首、腰斩、囊扑、定杀等，体现了早期刑罚体系极不规范的特点。

（二）身体刑

身体刑是仅次于死刑的重刑，属于摧残身体器官或毁坏生理功能的酷刑。秦律基本保留了先秦时期的黥刑、劓刑、斩左趾与斩右趾及宫刑等各种身体刑，但使用开始有所减少，并且大多作为劳役刑的附加刑合并使用，例如黥劓以为城旦、斩左趾又黥为城旦等。

（三）劳役刑

劳役刑当时称为作刑，后世称为徒刑，是限制罪犯人身自由并强制从事劳役的刑罚。从战国时期到秦朝，刑罚体系的一个重要变化就是劳役刑的使用迅速增多，适用范围非常广泛，许多土木工程建设或者农业生产劳动都役使大批劳役刑徒。当时的劳役刑名目繁多，由重到轻形成了一套比较完整的刑罚体系。

1. 城旦、舂。城旦刑用于男犯，主要是指为官府修筑城垣之类的重刑苦役；舂刑用于女犯，主要是指为官府舂米洒扫之类的杂役。《汉书·惠帝纪》注引应劭解释道："城旦者，旦起行治城；舂者，妇人不豫外徭，但舂作米。"城旦、舂属于劳役刑中的重刑。

2. 鬼薪、白粲。男犯为鬼薪，主要是指为宗庙祭祀砍柴之类的劳役；女犯为白粲，主要是指为宗庙祭祀择米洒扫之类的杂役。《汉书·惠帝纪》注引应劭所释："取薪给宗庙为鬼薪，坐择米使正白为白粲。"鬼薪、白粲是仅次于城旦、舂的劳役刑。

3. 隶臣妾。分为隶臣与隶妾，是罚作官府的男女奴婢，强制为官府服刑服役。《汉书·刑法志》注引颜师古解释称："男子为隶臣，女子为隶妾。"

4. 司寇；候。二者基本相同而名称各异，是强制罪犯在边境或交界地区侦察警戒、伺察寇盗、防范敌情的一种劳役刑。

（四）流刑

流刑是将罪犯流放到指定的偏远荒僻地区并剥夺其随意迁徙自由的刑罚。在秦律的规定中，流刑一般称为迁刑或谪刑，其适用对象主要分为两种情况。

一种是对罪犯直接判处迁刑或谪刑。例如，商鞅变法以来的

"秦法"规定,"有罪迁徙之于蜀汉"[1];秦始皇三十三年(公元前214年),在西北地区赶走匈奴后,沿阴山黄河一线筑城设立边塞,"徙有罪而谪之";三十四年,"谪治狱吏不直者,筑长城及南越地"[2]。

另一种是对死刑罪犯免于处死而改处迁刑。例如,秦昭襄王二十六年(公元前281年),"赦罪人迁之穰";二十七年,"赦罪人迁之南阳"[3]等。

(五)财产刑

财产刑是以罚没犯罪人的财产或以劳役进行抵偿的经济类处罚,主要有赀、赎、没等各种刑名。

1. 赀刑。强制违法犯罪者缴纳一定数量的财物或以劳役抵偿的刑事处罚。据《说文解字·贝部》的解释:"赀,小罚以财自赎也。"按照标的物种类的不同,赀刑包括赀布(货币)、赀盾(盾牌)、赀甲(铠甲)、赀徭(徭役)、赀戍(戍边)等,大体有罚金、罚物、罚役之别。

2. 赎刑。强制违法犯罪者以规定的财物或劳役赎抵原判刑罚的一种处罚形式。按照被赎抵的原判刑罚的不同,赎刑又分为赎耐、赎迁、赎黥、赎宫、赎死等多种名目。

3. 没刑。强制没收违法犯罪者的财产,充入官府,后世亦称为籍没。在没收的财产中,包括没收钱财物品和籍没其奴婢人口。

(六)身份刑

身份刑是享有一定政治身份和社会地位的官僚、贵族等特别主体适用的刑罚,一般的处罚方式是剥夺其官职或削夺其爵位,主要有夺爵、废刑等刑名。

1. 夺爵。削除违法犯罪的贵族及其子嗣的爵位,剥夺其特权地位,一般降为庶民身份。

2. 废刑。开除违法犯罪者的官籍,终身不得重新叙用。秦律称废刑免官者为"废官",重新任用"废官"属于违法行为,依法追究任用者的刑事责任。据睡虎地秦简《秦律杂抄》规定:"任法(废)官为吏,赀二甲。"[4]

---

[1] 《汉书》卷一上《高帝纪上》颜师古注引如淳曰,中华书局1962年版,第31页。
[2] 《史记》卷六《秦始皇本纪》,中华书局1982年版,第253页。
[3] 《史记》卷五《秦本纪》,中华书局1982年版,第213页。
[4] 睡虎地秦墓竹简整理小组编:《睡虎地秦墓竹简》,文物出版社1990年版,第79页。

二、定罪量刑的主要原则

为了使各级官府及其司法官员有效地运用刑法手段，严厉打击各种违法犯罪行为，巩固和加强君主专制集权统治，秦律以先秦时期法家"法治""重刑"思想为指导，确立了一套定罪量刑的基本原则和适用制度。

（一）刑事犯罪责任年龄与时效的规定

刑事犯罪责任年龄，是指刑法规定的对刑事犯罪追究刑事责任的法定年龄。秦律规定，未成年人犯罪，一般可以免除或减轻刑事责任。从睡虎地秦简《法律答问》的有关规定看，秦律是以身高作为区分成年人与未成年人的标准，男子六尺五寸以上、女子六尺二寸以上为成年[1]，大体相当于十六七岁。

刑事犯罪责任时效，是指刑法规定的对刑事犯罪行为追究刑事责任的时间效力，即刑法规定的刑事追诉权和刑罚执行权的有效期限。秦律关于刑事犯罪责任时效的规定有两条原则：一是刑事犯罪人未经判决而死亡，一般不再追究刑事责任。例如睡虎地秦简《法律答问》规定，某甲生前杀人未被发现，死后才被人控告，官府裁定不予受理。[2]二是刑事犯罪人获得赦免，也不再追究刑事责任。例如睡虎地秦简《法律答问》规定，某人盗窃千钱，并已全部花费，于赦令颁布后才案发被捕，官府也不再追究刑事责任。[3]

（二）原心定罪的规定

所谓原心定罪，是把有无犯罪的主观意识作为是否构成犯罪并确定是否追究刑事责任的依据。例如睡虎地秦简《法律答问》规定，某甲盗窃赃物价值千钱，某乙明知是被盗窃的赃物，尽管分赃价值不足一钱，仍然依法定罪量刑；某甲使用盗窃的钱购买蚕丝，并寄存于某乙之处，而某乙并不知道该蚕丝是被盗赃物，因而官府做出不追究刑事责任的裁决。[4]

（三）区分故意犯罪与过失犯罪的规定

秦律根据犯罪的主观动机和意思表示，将犯罪分为故意与过失

---

[1] 参见睡虎地秦墓竹简整理小组编：《睡虎地秦墓竹简》，文物出版社1990年版，第32页、第95页。

[2] 参见睡虎地秦墓竹简整理小组编：《睡虎地秦墓竹简》，文物出版社1990年版，第109页。

[3] 参见睡虎地秦墓竹简整理小组编：《睡虎地秦墓竹简》，文物出版社1990年版，第102页。

[4] 参见睡虎地秦墓竹简整理小组编：《睡虎地秦墓竹简》，文物出版社1990年版，第96页。

真题 2010

真题 2019

两种罪名。秦律称故意犯罪为"端"或"端为",依法从重量刑;称过失犯罪为"不端",依法从轻处罚。例如睡虎地秦简《法律答问》规定,某甲控告某乙盗窃耕牛及伤害他人,而某乙并未盗牛及伤人,某甲如果是故意诬陷,即构成诬告罪,依法实行诬告反坐,予以严惩;如果不是故意诬陷,则按控告不实定罪量刑,处罚相对较轻。[1]对于司法官员量刑不当的行为,如果属于过失,以"失刑"罪从轻处罚;倘若属于故意,则以"不直"罪从重量刑。[2]

(四)加重刑罚的规定

秦律对累犯、五人以上的共同犯罪或集团犯罪以及教唆未成年人犯罪的教唆犯实行加重刑罚的原则。关于累犯加重刑罚的原则,例如睡虎地秦简《法律答问》规定,耐为隶臣刑徒,又以应判处司寇刑之罪名诬陷他人,应按诬告反坐原则加刑司寇;但由于该刑徒的诬告行为属于累犯,故改判加刑城旦拘禁六年,大大重于加刑司寇。[3]

关于多人的共同犯罪或集团犯罪加重刑罚的原则,秦律明文规定,五人以上共同盗窃赃物价值1钱以上,即判处斩左趾并处黥为城旦之重刑;而不足五人盗窃赃物价值超过660钱,仅仅判处黥劓为城旦刑;若赃值在660钱以下至220钱以上,只判处黥为城旦刑;220钱以下至1钱以上,只判处迁刑流放,这大大轻于黥劓之类的身体刑。[4]

关于教唆犯罪的定罪量刑,秦律分别规定,教唆成年人犯罪,教唆犯与受教唆犯罪者同等处罚;教唆未成年人犯罪,教唆犯则比教唆成年人犯罪加重处罚。例如睡虎地秦简《法律答问》规定,某甲唆使某乙盗窃,某乙被抓获,甲乙二人同样判处赎黥刑,即缴纳钱财赎抵黥刑;而某甲唆使身高不满六尺的未成年人盗劫杀人,某甲则被判处重于一般死刑的车裂。[5]

(五)减免刑罚的规定

秦律对于自首或者主动消除犯罪后果者,实行减免刑罚的原

---

[1] 参见睡虎地秦墓竹简整理小组编:《睡虎地秦墓竹简》,文物出版社1990年版,第103页。
[2] 参见睡虎地秦墓竹简整理小组编:《睡虎地秦墓竹简》,文物出版社1990年版,第101~102页。
[3] 参见睡虎地秦墓竹简整理小组编:《睡虎地秦墓竹简》,文物出版社1990年版,第121页。
[4] 参见睡虎地秦墓竹简整理小组编:《睡虎地秦墓竹简》,文物出版社1990年版,第93页。
[5] 参见睡虎地秦墓竹简整理小组编:《睡虎地秦墓竹简》,文物出版社1990年版,第94页、第109页。

则。例如睡虎地秦简《法律答问》规定，某司寇刑徒在服刑期间盗窃他人110钱，应属累犯加重刑罚性质，但由于本人能主动自首罪行，因而减轻处罚，仅判处耐为隶臣刑，并且允许缴纳两套铠甲予以赎抵，而不需要执行耐为隶臣刑；有被监管的罪犯逃亡，负责监管者能够主动将其抓获，或者由亲友代为抓获，即可免予追究刑事责任。[1]

（六）诬告反坐的规定

秦律实行诬告反坐原则，对于故意捏造事实诬告他人罪行者，诬告者反坐所诬告的罪名应当判处的刑罚。例如睡虎地秦简《法律答问》规定，耐为司寇刑徒，以耐为隶臣刑之罪诬告他人，诬告者反坐耐为隶臣刑，重于耐为司寇刑；完城旦刑徒，以黥城旦刑之罪诬告他人，诬告者反坐黥城旦刑，重于完城旦刑。[2]自秦律之后，诬告反坐也成为历代沿用的一项重要刑法适用原则。

（七）犯罪连坐的规定

犯罪连坐是指一人犯罪，其他有一定关系的人一同受到株连，也被追究法律责任。这项刑法适用原则，是古代中国历朝历代政权普遍采用的刑法制度。秦律广泛使用商鞅变法以来的连坐刑，分别适用不同的对象范围。

1. 亲属连坐。"秦法，一人有罪，并坐其家室"[3]，称为"收帑相坐律令"[4]。"帑"指子女，"收帑"就是把犯罪者的子女籍没为官府奴婢。例如秦法规定："事末利及怠而贫者，举以为收孥。"[5]如不积极从事农耕生产而导致贫困，依法对其妻子儿女实行亲属连坐，籍没为官府奴婢。秦始皇颁布《焚书令》时进一步规定，"以古非今者族"[6]，更是对连坐亲属处以满门"族诛"的死刑。

2. 邻里连坐。秦法规定："令民为什伍，而相牧司连坐。"所谓"牧司，谓相纠发也。一家有罪而九家连举发，若不纠举，则十

---

[1] 参见睡虎地秦墓竹简整理小组编：《睡虎地秦墓竹简》，文物出版社1990年版，第95页、第123页。

[2] 参见睡虎地秦墓竹简整理小组编：《睡虎地秦墓竹简》，文物出版社1990年版，第121页。

[3] 《史记》卷十《孝文本纪》及《集解》引应劭注，中华书局1982年版，第419页。

[4] 《汉书》卷四《文帝纪》，中华书局1962年版，第110页。

[5] 《史记》卷六十八《商君列传》，中华书局1982年版，第2230页。

[6] 《史记》卷六《秦始皇本纪》，中华书局1982年版，第255页。

家连坐"[1]。百姓一家犯罪，其余各家知情，必须纠举告发，否则实行邻里连坐，追究连带刑事责任。

3. 职务连坐。首先，秦法规定："任人而所任不善者，各以其罪罪之。"[2] 被任用的人违法犯罪，任用者实行职务连坐，与被任用者同等处罚。其次，相关的同僚或下属违法犯罪，其主管官员也要实行职务连坐，依法追究连带责任。例如云梦睡虎地秦简《效律》规定，县尉的会计或县尉府中的吏员犯罪，该县的县令和县丞要实行职务连坐，像其他官府一样追究连带责任；司马令史掾所掌苑囿的会计犯罪，司马令史要实行职务连坐，承担同等的刑事责任。[3]

第三节 司法诉讼制度

随着秦朝君主专制统一集权的政治制度和法律体系的迅速建立，逐渐形成了一套君主专制集权控制的司法诉讼制度。

一、司法机关

秦始皇统一全国后，通过推行一系列政治法律制度，建立起一套君主专制中央集权制的司法机关体系。

（一）皇帝掌握最高司法权

在秦朝确立的君主专制中央集权制度下，皇权居于至高无上的统治地位，皇帝总揽全国一切大权，不仅拥有政治、经济、军事等各方面的统治权和执法权，而且掌握着最高的立法权和司法权。皇帝的意志和命令就是最高法律，其法律效力凌驾于普通成文法之上。就皇帝对司法权的控制而言，主要体现在三个方面：

1. 皇帝拥有最高裁决权和最终决定权。对于全国的重大案件或疑难案件，皇帝拥有最高裁决权和最终决定权，任何司法机关都无权擅自做出决定或者独立进行处理。这就是《史记·秦始皇本纪》所说的："天下之事无小大，皆决于上。"

2. 皇帝直接行使最高司法权。对于某些重大案件或疑难案件，秦始皇还亲自参与审理、审核并做出裁决，直接行使最高司法审判

---

[1]《史记》卷六十八《商君列传》，中华书局1982年版，第2230页。
[2]《史记》卷七十九《范雎蔡泽列传》，中华书局1982年版，第2417页。
[3] 参见睡虎地秦墓竹简整理小组：《睡虎地秦墓竹简》，文物出版社1990年版，第75～76页。

权。据《汉书·刑法志》记载，秦始皇"专任刑罚，躬操文墨，昼断狱，夜理书，自程决事，日悬石之一"，就是皇帝直接行使司法审判权的具体体现。所谓"昼断狱"，即白日审理案件；"夜理书"，即夜晚审核案卷；"自程决事"，指规定每天办理案件的工作定额；"悬"，指称量竹简的重量；"石之一"，即一石，为120斤。

3. 皇帝指派官员代行司法权。对于某些重大案件或疑难案件，秦始皇还经常指派或者责成丞相、御史大夫、廷尉等官员进行审理，由他们代表皇帝行使最高司法权，并将结果报经皇帝最后审批。

（二）中央常设司法机关

秦朝建立起一套由皇帝直接控制的司法机关体系。在皇帝之下，设有中央常设最高司法官廷尉，属三公之下的九卿之一，归丞相直接领导。廷尉的司法审判职责主要有两项：一是负责审理皇帝指定管辖或指示交办的重大案件，特别是奉皇帝诏令立案或办理的"诏狱"案件；二是负责审理全国各地移送上报的重大案件、疑难案件或上诉案件。这两类案件的最终裁决权或最后审批权属于皇帝，廷尉并无独立审判权，只不过是皇帝的代理人而已。

（三）地方行政机关兼理司法

秦朝沿袭并发展战国以来确立的地方行政长官兼理司法的传统，采用行政机关与司法职能合一制度，各地不单独设立专门的司法机关。秦朝地方实行郡、县两级制，由其长官郡守、县令（长）兼理司法审判事务，郡丞、县丞协助郡守、县令（长）具体处理司法审判事务。按照秦朝级别管辖制度的有关规定，地方一般的轻微案件由各郡、县官府自行审理及判决，死刑或重大、疑难案件需上报廷尉进行审理或裁决。

各县下设乡，"乡有三老、有秩、啬夫、游徼。三老掌教化。啬夫职听讼，收赋税。游徼徼循禁贼盗"[1]，分别负责调处纠纷、缉捕贼盗、维护治安等基层司法事务。乡里无权裁决的案件，必须上报于县，由县令（长）及县丞负责审理裁决。

二、诉讼程序和审判制度

（一）告诉

根据诉讼主体的身份属性，秦代的告诉一般分为两种形式：一

---

[1]《汉书》卷十九上《百官公卿表上》，中华书局1962年版，第742页。

种是由各级官府或官吏代表国家对违法犯罪者提起纠举、控告,相当于现代的公诉;另一种是由当事人或其亲属直接向官府提出控告起诉,相当于现代的自诉。在睡虎地秦简《法律答问》中,称后者为"辞者辞廷"[1]。其中的"辞"指控告起诉;"廷"指廷尉及县廷、郡廷之类的官府衙门。

根据诉讼案件的不同性质,当事人或其亲属的自诉分为两种情况:一种属于"公室告"案件,指控告"家室"即本家庭成员之外其他被告的盗窃、杀人、伤害等"公室犯罪"性质的诉讼案件。秦律规定,对于此类案件,司法机关必须受理。另一种属于"非公室告"案件,指本家庭内部成员之间的"非公室犯罪"或"家罪"性质的案件。例如:子女盗窃自家财产,家长伤害子女、奴婢、妻妾等。秦律规定,对于此类案件,司法机关不得受理,而由家长在家庭内部自行调处解决。如果当事人坚持控告,则要受到刑罚制裁。[2]

此外,秦律禁止诬告,实行诬告反坐;禁止"州告",即控告不实者又以其他事由再行控告,官府不得受理,并追究其控告不实罪。[3]

(二) 审理

1. 调查勘验。司法机关受理案件后,一般需要调查取证、检察勘验或进行司法鉴定,并且做出详细笔录,称为"爰书"。其记录内容主要包括姓名、身份、籍贯、有无前科、是否判刑、是否赦免以及具体案情等基本信息,甚至可以向异地发函,要求协助调查或提供案件所需材料。值得注意的是,秦代的法医检验技术和司法鉴定水平已取得相当高的成就。睡虎地秦简《封诊式》保存有"贼死"(凶杀)、"经死"(缢死)、"穴盗"(凿洞偷窃)、"出子"(流产)等多件现场勘察或尸体检验的"爰书"记录,涉及内容极为丰富,技术水平相当突出。[4]

2. 查封财产。在案件审理过程中,对于需要查封的财产物品和暂时需要加以控制的相关人员,采取"封守"的强制手段,并用"爰书"登记造册,交由专人负责看守,等候最后处理。从睡

---

[1] 睡虎地秦墓竹简整理小组编:《睡虎地秦墓竹简》,文物出版社1990年版,第115~116页。
[2] 参见睡虎地秦墓竹简整理小组编:《睡虎地秦墓竹简》,文物出版社1990年版,第117~119页。
[3] 参见睡虎地秦墓竹简整理小组编:《睡虎地秦墓竹简》,文物出版社1990年版,第117页。
[4] 参见睡虎地秦墓竹简整理小组编:《睡虎地秦墓竹简》,文物出版社1990年版,第157~161页。

虎地秦简《封诊式》的"封守"爰书来看,"封守"包括查"封"衣物、房屋、牲畜、树木等物品和看"守"其妻子、奴婢等人员,因此而得名。[1]

3. 审判案件。秦代法律称审理案件为"治狱",审讯过程为"讯狱"。根据睡虎地秦简中的法律规定,当时的审判是重视各类证据的。不过,由于口供是判案的首要证据,获取口供是审案的重要环节,因而审讯过程中难免使用刑讯拷囚。从睡虎地秦简《封诊式》的"治狱"爰书来看,当时虽然不禁止刑讯拷囚,却反对滥用刑讯。在秦代法律规定中,对于不用刑讯拷问而能审得实情、做出公正判决者,称为"上";使用刑讯拷问获得口供而做出正确判决者,称为"下";至于使用刑讯逼供,甚至屈打成招,未能审得实情者,属于"败"。"讯狱"爰书还明确记录了司法官员应该遵循的审讯程序和审判原则,严格限定了擅自使用刑讯逼供的行为。[2]

秦代法律规定,判决案件必须依据律令的明文规定,同时也允许援引"廷行事"即判例或先例作为法律条文的必要补充。当事人对判决结果不服,可以向司法机关提出复查或复审的请求,称为"乞鞫"[3]。

4. 法官责任。在审理、判决等办案过程中,秦律严禁司法官员徇私枉法,严格规定了责任追究的有关制度。凡是因过失导致量刑不当,即轻罪重判或重罪轻判者,构成"失刑"罪;故意重罪轻判或轻罪重判者,构成"不直"罪;故意有罪不判或减轻案情,纵容罪犯逃避法律制裁者,构成"纵囚"罪。[4]根据不同的罪名,追究不同的刑事责任。

三、监察制度

秦朝是中国古代行政监察制度的正式创建时期。中央设置御史大夫,执掌全国各级官员的行政监察事务,对违法犯罪官员进行弹劾、纠举及起诉。御史大夫属三公之一,位高权重,同时兼任副丞相,协助皇帝和丞相处理日常政务。御史大夫之下,以御史中丞为

---

[1] 参见睡虎地秦墓竹简整理小组编:《睡虎地秦墓竹简》,文物出版社1990年版,第149页。
[2] 参见睡虎地秦墓竹简整理小组编:《睡虎地秦墓竹简》,文物出版社1990年版,第147~148页。
[3] 参见睡虎地秦墓竹简整理小组编:《睡虎地秦墓竹简》,文物出版社1990年版,第120页。
[4] 参见睡虎地秦墓竹简整理小组编:《睡虎地秦墓竹简》,文物出版社1990年版,第115页、第101页、第102页、第120页。

副职，另置侍御史、监御史等下属官员。侍御史主要掌管秘书图籍，处理文书奏章，保管法律政令。监御史往往作为皇帝耳目，被派往各地巡察诸郡，纠举违法犯罪官吏。

地方各郡内部一般也设置监御史，或称郡监，负责监察本郡所属地方官员的违法犯罪行为。睡虎地秦简有秦王嬴政二十年（公元前227年）颁发的《语书》，其中即有监察纠举地方郡县官吏的规定。

御史一职，早在先秦时期的周代已有设置，其职责原本是协助国君"掌赞书而授法令"，主要负责文书档案或记录史事等秘书、文书工作。战国时期的御史，仍然是随从国君的"记事之职"。自秦朝建立专制集权制度后，才正式赋予御史"纠察之任"[1]，并且参与某些重大案件的司法审判活动。秦始皇三十五年（公元前212年）下诏"坑儒"，"使御史悉按问诸生"[2]，由御史直接参与审讯定罪。根据睡虎地秦简《尉杂律》的规定，廷尉每年要到御史处核对法律条文及立法变动，说明秦代御史仍有负责收藏和保管法律法令的职责。[3] 秦朝开创的行政监察制度，对后世影响深远，是中国古代极有特色的一项重要政治制度和法律制度。

拓展阅读材料

1. 《史记》卷六《秦始皇本纪》，中华书局1982年版。

2. 《汉书》卷二十三《刑法志》，中华书局1962年版。

3. 《晋书》卷三十《刑法志》，中华书局1974年版。

4. 睡虎地秦墓竹简整理小组编：《睡虎地秦墓竹简》，文物出版社1990年版。

5. 湖南省文物考古研究所编著：《里耶秦简［壹］》，文物出版社2012年版。

6. （清）沈家本：《历代刑法考》，中华书局1985年版。

---

[1] 详见《通典》卷二十四《职官六》，中华书局1984年版，第141页。

[2] 《史记》卷六《秦始皇本纪》，中华书局1982年版，第258页。

[3] 参见睡虎地秦墓竹简整理小组编：《睡虎地秦墓竹简》，文物出版社1990年版，第64页。

第三章 汉代法律制度

（公元前 206 年～公元 220 年）

公元前 206 年，秦朝被推翻后，乘机起兵的刘邦称汉王。经过四年的楚汉战争，公元前 202 年，刘邦正式称帝，建立汉朝，定都长安，史称西汉。公元 8 年，外戚王莽取代西汉政权，建立新朝，但不久即被绿林、赤眉起义推翻。公元 25 年，刘秀重新建立汉朝政权，定都洛阳，史称东汉。"汉承秦制"[1]，两汉时代是继秦朝之后君主专制统一集权国家的重建时期，秦汉之间的国家政治体制和法律制度既有继承和发展，又有改进和创新。

西汉初年推行休养生息的黄老"无为"政策，社会经济迅速恢复起来，但社会问题也日趋严峻。汉武帝采纳董仲舒建议，确立"春秋大一统"的政治思想和"德主刑辅"的法律思想，开启了儒家道德法律化和法律制度儒家化的历史进程，直接影响和决定了中国传统法制的发展方向。

第一节 立法概况

一、立法指导思想

汉朝的立法指导思想，与秦朝所坚持的法家"法治""重刑"思想截然不同，先后经历了从道家黄老"无为"思想到儒家"德主刑辅"思想转变的两个阶段。

（一）"与民休息"、"宽省刑罚"的指导思想

西汉是经历长期战乱之后建立起来的政权，由于频繁战争对农业生产造成的严重破坏，汉初的社会经济呈现一派凋敝景象。正如司马迁所描述的："汉兴，接秦之弊，丈夫从军旅，老弱转粮饷

视频资料：
无为而治

---

[1]《晋书》卷三十《刑法志》，中华书局 1974 年版，第 922 页。

（饷），作业剧而财匮，自天子不能具钧驷，而将相或乘牛车，齐民无藏盖。"[1]为了尽快恢复生产，发展经济，巩固新生政权，汉初统治者吸取秦朝短命速亡的教训，断然废止"专任刑罚"[2]的重刑主义原则，转而采取黄老"无为""与民休息"[3]的政治理论，确立"务在宽厚"[4]"约法省刑"[5]的立法指导思想。

黄老"无为"政策符合汉初社会形势的需要，从汉高祖至汉武帝即位前期沿用了七十余年之久，农业生产及社会经济逐渐恢复起来，犯罪率也大大降低，致使"刑罚大省"，史称"有刑错之风"[6]。然而，过度宽松放任的"无为"政策，也引发了一些日趋严峻的社会问题。在统治集团内部，汉初分封的刘氏宗室同姓诸王势力日益坐大，甚至爆发了公然反叛朝廷的"七国之乱"，严重威胁到君主专制中央集权制度。在地方基层社会，也涌现出一批横行乡里、目无法纪的豪富吏民，直接干扰甚至对抗郡县官府对地方的管理控制。这两股分裂割据异己势力的恶性膨胀，迫使西汉政权必须改变指导思想和统治方法。

（二）"礼法并用"、"德主刑辅"的指导思想

视频资料：
独尊儒术

汉武帝即位后，尤其是坚持黄老思想的窦太后死后，为了消除地方分裂因素和统治危机，采纳董仲舒提出的"解而更张之""变而更化之"的改良建议，"推明孔氏，抑黜百家"，确立"春秋大一统"[7]的政治思想，开始推行一套吸收道、法、阴阳、五行等诸家学说的"霸、王道杂之"的儒家理论。这套政治理论的核心，就是按照儒家所倡导的礼义道德观念，建立一套维护贵贱尊卑的社会等级秩序，所有臣民必须遵守朝廷政令法度，服从专制君主的统一集权控制。

在立法指导思想上，董仲舒以春秋公羊学和阴阳五行学说为基础，从"天人感应"和"君权神授"理论出发，根据"阳主阴辅"

---

[1]《史记》卷三十《平准书》，中华书局1982年版，第1417页。
[2]《汉书》卷二十三《刑法志》，中华书局1962年版，第1096页。
[3]《汉书》卷五《景帝纪》，中华书局1962年版，第153页。
[4]《汉书》卷二十三《刑法志》，中华书局1962年版，第1097页。
[5]《史记》卷六《秦始皇本纪》引贾谊《过秦论》，中华书局1982年版，第248页。
[6]《汉书》卷二十三《刑法志》，中华书局1962年版，第1097页。所谓"刑错"，即刑罚措置（搁置）不用之意。
[7]《汉书》卷五十六《董仲舒传》，中华书局1962年版，第2523页。

的哲学思想,提出了"德主刑辅"的法律思想。他认为,天道自然及人类社会的运行规律,是由阴阳二者此消彼长的变动关系决定的;阴阳二者缺一不可,但其地位并不相同,阳多阴少,阳主阴辅。与阴阳二者相对应,德属阳,主生养,从正面促进生机;刑属阴,主肃杀,从反面遏制生长。按照"天人感应"学说,以"阳主阴辅"理论为指导,形成了"德主刑辅"的法律思想。它强调以德礼教化为主,以刑罚镇压为辅,恩威并济,先教后刑,大德小刑,礼刑并用,礼法结合。其实质是以儒家的伦理道德、纲常礼教作为调整社会关系的基本准则,教化和引导民众严格遵守,使其"晓于礼谊而耻犯其上"[1],从而达到减少犯罪,维护君主专制集权统治的目的。

"德主刑辅"思想的确立,反映出统治者的治国策略、法制经验和管理手段日趋成熟,有助于缓和社会矛盾,维护专制政权的长治久安,因而成为后世两千多年的官方正统法律思想,始终贯穿于历代统治者的立法活动和司法实践之中。

二、主要立法与法律形式

(一)主要立法

1. "约法三章"。"约法三章"是西汉正式建立前的一项立法活动。公元前206年,楚汉之争后期,刘邦率部进入关中。鉴于秦末严刑峻法大大激化社会矛盾,当地民众长期遭受残害,为了争取民心,稳定社会秩序,刘邦遂与关中父老"约法三章",即"杀人者死,伤人与盗抵罪,余悉除去秦法"[2]。它宣告了秦朝法律的结束,也预示着汉朝立法的开始。但它毕竟只是对秦法的废止,而不是新法的创制。

2.《九章律》与"汉律六十篇"。西汉政权正式建立后,高祖刘邦深知"三章之法不足以御奸",是无法满足政权统治和国家管理的法制需要的,随即下令相国萧何"攈摭秦法,取其宜于时者,作律九章"[3],首次制定了汉朝最重要的基本法典《九章律》。它是在李悝《法经》六篇的基础上,直接承袭商鞅变法以来制定的

---

[1]《汉书》卷五十六《董仲舒传》,中华书局1962年版,第2510页。
[2]《史记》卷八《高祖本纪》,中华书局1982年版,第326页。
[3]《汉书》卷二十三《刑法志》,中华书局1962年版,第1096页。

《秦律》，新增"兴律""厩律"和"户律"三篇而完成的。

在新增的三篇律文中，"兴律"主要是关于兵役、徭役征发及城防守备等方面的定罪量刑规定；"厩律"主要是关于畜牧生产及驿传管理等方面的定罪量刑规定；"户律"主要是关于民户户籍、赋税、财产、婚姻、家庭、继承等方面的定罪量刑规定。作为汉初制定的第一部刑法典，《九章律》在汉律中居于重要的核心地位。正如《汉书·宣帝纪》文颖注所说："萧何承秦法所作为律令，律经是也。"所谓"律经"，表明了《九章律》在汉律中的经典性质。

西汉立国之初，新政权的礼仪法度尚未确立，朝廷秩序杂乱无章，殿堂之上甚至出现"群臣饮争功，醉或妄呼，拔剑击柱"[1]等无序乱象。博士官叔孙通为此提出建议，依据先秦古礼及秦代仪制，主持制定《傍章律》18篇，附于《九章律》之后，由高祖刘邦下诏颁行，其内容主要是朝廷、宗庙、君臣、贵贱等礼仪法度及等级秩序方面的法律规定。

进入西汉中期，随着经济的恢复和财富的积累，"及至孝武即位，外事四夷之功，内盛耳目之好，征发烦数，百姓贫耗，穷民犯法，酷吏击断，奸轨不胜"[2]，社会矛盾迅速积聚。为了稳定专制集权统治秩序，朝廷再度进行大规模立法活动。根据《魏书·刑罚志》的记载，当时新增律文50余篇，其中最重要的是张汤制定的《越宫律》27篇和赵禹制定的《朝律》[3]6篇。前者是关于宫廷警卫的专门法律，后者是关于朝贺觐见皇帝的专门法律。

后人将以上高祖和武帝时期相继制定的四部法律统称为"汉律六十篇"[4]，它们共同构成汉律的主干内容。其中的《九章律》是最重要的基本法典，居于汉律的核心地位；其余三部法律分别是各方面的专门立法；而此外的单行律令则是"汉律六十篇"的各种补充。

（二）法律形式：律、令、科、比

汉朝的法律形式，在秦朝法律形式的基础上有所规范，主要为

---

[1]《汉书》卷四十三《郦陆朱刘叔孙传》，中华书局1962年版，第2126页。
[2]《汉书》卷二十三《刑法志》，中华书局1962年版，第1101页。
[3] 据西晋律学家张斐《晋律注序》，赵禹《朝律》又作《朝会正见律》，参见《太平御览》卷六三八《刑法部四·律令下》，中华书局1960年版，第三册，第2858页。
[4] 参见《晋书》卷三十《刑法志》，中华书局1974年版，第922页。

律、令、科、比四种，其中又以律、令二者为基本法律形式。

律是汉朝最重要的基本法律形式，也是一种相对稳定、较为系统的法律形式，属于国家成文法性质。汉律受到秦律的直接影响，除"汉律六十篇"之类的综合性法典外，还有调整各方面法律关系的单行律。根据传世文献资料的记载和近年来在各地考古遗址发现的汉简内容，当时的各种单行律名目繁多，内容丰富，涉及刑事、民事、经济、行政、诉讼等各个方面，例如《酎金律》《上计律》《田租税律》《左官律》《尚方律》《挟书律》《钱律》《金布律》《徭律》等。

令是朝廷发布的诏令、政令或法令的简称，相当于秦朝的令和制、诏，可以作为律的立法渊源或重要补充。《汉书·宣帝纪》注解释说："天子诏所增损，不在律上者为令。"汉武帝时的廷尉杜周也明确指出："前主所是著为律，后主所是疏为令。"[1]令是朝廷随时发布的，可以临时更改或取代律的规定，作为司法审判、定罪量刑或调整和规范各种行为的法律依据，因而具有较强的针对性、灵活性和随意性，也拥有较高的立法权威和法律效力。汉朝令的数量不断增多，自高祖初定律令起，到武帝时已增至359章，成帝时则多达百余万言，因而曾经按照先后顺序分类编成令甲、令乙、令丙等。这些令的内容极其广泛，涉及国家管理和社会生活等各个方面，例如《廷尉挈令》《狱令》《品令》《秩禄令》《任子令》《宫卫令》等。

科是具体规定某些事项的单行条款或专门内容，一般认为是由秦代的"课"发展而来的。《释名·释典艺》解释道："科，课也，课其不如法者，罪责之也。"汉代的科，最早出现于汉初高祖时期，萧何曾经奉诏制定大臣"宁告之科"，作为官吏服丧告假的法律规定。[2]此后的科，大多是以单行条款或专门规定，对律令内容进行补充、细化或者变更，故称"科条"或"事条"。其内容以定罪量刑的刑事条款为主，也有一些具体事项的规定。汉代科的数量和种类不断增多，东汉和帝时有"科条无限"[3]的说法。

比即比附之义，又称决事比，是指法律无明文规定时，比附援

---

[1]《汉书》卷六十《杜周传》，中华书局1962年版，第2659页。

[2] 参见《后汉书》卷四十六《郭陈列传》，中华书局1965年版，第1561页。

[3]《后汉书》卷四十六《郭陈列传》，中华书局1965年版，1554页。

用官方认可的典型案例作为审判依据,或是比照援引相近的同类法律规定进行类推,相当于周代的"上下比罪"性质。秦代法律援用"廷行事"进行断狱判案的制度,相当于汉代的"决事比"。《汉书·刑法志》颜师古注称:"比,以例相比况也。"《周礼·秋官·大司寇》贾公彦疏称,法律规定"其无条,取比类以决之,故云决事比也"。比在汉代使用非常广泛,数量极大,种类繁多。以武帝时为例,仅"死罪决事比"一项就多达 13 472 件。其后,司徒鲍公将婚姻嫁娶辞讼方面的决事比撰成《法比都目》一书,内容多达 906 卷。东汉末年应劭整理汉律时,也曾编撰《决事比例》和《春秋折狱》两书。[1]

真题 2011-1

第二节 文帝、景帝时期的刑制改革

西汉政权建立初期,基本沿袭秦代的刑罚体系,继续使用先秦以来的肉刑制度。这种严重摧残人体生理功能的野蛮酷刑,是与汉初的黄老"无为"思想和"约法省刑"政策背道而驰的,不利于农业生产的恢复和社会经济的发展。因此,废除肉刑,改革刑制,逐渐成为大势所趋。早在惠帝至高后统治时期,即着手废除夷三族的缘坐刑。[2] 文帝即位元年(公元前 179 年),又下诏"尽除收帑相坐律令"[3],进一步缩小籍没亲属的株连范围,并且下诏"去肉刑""除宫刑"[4]。这些废除酷刑的活动,成为文帝、景帝时期刑制改革的先声。

一、文帝时期的刑制改革

文帝时期的刑制改革,是在汉初"禁网疏阔","刑罚大省",以致"有刑错之风"的社会背景下,由"缇萦上书"直接引发的。文帝十三年(公元前 167 年),齐国太仓令淳于意因涉罪获刑,被押赴长安。其小女儿缇萦上书文帝,指出肉刑和死刑的弊端,即人死不可复活,肢体残断无法再生,一旦执行,违法犯罪者即丧失改过自新的机会。鉴于其父为官"廉平",缇萦请求将自己籍没为官

---

[1] 参见《晋书》卷三十《刑法志》,中华书局 1974 年版,第 920 页。
[2] 参见《汉书》卷三《高后纪》,中华书局 1962 年版,第 96 页。
[3] 《汉书》卷四《文帝纪》,中华书局 1962 年版,第 110 页。
[4] 《汉书》卷五《景帝纪》,中华书局 1962 年版,第 137 页。

府奴婢，以赎免父亲的刑罚。文帝接受了缇萦的诉求，立即责成丞相等人拟订废除肉刑的方案，并下诏批准实施，将黥刑改为髡钳城旦舂，劓刑改为笞三百，斩左趾改为笞五百，斩右趾改为弃市。这次废除肉刑的改革，以劳役刑、笞刑和死刑等三种刑罚，分别取代黥刑、劓刑、斩左趾和斩右趾等三种肉刑，从法律上废除了野蛮残酷的肉刑制度，其基本精神是把重刑改为轻刑，但个别刑罚也存在由轻改重或变相加重的问题。例如：斩右趾改为死刑，显然是由轻改重了；劓刑和斩左趾改为笞刑，在执行中也难免出现致死致残的结果。因此，《汉书·刑法志》一针见血地指出，这次改革"外有轻刑之名，内实杀人"。

视频资料：汉文帝废除肉刑

视频资料：废除肉刑

二、景帝时期的刑制改革

针对文帝时期废除肉刑的改革带来的弊端，景帝时期先后两次改进笞刑制度。第一次是景帝元年（公元前156年）下诏规定："加笞与重罪无异，幸而不死，不可为人。其定律：笞五百曰三百，笞三百曰二百。"第二次是景帝中六年（公元前144年），在将笞三百和笞二百分别减为笞二百和笞一百的同时，正式颁定《箠令》，进一步规范和限定了笞刑的规格及执行方式：笞杖（箠）长五尺，宽一寸，末端厚半寸，竹制材质且削平竹节，笞打部位限于臀部，中途不得更换执行人。[1]景帝时期的两次笞刑改革，不但减轻了笞刑的量刑，更重要的是规范了笞刑制度，奠定了后世新五刑制度的基础。

三、刑制改革的意义

文帝、景帝时期的刑制改革，是中国历史上的一次具有划时代意义的重大变革。

第一，它以国家立法的形式，明令废止以肉刑为主体的旧五刑制度，大幅减轻和明确规范笞刑制度，使刑罚史的发展从相对野蛮残酷走向相对文明人道，标志着旧五刑时代的结束，为新五刑制度的建立准备了条件。

真题2009

第二，这次刑制改革，从法律上、制度上废止了肉刑对人体的

---

[1] 以上引文及内容，参见《汉书》卷二十三《刑法志》，中华书局1962年版，第2100页。

残害，有利于劳动力资源的保护和经济社会的发展，有助于物质财富的创造和积累，符合人类文明不断发展进步的历史方向。

第三节　法律内容的儒家化

自西汉中期起，采纳董仲舒"推明孔氏，抑黜百家"的建议，遵循"德主刑辅"的法制指导思想，通过引礼入律和引经注律，推动了儒家伦理道德的法律化和法律内容的儒家化。

一、刑事法律内容

（一）主要犯罪规定

汉朝以"君权神授"理论和"春秋大一统"思想为指导，进一步强化秦朝创立的君主专制中央集权制度，充分利用刑事法律手段的镇压功能，严厉打击和惩治危害皇帝权力、尊严或人身安全，威胁专制中央集权统治的各种犯罪。

1. 危害皇帝权力、尊严或人身安全的犯罪。为了维护君主专制集权制度，汉朝法律严厉打击危害皇帝权力、尊严或人身安全的各种犯罪。

矫制、矫诏，是假托、诈称或篡改、伪造皇帝诏令圣旨的犯罪行为。颜师古注："矫，托也，托言受诏也。"[1]根据犯罪性质及其危害后果，该罪名又分为矫制（诏）大害、矫制（诏）害和矫制（诏）不害等三种不同情形，分别追究不同的刑事责任。其中，大害，腰斩；害，一般弃市；不害，可减轻处罚或者免官。[2]

视频资料：
引礼入法

废格诏令，是"废格天子之命而不行"[3]，即故意搁置皇帝诏令拒不执行或延误皇帝诏令执行不力的犯罪行为。根据汉律规定："废格明诏，当弃市。"[4]

不敬、大不敬，是对皇帝无人臣之礼或侵犯皇帝尊严之类的犯罪行为，例如触犯皇帝名讳、对皇帝御用器物不恭敬等。西晋律学

---

[1]《汉书》卷六十四下《严朱吾丘主父徐严终王贾传》注，中华书局1962年版，第2818页。
[2]《汉书》卷十七《景武昭宣元成功臣表·浩侯王恢》："坐使酒泉矫诏害，当死。"注引如淳曰："律，矫诏大害，要斩。有矫诏害，矫诏不害。"卷五十二《灌夫传》：窦婴因"矫诏害"，"罪当弃市"。中华书局1962年版，第660页、第2392页。
[3]《史记》卷三十《平准书》注之《索隐》，中华书局1982年版，第1424页。
[4] 参见《史记》卷一百一十八《淮南衡山列传》，中华书局1982年版，第3048页。

家张斐注释道:"亏理废节,谓之不敬。"[1]该罪名涉及范围较广,其具体行为及表现各不相同,定罪量刑也有较大差异,重者处以死刑。

阑入、失阑。阑入是无出入符籍或通行许可而擅自进入宫殿或其他禁区的犯罪行为,阑入宫门,处以城旦刑;阑入殿门,弃市。[2]失阑是宫殿守卫人员失职、渎职而未及时发现并制止阑入者的犯罪行为,一般要免官,并追究刑事责任。[3]

祝诅、巫蛊,是用诅咒、巫术等恶毒手段诋毁、诽谤皇帝的犯罪行为,不仅本人往往腰斩处死,而且株连范围极广。[4]

腹诽,又称腹非,是对皇帝或其朝政持有异议或心怀不满而未明确表达意见的犯罪行为,重者处以死刑。[5]

犯跸。皇帝出行所经之处,必须警戒管制,严禁外人通过,称为跸。擅自进入、冲闯或不及时回避皇帝车骑仪仗,构成犯跸罪。汉代《令乙》规定:"跸先至而犯者,罚金四两。"[6]但在实际处理犯跸案件时,往往处以死刑或其他重刑。

2. 威胁专制中央集权统治的犯罪。这类犯罪的规定,旨在防范和削弱各地诸侯王的分裂割据势力,维护君主专制中央集权统治。

左官。汉朝法律严禁诸侯国私自任用官员,凡未经朝廷批准而擅自到诸侯国任职者为左官,依据《左官律》追究其刑事责任。[7]

阿党;附益。阿党是指官员与诸侯王结党营私,知晓其犯罪而不及时检举或奏报的行为;附益是指大臣与诸侯王私自勾结,为其违法牟取或增殖政治经济利益的行为。武帝时专门制定《阿党法》和《附益法》,防范和惩治威胁专制中央集权统治的分裂

视频资料:
分封与削藩

真题2008-2

---

[1] 《晋书》卷三十《刑法志》,中华书局1974年版,第928页。
[2] 《汉书》卷十《成帝纪》:"阑入尚方掖门。"注引应劭曰:"无符籍妄入宫曰阑。"中华书局1962年版,第306~307页。
[3] 《汉书》卷八十六《王嘉传》:"以明经射策甲科为郎,坐户殿门失阑免。"颜师古注:"户,止也。嘉掌守殿门,止不当入者而阑入之,故坐免也。"中华书局1962年版,第3488页。
[4] 《汉书》卷九十七上《外戚传·孝武陈皇后传》:"女子楚服等坐为皇后巫蛊祠祭祝诅,大逆无道,相连及诛者三百余人。楚服枭首于市。"中华书局1962年版,第3948页。
[5] 参见《汉书》卷二十四下《食货志下》,中华书局1962年版,第1168页。
[6] 《汉书》卷五十《张冯汲郑传》注如淳引,中华书局1962年版,第2311页。
[7] 《汉书》卷十四《诸侯王表》载:武帝时"作左官之律,设附益之法"。颜师古注曰:"汉时依上古法,朝廷之列以右为尊,故谓降秩为左迁,仕诸侯为左官也。"中华书局1962年版,第395~396页。

割据行为。[1]

出界。汉朝法律规定，各地诸侯王未经朝廷许可，不得擅自越界到自己封国以外活动或串连，否则构成私出界罪，轻者夺爵，重者处以耐为司寇以上的刑罚。

酎金不如法。汉朝《酎金律》规定，皇帝每年举行大型宗庙祭祀活动，各地同姓诸侯王必须贡纳黄金和醇酒等，作为助祭祖先仪式的费用，称为酎金。如果贡纳的酎金成色不纯或分量不足，构成酎金不如法罪，将受到夺爵或其他刑事处罚。这一罪名也往往被朝廷作为变相削夺诸侯分裂割据势力、强化君主专制中央集权的一种手段。汉武帝元鼎五年（公元前112年），以"列侯坐献黄金酎祭宗庙不如法"为借口，一次就将106位列侯"夺爵"除籍。[2]

3. 严重危害国家安全的犯罪。为了维护君主专制集权统治，严厉打击起义反叛之类的"贼盗"活动，汉朝法律规定了一系列严重危害国家安全的犯罪。

群盗，特指某些群体性的起义、反叛或破坏性活动，是严重危害君主专制集权国家安全及统治阶级利益的多人共同犯罪或集团犯罪，不仅危害性大，而且危险性高，是历朝历代刑事法律严加防范、严厉打击的重罪行为。根据《二年律令·盗律》的规定，群盗或参与群盗者，有杀人、伤人、恐吓、劫财、掠取人质、盗掘坟墓、投递匿名书信等行为，即处以磔刑。[3]

首匿，是指首谋隐匿罪犯或包庇犯罪的窝藏行为。[4]西汉前期沿袭战国秦代以来禁止"匿奸"的法律规定，汉武帝也因"豪杰犯禁，奸吏弄法，故重首匿之科，著知从（纵）之律，以破朋党，以惩隐匿"[5]，即重申"首匿"禁令，颁布"见知故纵"之法，严惩包庇窝藏犯罪的"隐匿"行为。

为了及时发现、防范和镇压各地频发的"群盗"事件及其

---

[1]《汉书》卷三十八《高五王传》有"左官、附益、阿党之法设"的记载，注引张晏曰："诸侯有罪，傅、相不举奏，为阿党。"颜师古曰："附益，言欲增益诸侯王也。"中华书局1962年版，第2002页。

[2] 参见《汉书》卷六《武帝纪》，中华书局1962年版，第187页。

[3] 参见张家山二四七号汉墓竹简整理小组：《张家山汉墓竹简［二四七号墓］》，文物出版社2001年版，第143页。

[4]《汉书》卷八《宣帝纪》师古注："凡首匿者，言为谋首而藏匿罪人。"中华书局1962年版，第251页。

[5]《后汉书》卷三十四《梁统传》，中华书局1965年版，第1166页。

"首匿"行为,汉武帝专门颁布《沈命法》,严厉追查地方官的监管责任,规定"群盗起不发觉,发觉而捕弗满品者,二千石以下至小吏主者皆死"[1],严惩对"群盗"缉捕不力的地方官。如有"敢蔽匿盗贼者,没其命也"[2],依法处以极刑。

在颁布《沈命法》的同时,汉武帝还"作见知故纵、监临部主之法",进一步强化各地监临主守官的责任追究制度。该法规定:"见知人犯法不举告为故纵,而所监临部主有罪并坐也。"[3]对违法犯罪知情不报,纵容其发展蔓延,当地主管官员一并连坐,追究刑事责任。

此外,当时还有"通行饮食"罪和"群饮酒"罪的规定。前者是指为"贼盗"之类的犯罪提供饮食便利,传递情报信息,或充当向导等行为,重者处大辟死罪,且株连甚广。[4]后者是指三人以上的群聚饮酒或聚众滋事,根据汉律,"三人已上无故群饮,罚金四两"[5]。

(二)刑法适用原则

汉朝的刑法适用原则,在继承和沿用秦代区分故意与过失、累犯加重处罚、自首减免刑罚、诬告反坐等法律规定的基础上,也进行了一些重大调整。其中最突出的变化是刑法适用原则开始走向儒家化。

1. 保障官僚贵族特权的上请原则。汉朝法律摒弃战国以来法家所主张的"刑无等级"的"法治"原则,将周礼"刑不上大夫"的"礼治"原则正式法律化,逐渐形成了保障官僚贵族特权的上请原则。对于符合上请适用条件的官僚贵族的违法犯罪,司法机关不得直接做出判决,而要上奏朝廷,请示皇帝做出裁决。

高祖七年(公元前200年),最初下诏"令郎中有罪耐以上,请之"[6]。此后,上请的适用范围不断扩大,适用对象的级别逐渐下移。宣帝黄龙元年(公元前49年)规定,相当于郡丞或小县县

---

[1]《史记》卷一百二十二《酷吏传·杨仆传》,中华书局1982年版,第3151页。

[2]《汉书》卷九十《酷吏传·咸宣传》注引应劭语,中华书局1962年版,第3663页。

[3]《汉书》卷二十三《刑法志》及师古注,中华书局1962年版,第1101页。

[4]《史记》卷一百二十二《酷吏传·杨仆传》:"以法诛通行饮食,坐连诸郡,甚者数千人。"中华书局1982年版,第3151页。

[5]《史记》卷十《孝文本纪》之《集解》文颖注引,中华书局1982年版,第417页。

[6]《汉书》卷一下《高帝纪下》,中华书局1962年版,第63页。

令职级的六百石以上官吏"有罪先请"[1]。平帝元始元年（公元1年）规定，王公、列侯的嫡嗣子孙，犯耐刑以上罪，也可享有"先请"[2]特权。东汉光武帝建武三年（27年）又规定，职级六百石以下的官吏至三百石以上的县长或侯国相"有罪先请"[3]。至此，上请原则的适用范围，由最初的郎中或六百石以上官员扩大到公侯嫡嗣子孙及三百石以上官吏。

2. 矜老怜幼的恤刑原则。汉朝统治者标榜儒家"仁政"思想，在刑事法律中规定了矜老怜幼的恤刑原则。对于某些老弱妇孺残障者的违法犯罪，依法减免刑罚或区别对待。例如，景帝后三年（公元前141年）规定，八十岁以上、八岁以下老幼，孕妇、盲人、侏儒等，被强制监禁期间免戴戒具。[4]宣帝元康四年（公元前62年）规定，八十岁以上老人，犯诬告、杀伤之外的其他罪，不追究刑事责任。[5]成帝鸿嘉元年（公元前20年）规定，未满七岁的儿童，因故意或争斗而杀人及犯死刑重罪，可上请廷尉，报经皇帝批准，免予死刑。[6]平帝元始四年（4年）规定，妇女及八十岁以上、七岁以下的老幼，除亲属犯有大逆不道罪或有诏令指名缉捕者外，其他犯罪不得株连拘禁。[7]光武帝建武三年（27年）再次重申，八十岁以上、十岁以下老幼的一般性犯罪以及受到株连的妇女，除大逆不道或有诏令指名缉捕者外，不得拘押监禁。[8]

矜老怜幼的恤刑原则，并非完全出于统治者的仁慈，而是这些弱者对社会的危害较小，对专制政权的威胁也较轻。宣帝曾直言不讳地说过："耆老之人，发齿堕落，血气既衰，亦无暴逆之心。"[9]

3. 亲亲得相首匿的相隐原则。亲亲得相首匿，是指对于法律规定的一定范围的亲属的一般性犯罪，允许相互之间首谋藏匿而不追究包庇窝藏罪责。当然，谋反之类的危害君主专制统治和国家安全的严重犯罪除外。这一刑法适用原则，最初源于儒家提倡的伦理

---

[1]《汉书》卷八《宣帝纪》，中华书局1962年版，第274页。
[2]《汉书》卷十二《平帝纪》，中华书局1962年版，第349页。
[3]《后汉书》卷一上《光武帝纪上》，中华书局1965年版，第35页。
[4]参见《汉书》卷二十三《刑法志》，中华书局1962年版，第1106页。
[5]参见《汉书》卷八《宣帝纪》，中华书局1962年版，第258页。
[6]参见《汉书》卷二十三《刑法志》，中华书局1962年版，第1106页。
[7]参见《汉书》卷十二《平帝纪》，中华书局1962年版，第356页。
[8]参见《后汉书》卷一上《光武帝纪上》，中华书局1965年版，第35页。
[9]《汉书》卷二十三《刑法志》，中华书局1962年版，第1106页。

道德原则。孔子明确主张："父为子隐，子为父隐，直在其中矣。"[1]"隐"即隐匿；"直"即合情合理，符合儒家的伦理道德精神。儒家视"父为子隐"为"仁"，"子为父隐"为"孝"。汉朝统治者贯彻"以仁孝治天下"的宗旨，通过立法将这一伦理道德原则上升为刑法适用原则，正式赋予其法律效力。

宣帝地节四年（公元前66年）下诏规定："父子之亲，夫妇之道，天性也。虽有患祸，犹蒙死而存。诚爱结于心，仁厚之至也，岂能违之哉！自今子首匿父母，妻匿夫，孙匿大父母，皆勿坐。其父母匿子，夫匿妻，大父母匿孙，罪殊死，皆上请廷尉以闻。"[2]根据这道诏令，子女首匿父母，妻子首匿丈夫，孙子女首匿祖父母，一律不追究窝藏罪责；反之，父母匿子女，夫匿妻，祖父母匿孙子女，如果所隐匿的是死刑重罪，须上请廷尉，并报经皇帝裁定，是否追究其"首匿"罪；至于死刑以下案件，也不追究刑事责任。此后，这项刑法适用原则为后世历代法律所沿用，并在唐律中将"亲亲首匿"范围进一步扩大为"同居相为隐"制度。

真题2010

二、民事法律内容

（一）家庭关系的规定

在家庭关系方面，汉朝法律极力维护儒家创立的"父为子纲"[3]的父权家长制原则，赋予家长依法管理和处治家庭成员的权力，要求家庭成员必须绝对服从家长的权威意志和绝对控制。凡是触犯家长权威、尊严或人身安全的行为，都是严重的违法犯罪行为，依法予以严惩。例如：子女控告父母或祖父母的一般性犯罪、为父母或祖父母服丧期间违反服制禁忌等行为，构成"不孝"罪，依法处以弃市；而侮辱、殴打、诅咒或杀害父母、祖父母以及近亲尊长，则属"大逆"重罪，更要严惩不贷。[4]景帝时的隆虑侯陈融、武帝时的堂邑安侯陈季须等人，在为母亲服丧期间违反禁忌，犯奸罪，依律"当死"，畏罪"自杀"[5]。武帝时的衡山王刘赐太

---

〔1〕 杨伯峻译注：《论语译注·子路篇第十三》，中华书局1980年版，第139页。

〔2〕 参见《汉书》卷八《宣帝纪》，中华书局1962年版，第252页。

〔3〕《礼记·乐记》孔颖达疏引《礼纬·含文嘉》，见《十三经注疏》，中华书局1980年版，第1540页。

〔4〕 参见《通典》卷一百六十六《刑四·杂议上》引汉律，中华书局1984年版，第878页。

〔5〕 参见《汉书》卷十六《高惠高后文功臣表》，中华书局1962年版，第537页。

子刘爽因告发父亲"谋反",也以"不孝"罪被判处弃市。[1]

为了维护家庭关系的稳定,汉朝法律还遵循儒家恪守的宗法血缘关系和伦理纲常秩序,严禁家庭内部男女成员之间不正当的性行为。违反此类规定者,以"禽兽行"罪严刑处治。尤其是卑幼对尊长的奸淫行为,更要从重处以死刑。而一般男女之间的"奸非"罪,仅仅处以耐为鬼薪的劳役刑。

(二) 婚姻制度的规定

视频资料:
礼法合治

汉朝婚姻制度的原则,仍然延续西周以来的一夫一妻多妾制,并且进一步强化儒家倡导的"夫为妻纲"[2]的夫权支配制,赋予丈夫对于妻妾及其家庭的支配地位和绝对权力。在夫妻关系中,丈夫可以打骂、奴役甚至抛弃妻妾,妻妾只能无条件接受和服从;丈夫可以妻妾成群,妻妾却必须绝对忠诚于丈夫;丈夫与人通奸,最重不过判处完为城旦刑;妻子与人通奸,或私自改嫁,或夫死未葬即嫁人,则要判处死刑。至于婚姻制度的成立或者解除,汉朝法律基本沿用西周以来的"六礼"程序和"七出三不去"的规定。这种婚姻制度的规定,也对后世历代政权产生深远的影响。

(三) 继承制度的规定

汉朝继承制度包括宗祧继承和财产继承两方面内容。宗祧原本是指祭祀祖先的宗庙,引申为家族传承的世系及其宗嗣。因此,宗祧继承实际是一种基于血缘亲族关系的身份继承制度,适用范围包括小到家庭中的家长或家族中的族长,大到国家的爵位、王位或皇位之类的身份继承。根据宗法制的规定,宗祧继承实行嫡长子继承制,遵循"立嫡以长不以贤,立子以贵不以长"[3]的立嗣原则。如果以"非子"(非亲生子)、"非正"(非嫡妻之子)立嗣或者继承爵位之类的政治身份,则依法免除其爵位或者削除其封国,甚至追究其违法之罪责。两汉时期,因违反身份继承制度而被免爵或者受到处罚的案例不胜枚举。

先秦时期没有独立的财产继承制度,财产继承依附于宗祧继承,通过宗法分封制的实施,在身份继承的同时完成财产继承。汉朝将财产继承与宗祧继承分离开来,确立了诸子均分制的财产继承

---

[1] 参见《汉书》卷四十四《淮南衡山济北王传》,中华书局1962年版,第2156页。

[2] 《礼记·乐记》孔颖达疏引《礼纬·含文嘉》,见《十三经注疏》,中华书局1980年版,第1540页。

[3] 《春秋公羊传·隐公元年》,见《十三经注疏》,中华书局1980年版,第2197页。

制度，并且被后世历代财产继承制度长期沿用。

第四节 司法制度

一、司法机构

（一）中央司法机构

汉朝司法机构基本沿袭秦制，皇帝仍然掌握全国最高司法审判权，中央设置最高常设司法机构廷尉，位列三公之下的九卿之一，主要负责审理皇帝指定交办的"诏狱"案件，受理全国各地移送上报的重大案件、疑难案件及上诉案件。汉朝廷尉的机构组织编制不断扩大，其长官廷尉之下分别设置廷尉正，左、右监，左、右平等各种属官，东汉时吏员最多达140人左右。廷尉设有监狱，称为廷尉狱，或称"诏狱"，主要关押九卿、郡守之类的高级官员或者案情重大的"诏狱"案犯，是朝廷最重要的中央监狱之一。

（二）地方司法机构

汉朝地方仍然采用司法与行政合一制度，由郡、县两级行政机构长官郡守、县令（长）兼理司法审判职能，而不设立专门的司法机构。东汉末年，州由监察机构转变为地方行政机构后，地方司法审级也由原来的郡、县两级制，增加为州、郡、县三级制。

（三）监察机构

汉初中央监察机构为御史府，又称御史大夫寺，东汉以后称御史台，又称兰台寺，以御史大夫、御史中丞为正副长官，下置侍御史等官员。[1]其主要职责是对文武百官的违法犯罪行为进行监察、纠举、弹劾、起诉，同时负责检察和监督司法机构的司法审判活动以及刑罚执行程序，并且经常参与一些重大案件的审理。

为了加强中央对地方各郡、各诸侯国的行政监察和社会控制，汉朝废止秦朝地方各郡设置的监御史，并自汉武帝时起，将全国各地划分为13个监察区，分别设置十三州部刺史，作为朝廷对地方各郡、各诸侯国进行行政监察和司法监督的派出机构。其主要职责是每年定期"周行郡国，省察治状，黜陟能否，断治冤狱"，重点监察纠举以各地郡守为代表的地方官员及豪富吏民的失职、渎职或

---

[1] 参见《通典》卷二十四《职官六》，中华书局1984年版，第141～143页。

其他违法犯罪行为,同时代表中央负责监督各地的司法审判活动。

为了加强朝廷对京师地区及畿辅一带的直接控制,汉武帝时设置司隶校尉一职,其监察职责和监督权力不断扩大。东汉光武帝时,在朝廷文武百官中,司隶校尉与御史中丞、尚书令"各专席而坐,京师号为'三独坐'"[1]。

此外,皇帝还常常根据临时的特别需要,任命一些"绣衣直指,出讨奸猾,治大狱"[2]的侍御史。他们奉诏身穿绣衣,亲临各郡、各诸侯国直接监察、监督地方官员,参与审理大案。

通过从中央到地方的监察制度,汉朝进一步加强了君主专制中央集权控制,也强化了司法监督职能。

二、诉讼审判制度

(一) 起诉及限制

汉朝称起诉为告劾,根据诉讼主体的不同性质,分别指两种起诉形式。告是控告,由当事人或亲属直接向官府提出控告起诉,相当于现代诉讼的自诉;劾指举劾,由有关官员代表朝廷或国家对违法犯罪进行弹劾纠举,相当于现代诉讼的公诉。

汉律沿袭秦律的"告奸"规定,对于严重的违法犯罪行为,要求知情人必须及时举报或告发,"其见知而故不举劾,各与同罪"[3],与犯者同等处罚。为了强化有关官吏监督纠举违法犯罪的连带责任,汉武帝时专门制定《见知故纵法》,规定"见知人犯法不举告为故纵,而所监临部主有罪并连坐也"[4]。主管官员不能及时发现并查处违法犯罪,依法追究其"见知故纵"罪的连带责任。

汉朝法律鼓励臣民积极纠举和告发违法犯罪,但对起诉制度也规定了一些限制性条件:一是必须按照司法审级的规定自下而上逐级告诉,禁止越级起诉,但有重大冤屈者例外,可以直诉于朝廷;二是除谋反之类的重罪外,对于一般性犯罪,禁止卑幼控告尊长,违者以不孝罪论处;三是严禁诬告,实行诬告反坐。根据张家山汉简《二年律令·告律》的规定:"诬告人以死罪,黥为城旦舂,它

---

[1] 陈仲夫点校:《唐六典》卷十三《御史台》,中华书局1992年版,第378页。
[2] 《汉书》卷十九上《百官公卿表上》,中华书局1962年版,第725~726页。
[3] 《晋书》卷三十《刑法志》,中华书局1974年版,第924页。
[4] 《汉书》卷二十三《刑法志》颜师古注,中华书局1962年版,第1101页。

各反其罪。告不审及有罪先自告，各减其罪一等。"[1]诬告人死罪，处以黥为城旦舂刑；诬告人死刑以下罪，反坐所诬告之罪的刑罚；而控告不实或犯罪自首，减轻一等量刑。

（二）审理及判决

汉朝称审理案件为鞫狱，主要采用《周礼》规定的"五听"审讯方式。案件经过审理，取得口供等证据后，三天左右还要对被告进行一次提审复核，称为传复。复核无误及证据确凿，即可做出判决，称为断狱。判决结果必须向当事人宣读，称为读鞫。当事人或其亲属对判决不服，可在宣判后请求复审或提出上诉，称为乞鞫。普通案件的上诉期限为三个月，超过规定期限，不再受理。[2]

（三）上报

一般案件，地方基层司法机关受理后，可以按照司法审级的权限规定自行审理，做出判决。有两类案件，必须逐级上报请示，或移送上级司法机构审理裁决：一类是死刑案件必须上奏朝廷，由皇帝或廷尉审核批准，称为奏报。这实际是一种死刑复核审批制度。另一类是疑难案件必须逐级上报，层层决疑，称为奏谳或谳疑。根据高祖七年（公元前200年）的规定："县道官狱疑者，各谳所属二千石官，二千石官以其罪名当报之。所不能决者，皆移廷尉，廷尉亦当报之。廷尉所不能决，谨具为奏，傅所当比律令以闻。"[3]各县、道疑而未决的案件，须请示或移送郡守裁决；郡守疑而未决，须请示或移送廷尉裁决；廷尉疑而未决，则奏请皇帝裁决，并附上可以参照的律令规定。

三、《春秋》决狱

《春秋》决狱是汉武帝时期董仲舒等人倡导创立的一种司法审判的原则、方法和制度。它是直接引用以《春秋》为代表的儒家经典的经义内容，作为司法审判的依据和定罪量刑的标准。《春秋》决狱又称《春秋》折狱、引经决狱或经义决狱，是儒家经义法律化的重要表现，也是司法制度儒家化的重要标志。

---

[1] 张家山二四七号汉墓竹简整理小组：《张家山汉墓竹简［二四七号墓］》，文物出版社2001年版，第26页。

[2] 参见《周礼·秋官·朝士》郑玄注引汉律，见《十三经注疏》，中华书局1980年版，第878页。

[3]《汉书》卷二十三《刑法志》，中华书局1962年版，第1106页。

《春秋》是鲁国的一部编年史，据说孔子曾经对其进行修订，集中表达了"《春秋》大一统"的政治主张，即讨伐"乱臣贼子"，恢复《周礼》确立的宗法等级秩序和伦理道德关系。汉武帝采纳董仲舒"罢黜百家，独尊儒术"的建议，儒家思想占据支配地位。以董仲舒为首的儒学士大夫，开始用《春秋》等儒家经典的经义内容作为判案决狱的依据，引经决狱随之盛行起来。董仲舒为此专门编定"《春秋折狱》二百三十二事"[1]，作为引经决狱的指导。

根据董仲舒提出的"《春秋》之听狱也，必本其事而原其志。志邪者不待成，首恶者罪特重，本直者其论轻"[2]的指导原则，春秋决狱的基本精神是"论心定罪，志善而违于法者免，志恶而合于法者诛，故其治狱时有出于律之外者"[3]。他所说的"志""心""本"，都是指主观动机。所谓"论心定罪"，是以儒家经典的经义内容，作为考察和评判当事人主观动机的标准以及定罪量刑的依据。如果"志邪"或"志恶"，即主观动机违背儒家经义的伦理道德精神，即使其行为符合法律规定，或者并未造成犯罪后果，也要依据经义标准定罪量刑；至于"首恶者"即首犯，更要定以重罪，予以严惩。反之，如果"本直"或"志善"，即主观动机符合儒家经义的伦理道德精神，即使违反法律规定，也应免于处罚或减轻罪责。

《春秋》决狱的本质，是在事实和法律的客观标准之上，增加了一个儒家经义的伦理道德标准，而这往往是凭借办案人员的个人意志和主观判断，具有更大的随意性与主观性，实际背离了以事实为依据、以法律为准绳的司法审判原则。

真题 2011-2

四、录囚制度

为了检察监督司法机构的司法审判活动，及时发现冤假错案并予以纠正，汉朝创立了录囚制度，又称虑囚。其主要形式是由上级司法机构定期或不定期地对在押囚犯及其有关案件进行复核或复查，带有司法检察监督的性质。

录囚制度始于西汉中期，最初是由一些郡太守或州部刺史不定

---

[1]《晋书》卷三十《刑法志》，中华书局1974年版，第920页。
[2]（汉）董仲舒：《春秋繁露·精华》，周桂钿译，中华书局2011年版，第57页。
[3]（汉）桓宽：《盐铁论·刑德》，见《诸子集成》第七册，中华书局2006年版，第57页。

期地巡视下属各郡县,审录在押囚徒或嫌犯,受理申诉称冤案件,及时发现并纠正冤狱或错案。据文献记载,汉昭帝时,京兆尹隽不疑经常巡行辖区各县,通过审录囚徒或复查案件,多次发现问题并进行纠错改判。[1]汉武帝时设立的十三州部刺史,每年也有定期"周行郡国","断治冤狱"的职责。[2]

进入东汉时期,录囚制度逐渐规范化和常态化。按照当时的规定,"诸州常以八月巡行所部郡国,录囚徒"。他们对于下属县狱中的囚徒"皆阅录视,参考辞状,实其真伪。有侵冤者,即时平理"[3]。当朝皇帝有时也会亲自参与录囚活动,如明帝在位期间,曾经"自幸洛阳狱,录囚徒,理出千余人"[4]。

录囚制度自汉朝建立以后,得到了后世历代政权的长期沿用,成为一项影响深远的慎刑制度,明清时期的会审制度即源于此制。

拓展阅读材料

1. 《汉书》卷二十三《刑法志》,中华书局1962年版。
2. 《晋书》卷三十《刑法志》,中华书局1974年版。
3. 张家山二四七号汉墓竹简整理小组:《张家山汉墓竹简〔二四七号墓〕》,文物出版社2001年版。
4. 程树德:《九朝律考》,中华书局2006年版。
5. (清)沈家本:《历代刑法考》,中华书局1985年版。

---

[1] 参见《汉书》卷七十一《隽不疑传》,中华书局1962年版,第3036页。
[2] 参见《汉书》卷十九上《百官公卿表上》注引《汉官典职仪》,中华书局1962年版,第742页。
[3] 《后汉书·志》第二十八《百官五》及注,中华书局1965年版,第3617页。
[4] 《后汉书》卷四十一《第五钟离宋寒传》,中华书局1965年版,第1417页。

第四章 三国两晋南北朝法律制度

(公元 220 年～589 年)

三国两晋南北朝时期是东汉统一政权解体后出现的一个长期分裂、割据、战乱的动荡时代，同时又是一个各民族之间从尖锐的矛盾、对立、冲突逐渐走向相互融合的社会变革时代。在将近四百年的历史发展进程中，匈奴、鲜卑、氐、羯、羌等各少数民族部落纷纷大规模内迁，相继在北方黄河流域建立割据政权，既不断加剧各地民族关系的复杂性，也促进了各民族之间的相互联系、交往及融合。特别是随着秦汉时期大一统的中央集权国家的解体，君主专制主义制度有所削弱，意识形态领域的政治法律思想相对活跃起来，汉代儒学经学化与神学化的垄断地位发生动摇。一些政权认真总结借鉴历史经验，积极推进法制建设，不断完善立法技术，逐步深化律学理论，为隋唐盛世法律制度的成熟完备奠定了历史基础。

第一节 立法概况

三国两晋南北朝时期，许多政权重视法制建设，立法技术空前提高，成文法典的篇章体例结构和法律内容日渐完善，法律形式逐步规范，律学理论日趋成熟，各个时期都出现了一些标志性的立法成就。

一、三国时期对汉律的沿用与改革

三国时期的立法分为两个阶段，蜀、吴两国以及曹魏早期基本都是沿用汉律，曹魏中期对汉律进行系统改革，开始制定新律。

（一）三国时期对汉律的沿用

曹魏政权的立法，最初可以追溯到东汉末年曹操执政的汉献帝时期。由于曹操处在军阀混战的形势下，还不具备大规模修订汉律的客观条件，加之他身为汉朝丞相，也不便于公然废止"汉朝之制"[1]而制定新法。因此,在"治定之化,以礼为首;拨乱之政,以刑为先"[2]的指导思想下,尽管他"嫌汉律太重,故令依律论者听得科半",将汉律规定的量刑标准减半执行,颁定了《甲子科》,但此时的立法仍然属于沿用汉律的性质。直至魏文帝曹丕称帝,正式建立曹魏政权后,也始终未能系统地整理和改革汉律,而只是临时颁布了一些"怨毒杀人者减死之令"[3]之类的法令。

视频资料:
诸葛亮依法治蜀

蜀汉政权是由身为"汉室后裔"的刘备建立的,他以兴复汉室为己任,继续沿用汉律,力图恢复汉制。诸葛亮在执政期间,主持制定了《蜀科》[4]以及"法检""科令""军令"[5]等政令法规,并未改变汉律的基本性质。

孙吴政权曾经两次修订法律。第一次是黄武五年(226年),陆逊以刑法"太重"为由,"劝以施德缓刑"。孙权采纳其建议,"令有司尽写科条","令损益之"[6]。第二次是嘉禾三年(234年),孙登因"年谷不丰,颇有盗贼,乃表定科令,所以防御,甚得止奸之要"[7]。这两次制订的"科条"和"科令",分别是对刑罚略作"损益"和对"盗贼"加强"防御",并未改变汉律的基本体系。

(二)曹魏《新律》的制颁

三国时期修订汉律并制定新律,始于魏明帝太和三年(229年)"下诏改定刑制",陈群等人奉命"删约旧科,傍采汉律,定为魏法,制《新律》十八篇,《州郡令》四十五篇,《尚书官令》、《军中令》合百八十篇"。这次立法活动,以《新律》的制颁为突出代表,取得了重大立法成就。

第一,扩充法典篇目。《新律》又称《魏律》,它以汉初《九章律》的篇目结构为基础,保留原有旧律5篇,新增13篇,将法典结构扩充为刑名、盗律、劫略、贼律、诈律、毁亡、告劾、系讯、断狱、请赇、兴擅、乏留、惊事、偿赃、户律、捕律、杂律、

---

[1] 《晋书》卷三十《刑法志》,中华书局1974年版,第922页。
[2] 《三国志》卷二十四《魏书·韩崔高孙王传》,中华书局1982年版,第683页。
[3] 《晋书》卷三十《刑法志》,中华书局1974年版,第922页。
[4] 《三国志》卷三十八《蜀书·许麋孙简伊秦传》,中华书局1982年版,第971页。
[5] 《三国志》卷三十五《蜀书·诸葛亮传》,中华书局1982年版,第926页。
[6] 《三国志》卷四十七《吴书·吴主传》,中华书局1982年版,第1133页。
[7] 《三国志》卷五十九《吴书·吴主五子》,中华书局1982年版,第1364页。

免坐等18篇，弥补了《九章律》9篇"篇少则文荒，文荒则事寡，事寡则罪漏"的缺陷，提高了《新律》作为基本法典的立法地位；同时删繁就简，分门别类，把不宜列入《新律》的重要法令编成各种单行法规，既精简了律令体系的内容，使其"于正律九篇为增，于旁章科令为省"，而且把律令两种法律形式的性质和功能区分开来。

真题 2013-1

第二，突出总则地位。《新律》将秦汉律的第六篇"具律"提升为第一篇，"冠于律首"，并更名为"刑名"，使该篇名的含义更加明确，突出了作为法典总则篇的性质及地位，纠正了旧律"罪条例既不在始，又不在终"的结构问题。

第三，新定五刑制度。《新律》首次采用全新的五刑体系，规定于"刑名"篇，"以为律首"。它以劳役刑和财产刑为主体，由死、髡、完、作、赎、罚金、杂抵罪等七种刑名构成。同时，缩小先秦、秦汉以来族刑连坐的亲属范围，对"大逆无道"之类的重罪，不再隔代诛杀祖父母和孙辈等三代以外血亲，并在法定刑罚中排除了野蛮残酷的夷三族刑。[1]

第四，"八议"正式入律。《新律》改《周礼》的"八辟"原则为"八议"制度，正式列入基本法典，使官僚贵族特权进一步法律化制度化，推动了引礼入律的发展趋势，直接影响到后世历代刑事法律制度。

二、《晋律》颁行与张杜注律

曹魏末年，司马氏发动政变控制朝政后，晋王司马昭"患前代律令烦杂"，"科网本密"，于魏元帝咸熙元年（264年）下令，由贾充等14人制订"新律"。晋武帝泰始三年（267年），《新律》完成，翌年颁行，一般称为《晋律》或《泰始律》。它直接参考汉魏旧律的内容结构修订而成，其中保留《九章律》的盗、贼、捕、杂、户、厩、兴等7篇，新增或改定13篇，共分为20篇620条。其主要变化是改具律为刑名、法例两篇，分囚律为告劾、系讯、断狱三篇，从盗律析出请赇、诈伪、水火、毁亡四篇，新增卫宫、违制、诸侯、关市四篇。《晋律》吸收曹魏《新律》的立法成就，在篇章体例结构与条目内容等方面又有新的改进。

真题 2009-1

---

[1] 以上引文及内容，参见《晋书》卷三十《刑法志》，中华书局1974年版，第925页。

第一,增加总则篇目。《晋律》在首篇"刑名"之后新增第二篇"法例",充实了刑法适用制度的规定,丰富了法典总则内容,规范了法典体例结构。

第二,完善律令体系。《晋律》再度删繁就简,系统地整理汉魏以来的律令体系。西汉创立《春秋》决狱制度后,经学家纷纷引经注律,"律令章句"之学日渐"烦杂",东汉时已有 26 000 余条、7 730 000 多字,出现了"言数益繁,览者益难"的问题。西晋"蠲其苛秽,存其清约,事从中典,归于益时",对晋律之外不宜废除的重要内容,另行编成《晋令》40 卷,将律令二者精简为 60 卷、2926 条、126 300 余字,明确界定了律令二者的不同性质,"律以正罪名",属于刑事法律;"令以存事制"[1],属于非刑事法律;"违令有罪则入律"[2],取得了"刑宽禁简"[3]的立法成效。

第三,规范五刑制度。《晋律》将曹魏《新律》首创的新五刑制度,由 7 种刑名 37 等规范改为死、髡、赎、罚金、杂抵罪等 5 种刑名 20 余等;同时,削"减枭斩、族诛从坐之条",再度缩小死刑重罪亲属连坐范围,养子女与出嫁女也不再受其生父母弃市罪的株连;此外,还减"省禁固相告之条,去捕亡、亡没为官奴婢之制。轻过误老少女人当罚金杖罚者,皆令半之"[4],使刑罚制度向相对文明人道和系统规范进化。

第四,实行服制定罪。《晋律》确立"峻礼教之防,准五服以制罪"的定罪量刑原则,进一步引礼入律,在刑法适用制度中遵循儒家伦理纲常关系,使《晋律》成为中国历史上第一部儒家化的成文法典。

第五,增加律疏注释。《晋律》内容过于精简,难免存在立法内容的疏漏和理解、适用法律时的歧义。为了弥补这一立法缺陷,张斐、杜预二人"兼采汉世律家诸说之长,期于折衷至当"[5],分别对《晋律》进行解释注疏,统一了法律概念、立法术语及律文含义,经晋武帝批准,正式下诏颁行,成为与《晋律》条文具有

---

[1] 《太平御览》卷六三八《刑法部四·律令下》引杜预《律序》,中华书局1960年版,第2859页。

[2] 《晋书》卷三十《刑法志》,中华书局1974年版,第927页。

[3] 《晋书》卷四十《贾充传》,中华书局1974年版,第1126页。

[4] 《晋书》卷三十《刑法志》,中华书局1974年版,第927页。

[5] 程树德:《九朝律考》卷三《晋律考序》,中华书局2006年版,第225页。

同等法律效力的官方统一法律解释。东晋、南朝以后，朝廷将《晋律》条文与注释合为一体，称为"张杜律"。

三、南北朝时期的立法

（一）南朝各代沿用《晋律》

《晋律》不仅在两晋时期沿用150余年，而且影响南朝四代170年之久。民国学者程树德曾经指出，"自晋氏失驭，天下分为南北，江左相承，沿用晋律。梁、陈虽各定新律"[1]，仍未摆脱《晋律》的影响。所以说，"六朝诸律中，行世无如是之久者"[2]。

刘宋至南齐建立初期的70年间，"江左相承用晋世'张杜律'二十卷"。到齐武帝永明七年（489年），"尚书删定郎王植撰定律章"，"删正刑律"，编成《永明律》20卷，也只是为了消除"张斐、杜预同注一章而生杀永殊"的问题，而把二人的注释加以合编，"集为一书"[3]，并未改动《晋律》的内容，而且最终结果是"事未施行，其文殆灭"[4]。永明九年，廷尉孔稚珪等人重修《永明律》，也因故而"竟不施行"[5]。总之，"宋及南齐律之篇目及刑名之制略同晋氏"，完全因袭《晋律》。

梁武帝天监元年（502年），命尚书删定郎蔡法度等人"增损晋律"[6]，制定《梁律》。翌年完成，分为刑名、法例、盗劫、贼叛、诈伪、受赇、告劾、讨捕、系讯、断狱、杂律、户律、擅兴、毁亡、卫宫、水火、仓库、厩律、关市、违制等20篇。它是仿照王植《永明律》的"旧本"略加"损益"而成的，内容也与《晋律》基本相同，仅个别篇目名称略有改动而已。

陈武帝永定元年（557年），尚书删定郎范泉等人奉命"参定律令"，完成《陈律》30卷。它也是"采酌前代"法律，稍加修订而成，其"篇目条纲，轻重简繁，一用梁法"[7]。程树德曾经反复指出，"梁于晋律，所删者止游词费句；陈则篇目条纲，一依梁

---

[1] 程树德：《九朝律考》卷五《后魏律考序》，中华书局2006年版，第339页。
[2] 程树德：《九朝律考》卷三《晋律考序》，中华书局2006年版，第225页。
[3] 《南齐书》卷四十八《孔稚珪传》，中华书局1972年版，第836页。
[4] 《隋书》卷二十五《刑法志》，中华书局1973年版，第697页。
[5] 《南齐书》卷四十八《孔稚珪传》，中华书局1972年版，第838页。
[6] 以上引文，见陈仲夫点校：《唐六典》卷六《尚书刑部》附注，中华书局1992年版，第181页。
[7] 以上引文及内容，参见《隋书》卷二十五《刑法志》，中华书局1973年版，第702页。

法。是两朝之于晋律,其增损均在文句之间";"梁陈两朝之律,质言之,即晋律之张杜旧本";"梁陈虽间有增改,而大体悉仍晋律之旧"[1]。

综上所见,东晋南朝偏安江左,始终处在《晋律》影响之下,基本无立法成就可言。程树德曾评论说:"自晋氏而后,律分南北二支"[2];"其时中原律学,衰于南而盛于北";"南朝诸律,实远逊于北朝"[3]。

(二) 北朝各代立法成就

北朝各代是由北方少数民族在黄河流域先后建立的政权,在与汉族为主体的中原各民族之间相互交往和逐步融合的过程中,他们不断学习秦汉魏晋以来的立法经验,取得了重要立法成就。

1.《北魏律》。早在北魏政权建立初年,道武帝拓跋珪"患前代刑网峻密,乃命三公郎王德除其法之酷切于民者,约定科令,大崇简易"[4],正式开始北魏成文法的立法活动。此后,历经太武帝、文成帝、孝文帝、宣武帝等四代的修律活动,逐步完成了北魏一代最重要的成文法典,史称《后魏律》,一般称作《北魏律》,共20篇,目前仅存刑名、法例、宫卫、违制、户律、厩牧、擅兴、贼律、盗律、斗律、系讯、诈伪、杂律、捕亡、断狱等15篇的篇目及部分内容。

作为第一个入主中原地区统一北方黄河流域的少数民族政权的基本法典,《北魏律》从制定到修订历经百年,前后参与立法者多达数十人。他们积极吸收魏晋以来的篇章体例结构和主要法典内容,同时也有选择地保留了北方少数民族的一些习惯法,使《北魏律》成为中国历史上第一部具有民族融合性质的成文法典。此后制定的《北齐律》,就是在《北魏律》的影响下完成的;隋初《开皇律》又是在《北齐律》的基础上修订而成的,并为唐律所承袭。特别是《北魏律》首次以徒刑和流刑为法定刑名,正式确立死、流、徒、鞭、杖之五刑制度,进一步规范了国家刑罚体系;首次规定"留养其亲"制度,影响直至明清时期。著名学者陈寅恪曾经高度评价《北魏律》的立法成就,"北魏前后定律能综合比较,取

---

[1] 程树德:《九朝律考》卷四《南朝诸律考序》,中华书局2006年版,第311页。
[2] 程树德:《九朝律考》卷五《后魏律考序》,中华书局2006年版,第339页。
[3] 程树德:《九朝律考》卷四《南朝诸律考序》,中华书局2006年版,第311页。
[4] 《魏书》卷一百一十一《刑罚志》,中华书局1974年版,第2873页。

精用宏,所以成此伟业者,实有广收博取之功";"元魏刑律实综汇中原士族仅传之汉学及永嘉乱后河西流寓儒者所保持或发展之汉魏晋文化,并加以江左所承西晋以来之律学,此诚可谓集当日之大成者"[1]。程树德也明确指出《北魏律》的立法地位:"唐宋以来相沿之律,皆属北系,而寻流溯源,又当以元魏之律为北系诸律之嚆矢。"[2]后来的唐律能够取得中国传统立法的最高成就,即溯源于《北魏律》。

2. 《麟趾格》。北魏末年分裂为东魏和西魏两个政权后,东魏天平年间(534~537年),孝静帝下诏"于麟趾阁议定新制"[3],"删正刑典"[4],于兴和三年(541年)颁行,故称《麟趾格》。它首次确立了格作为国家基本法典的立法地位,直接影响到后世法律体系的发展。隋唐时期,格作为国家机关"禁违正邪"[5]的行政立法,成为四种重要法律形式之一。

3. 《大统式》。西魏大统十年(544年),下令尚书苏绰将大统元年制定的"二十四条新制"和大统七年制定的"十二条新制"合编为"三十六条新制","更损益之,总为五卷,班于天下"[6],称为《大统式》。它首次确立式作为国家基本法典的立法地位,也直接影响到后世法律体系的发展。隋唐时期,式作为国家机关"轨物程事"[7]的办事细则,成为四种重要法律形式之一。

4. 《北齐律》。北齐取代东魏政权后,"以魏《麟趾格》未精"[8]为由,于天保元年(550年)"始命群官,议造《齐律》"[9],至河清三年(564年)完成。这部北齐律的制定,历时十余年,在出身于渤海律学世家的封述主持下,全面总结吸取战国《法经》以来历代的立法经验及技术,代表了当时的最高立法水平。

第一,确定十二篇的法典体例结构。针对《法经》以来法典

---

[1] 陈寅恪:《隋唐制度渊源略论稿》,中华书局1963年版,第111~112页。
[2] 程树德:《九朝律考》卷五《后魏律考序》,中华书局2006年版,第339页。
[3] 《魏书》卷十二《孝静帝纪》,中华书局1974年版,第305页。
[4] 《隋书》卷三十三《经籍志二》,中华书局1973年版,第974页。
[5] 陈仲夫点校:《唐六典》卷六《尚书刑部》及附注,中华书局1992年版,第185页。
[6] 《隋书》卷二十五《刑法志》,中华书局1973年版,第707页;《周书》卷二《文帝纪下》,中华书局1971年版,第28页。
[7] 陈仲夫点校:《唐六典》卷六《尚书刑部》,中华书局1992年版,第185页。
[8] 《北史》卷三十三《李灵传附曾孙浑传》,中华书局1974年版,第1206页。
[9] 《隋书》卷二十五《刑法志》,中华书局1973年版,第706页。

篇目不断增多的立法趋势,《北齐律》"部分科条,校正今古,所增损十有七八"[1],最终将内容精简为名例、禁卫、婚户、擅兴、违制、诈伪、斗讼、贼盗、捕断、毁损、厩牧、杂律等12篇949条,以"法令明审,科条简要"[2]而著称。隋初《开皇律》继续沿用12篇的体例结构,仅对个别篇目略作调整,直接为《唐律疏议》和《宋刑统》所继承。

第二,首创"名例律"的法典总则篇目。《北齐律》将魏晋律首创的"刑名""法例"两篇合并为"名例律"一篇,使法典总则篇目及法典体例结构更加规范。此后的隋唐直至明清各代的法典,无论分为多少篇,首篇均为"名例律"。

第三,调整五刑体系,确立"重罪十条"。《北齐律》进一步改良刑法制度,将《北魏律》的五刑调整为杖、鞭、刑罪(徒)、流、死,使新五刑制度更加规范化,并且首次确立"重罪十条"的罪刑适用原则,为隋唐直至明清历代"十恶"制度之所本。

真题2021

综上所述,"南北朝诸律,北优于南,而北朝尤以齐律为最"[3]。《北齐律》集战国以来历代立法成就之大成,为隋初制定《开皇律》提供了范本。唐律又参照《开皇律》继续完善,将中国古代鼎盛时期的立法成就推向了成熟完备的巅峰。总而言之,"北朝自魏而齐而隋而唐,寻流溯源,自成一系"[4],而《北齐律》堪称承前启后的立法典范。

第二节 法律形式与内容的发展变化

一、法律形式的变化

三国两晋南北朝时期,立法技术水平不断提高,法律形式也发生了显著变化。在由汉朝的律、令、科、比向律、令、格、式过渡的过程中,不仅律与令的性质出现了彻底分化,而且科与比也最终被格与式取代。作为独立编纂的单行法规或法律汇编,令、格、式

---

[1] 《北齐书》卷三十《崔昂传》,中华书局1972年版,第411页。
[2] 《隋书》卷二十五《刑法志》,中华书局1973年版,第706页。
[3] 程树德:《九朝律考》卷六《北齐律序》,中华书局2006年版,第393页。
[4] 程树德:《九朝律考》卷四《南朝诸律考序》,中华书局2006年版,第311页。

三种法律形式地位不断上升,为隋唐时期法律体系的发展完善奠定了基础。

(一) 律与令的分化

秦汉时期,律与令的概念并不十分明确,二者之间的界限也不够清晰。汉武帝时的廷尉杜周曾经声称:"前主所是著为律,后主所是疏为令。"[1]表明律与令只有形式上的区别,并无本质上的差异,二者既可以是刑事立法,也可以是其他各种立法。张斐、杜预注释晋律时,开始将律令二者的概念、性质及其相互关系进行了明确界定:"律以正罪名,令以存事制"[2],"违令有罪则入律"[3]。此后,律成为定罪量刑的刑事立法,令则成为典章制度方面的政令法规,二者的性质发生彻底分化。

(二) 科与比的消亡

汉朝的科,泛指科条、事条或先例,不具备完整的规范体系。汉末三国以后,曹操制订《甲子科》,蜀汉制订《蜀科》,孙吴编订"科令"和"科条",南朝的梁、陈两代也分别制定30卷"科",科成为独立编制的单行法规。北魏末年"以格代科"[4],科不复存在。

汉朝的比,指"律无正条"[5]者,适用比附断罪原则,包括比附先例判案和比照同类律条进行法律类推等两种方式。北朝至隋唐时期,先例不再直接作为判案的法律依据,法律类推原则也被吸收到"诸断罪而无正条"[6]的法律规定中,比不再作为独立的法律形式。

(三) 格与式的发展

格源于汉代的科,原本是单行的科条、事条及先例。北魏末年"以格代科",作为律的补充,格开始出现。东魏制订《麟趾格》,格上升为国家基本法典性质,成为此后重要法律形式。北齐制定《齐律》时,将"律无正条"规定者编成《别条权格》,"与律并

---

[1] 《汉书》卷六十《杜周传》,中华书局1962年版,第2659页。
[2] 《太平御览》卷六三八《刑法部四·律令下》引杜预《律序》,中华书局1960年版,第2859页。
[3] 《晋书》卷三十《刑法志》,中华书局1974年版,第927页。
[4] 陈仲夫点校:《唐六典》卷六《尚书刑部》附注,中华书局1992年版,第185页。
[5] 《魏书》卷一百八之四《礼志之四》,中华书局1974年版,第2805页。
[6] 刘俊文点校:《唐律疏议》卷六《名例》,法律出版社1999年版,第145页。

第四章 三国两晋南北朝法律制度

行"[1]，以格作为律的补充。但此时的格基本属于刑事立法，而隋唐时期的格则是行政立法，二者的性质完全不同。

式源于战国时期的《封诊式》，汉朝也有"品式章程"。西晋太康元年（280年）颁布《户调式》，内容包括户调制、占田制、课田制及官品占田荫亲属制等法律规定，式成为综合性的经济行政立法性质。[2]西魏大统十年（544年）编订《大统式》，式上升为国家基本法典地位，并成为后来隋唐时期的重要法律形式。

二、法典内容的主要变化

三国两晋南北朝时期，法典内容受到引礼入律的深刻影响，刑法适用制度进一步儒家化和礼教化，维护各级官僚贵族等级制度的特权法不断强化。另一方面，随着立法技术的逐步发展，刑罚体系日渐规范和完善。

（一）"八议"入律

曹魏政权制订《新律》时，将《周礼》规定的"八辟"原则修订为"八议"制度，首次列入国家基本法典，标志着维护官僚贵族等级特权原则正式法律化、制度化。

"八议"的适用对象是亲（皇亲国戚）、故（皇帝故旧）、贤（有大德行者）、能（有大才能者）、功（有大功勋者）、贵（三品职事官、二品散官及一品国公爵位以上的高级官僚贵族）、勤（有大勤劳者）、宾（先贤之后或被尊奉为国宾的前朝后裔）等八种特殊人物。

"八议"的适用程序是奉旨"议罪"，即八种特殊人物如犯死罪，不适用普通法律规定和司法审判程序，司法官无权依据法律条文直接审理判决，而要上报皇帝召集有关公卿贵族对个案进行议决，再将议定结果奏请皇帝最终裁决；倘若所犯死罪以下，一般可以减轻量刑甚至免于处治。[3]其实质是赋予八种特殊人物依法享有凌驾于国家法律规定及司法审判程序之上的法外特权，维护同罪异罚的社会等级秩序。

真题2019

曹魏"八议"入律，对后世的影响极为深远，自魏晋直至明

---

[1]《隋书》卷二十五《刑法志》，中华书局1973年版，第707页。
[2] 参见《晋书》卷二十六《食货志》，中华书局1974年版，第790页。
[3] 参见刘俊文点校：《唐律疏议》卷一《名例》，法律出版社1999年版，第17页。

清各代一直延续 1600 余年。

(二)"官当"出现

"官当"的本义是"以官当刑",即某些法定范围的职官违法犯罪后,可以用免除官职的方式折抵相应罪刑。《北魏律》又扩大"官当"适用范围,增加了"以爵当刑"的规定,允许受封贵族用五等爵位抵当罪刑。

早在《晋律》的规定中,已有用除名或免官抵当劳役刑的内容:"除名比三岁刑";"免官比三岁刑,其无真官而应免者,正刑召还也"[1]。当时虽然尚无"官当"之名,但可以用开除官籍或免除官职的方式抵当三年劳役刑期。

北魏太武帝神麚年间（428～431 年）修订律令,开始用爵位折当劳役刑:"王、官阶九品,得以官、爵除刑。"《后魏律·法例律》又明文规定:"五等列爵及在官品令从第五,以阶当刑二岁;免官者,三载之后听仕,降先阶一等。"[2]五等爵位及从五品以上官职,可以折抵二年徒刑;免官者三年后可以重新叙用,比照原来的官爵降级一等。

南朝《陈律》将"官当"制度进一步系统化,明确规定了各种适用方式:"五岁四岁刑,若有官,准当二年,余并居作。其三岁刑,若有官,准当二年,余一年赎。若公坐过误,罚金。其二岁刑,有官者,赎论。一岁刑,无官亦赎论。"[3]官员违法犯罪,可以用官职折当二年劳役刑。如判处五年或四年刑,以官当刑二年,只服剩余刑期;三年刑者,可以缴纳财产赎抵剩余的一年刑期;因执行公务而误犯过失罪,缴纳罚金即可,不必服刑;普通人经司法机关批准,允许赎免一年以下刑期。

南北朝时期,"官当"制度的正式出现,是继"八议"入律之后官僚贵族特权法制度的又一新发展。与"八议"制度相比,"官当"制度的适用范围进一步扩大,表明维护官僚贵族等级制度的特权法在不断强化。

---

[1]《太平御览》卷六五一《刑法部十七·除名》及同卷《刑法部十七·免官》引《晋律》,中华书局 1960 年版,第 2909 页。

[2]《魏书》卷一百一十一《刑罚志》,中华书局 1974 年版,第 2879 页。

[3]《隋书》卷二十五《刑法志》,中华书局 1973 年版,第 703 页。

第四章　三国两晋南北朝法律制度

（三）"准五服以制罪"的确立

晋律以儒家伦理道德思想和纲常礼教制度为指导，进一步引礼入律，首次规定"峻礼教之防，准五服以制罪"[1]的刑法适用原则，是法律制度儒家化的又一重要表现。

"五服"是中国古代表示血缘亲属关系远近亲疏的五种服制。按照儒家确立的传统礼制的规定，有服制关系的亲属之间有为对方服丧的义务。根据服丧时间的长短和丧服制作形式的不同，服制分为斩衰（服丧三年）、齐衰（一年至三个月分为四等）、大功（九个月）、小功（五个月）、缌麻（三个月）五等，近亲者服重，远疏者服轻，故称"五服"。

所谓"准五服以制罪"，即对有服亲属之间的法律纠纷，依据五服的服制所表示的血缘亲属关系的远近亲疏，确定当事人的法律责任。其具体适用原则分为三种不同情形：

真题 2009－2

第一，在有服亲属之间的人身伤害行为中，服制越重，血缘亲属关系越近，以尊犯卑处罚越轻，以卑犯尊处罚越重；反之，服制越轻，血缘亲属关系越远，越接近普通的常人关系，其定罪量刑的差别越递减缩小。

真题 2014－1

第二，在有服亲属之间的民事财产纠纷中，服制越重，血缘亲属关系越近，处罚越轻；反之，服制越轻，血缘亲属关系越远，处罚越重。

第三，在有服亲属之间的通奸行为中，服制越重，血缘亲属关系越近，违反儒家纲常礼教及伦理道德的犯奸乱伦性质越严重，处罚也越严厉，而且不分长幼尊卑。

真题 2017

这种依据血缘亲属关系确定法律责任的法律适用制度，旨在维护以父权、夫权为支配地位的宗法伦理关系及其社会等级秩序，是儒家伦理道德法律化的重要体现。

（四）"重罪十条"的首创

《北齐律》从维护儒家创立的三纲五常的礼教制度出发，首次将统治者视为"亏损名教，毁裂冠冕"[2]的十种重罪列入国家基本法典，冠之以"重罪十条"之名，明确规定"犯此十者，不在八

---

[1]《晋书》卷三十《刑法志》，中华书局1974年版，第927页。
[2] 刘俊文点校：《唐律疏议》卷一《名例·十恶》疏议，法律出版社1999年版，第6页。

议论赎之限"[1],禁止享用"八议"之类的赎免、赦宥等司法特权。

"重罪十条"的十种罪名,包括反逆、大逆、叛、降、恶逆、不道、不敬、不孝、不义、内乱等。其中绝大多数罪名,早在先秦、秦汉时期即已存在。但是,把它们集中在一起,以"重罪十条"之名规定于国家法典,则是《北齐律》的首创,反映出统治者利用刑事法律严厉打击重罪的立法精神。其中的反逆、大逆、叛、降、不敬等罪名,属于危害专制集权君主及其统治秩序和国家利益的行为;恶逆、不孝、内乱等罪名,属于触犯父权、夫权及其血缘亲属关系和宗法伦理秩序的行为;不道、不义等罪名,属于违背道德伦常原则和社会等级制度的行为。可见,"重罪十条"的立法宗旨在于严惩违背儒家三纲五常及道德名教的行为,是刑法适用制度儒家化、礼教化的重要标志,并对后世产生了深远的历史影响。隋朝初年制定《开皇律》,对"重罪十条"稍作调整,定名为"十恶"之条,成为唐宋至明清历代法典的重要内容。

(五)刑罚制度改革及其重要变化

真题2008-1、
2013-2

西汉文帝、景帝时期的刑制改革,从法律上废除了先秦以来广泛使用的以肉刑为主体的旧"五刑"制度,为新"五刑"制度的建立创造了条件。进入三国两晋南北朝时期,经过各代政权的继续改进,肉刑制度最终废止,族刑连坐范围不断缩小,刑罚制度日渐规范化,新"五刑"体系初步形成并日趋完善。

1. 肉刑制度的废止。自从汉文帝废除肉刑制度以来,汉末魏晋统治集团围绕是否恢复肉刑的问题发生过激烈争论。由于肉刑越来越受到人们的谴责和摒弃,魏晋至南朝法律都未规定肉刑制度,而北魏和东魏法律仍然保留腐刑制度。直到西魏大统十三年(547年)和北齐天统五年(569年)分别下令,对判处宫刑者改为籍没为官府奴婢,宫刑这一残忍的肉刑终于在法律上正式废止。[2]

2. 族刑范围的缩小。族刑是株连罪犯家族亲属的野蛮酷刑,秦汉律有族诛或夷三族之类的连坐刑。魏明帝时修订法律后,族刑的规定"不在律令"[3],被排除于国家法定刑名之外。西晋怀帝永

---

[1]《隋书》卷二十五《刑法志》,中华书局1973年版,第706页。

[2] 参见《北史》卷五《魏本纪五》,中华书局1974年版,第180页;《北齐书》卷八《后主纪》,中华书局1972年版,第102页。

[3]《晋书》卷三十《刑法志》,中华书局1974年版,第925页。

第四章 三国两晋南北朝法律制度

嘉元年（307年），再度明令废除夷三族刑。[1]东晋明帝太宁三年（325年）曾经一度恢复，但妇女已不在连坐从死之列。[2]族刑虽然始终并未彻底消灭，但连坐从死的范围在不断缩小，刑罚制度在逐步改进。

曹魏《新律》修改汉朝《九章律》的"贼律"规定，对"以言语及犯宗庙园陵"的"大逆无道"罪，依旧本人腰斩，"家属从坐"，但隔代的祖父母及孙辈等三代以外血亲不再连坐从死。高贵乡公正元二年（255年）规定，出嫁女随从夫家连坐，不再受生身父母株连。晋律"减枭斩、族诛从坐之条"，对养子女也不再连坐生身父母的弃市重罪。[3]南朝《梁律》规定，谋反、叛、降、大逆以上重罪，本人处斩，父子、同胞兄弟弃市，但妻妾、姊妹等女眷籍没为奴。[4]

北魏前期沿用鲜卑族的"门诛"酷刑，"犯大逆者，亲族男女无少长，皆斩"。太武帝神麚年间（428～431年）修订律令，改为"大逆不道腰斩，诛其同籍，年十四岁已下腐刑，女子没县官"。孝文帝延兴四年（474年）又下诏规定："自非大逆干犯者，皆止其身，罢门房之诛。"[5]太和五年（481年）再次限定"大逆"罪的族诛范围，把原来规定的株连"五族者，降止同祖；三族，止一门；门诛，止身"[6]。

3. 新"五刑"体系的形成。魏晋时期是新"五刑"体系的初创阶段。曹魏《新律》"改汉旧律不行于魏者皆除之，更依古义制为五刑"，在首篇"刑名"中首次创立新的"五刑"体系。它以劳役刑和财产刑为主体，共有七种刑名，分为37等，包括死刑三等、髡刑四等、完刑与作刑各三等、赎刑十一等、罚金六等、杂抵罪七等。[7]其中的髡、完、作三种刑罚均属劳役刑性质，实际可以合计为一种刑罚，故将七种刑名称为"五刑"。《晋律》则取消完刑与作刑，将"五刑"体系规范为五种刑名，共分20余等，包括死刑

---

[1] 参见《晋书》卷五《孝怀帝纪》，中华书局1974年版，第116页。
[2] 参见《晋书》卷六《明帝纪》，中华书局1974年版，第163页。
[3] 以上引文及内容，参见《晋书》卷三十《刑法志》，中华书局1974年版，第927页。
[4] 参见《隋书》卷二十五《刑法志》，中华书局1973年版，第699页。
[5] 《魏书》卷一百一十一《刑罚志》，中华书局1974年版，第2876页。
[6] 《魏书》卷七上《高祖纪上》，中华书局1974年版，第150页。
[7] 参见《晋书》卷三十《刑法志》，中华书局1974年版，第925页。

三等、髡刑四等、赎刑与罚金各五等、杂抵罪若干等。[1]

北朝是新"五刑"体系的不断完善阶段。《北魏律》首次确立"徒刑"和"流刑"的法定刑名,将"五刑"体系确定为死、流、徒、鞭、杖。《北齐律》在此基础上,将"五刑"细化为18等:杖刑三等为十、二十和三十;鞭刑五等为四十、五十、六十、八十、一百;刑罪(即徒刑)五等为一年至五年;流刑一等;死刑四等为绞、斩、枭首、轘。北周《大律》又恢复《北魏律》的"五刑"体系,首创按流放里程远近分等的流刑制度,并将每种刑罚分为五等,共设25等:杖刑十至五十,鞭刑六十至一百,徒刑一至五年,流刑二千五百里至四千五百里,死刑为磬、绞、斩、枭、裂。[2] 隋初制定《开皇律》,改进北周"五刑",正式确定笞、杖、徒、流、死等五种刑名,被后世唐、宋、元、明、清各代的"五刑"制度相继沿用。

第三节 司法制度的变化

一、司法机构的变化

(一)司法审判机构的变化

三国两晋南北朝时期,各国司法机构的设置基本沿袭东汉,廷尉仍是大多数政权的常设中央司法机构。不过,也有一些政权的司法机构设置略有变化,例如:孙吴政权改置大理,北周政权仿效《周礼》设置秋官大司寇;而最重要的变化是北齐政权将廷尉改为大理寺,对后世的影响最大。隋、唐、宋三代都在中央设置大理寺,作为全国最高司法审判机关;明、清两代将大理寺作为全国最高审刑机关,负责对徒、流、死刑案件的判决进行复核,同时也参与重大或疑难案件的会审活动。

中央司法机构的另一变化,是魏明帝采纳卫觊建议,在廷尉中增设律博士一职,负责教授法律和进行司法培训,创立了我国最早的专门从事法律教育的机构。西晋以后,许多政权都设置了律博

真题 2008-2

---

[1] 参见陈仲夫点校:《唐六典》卷六《尚书刑部》附注,中华书局1992年版,第185~186页;程树德:《九朝律考》卷三《晋律考·晋刑名》,中华书局2006年版,第246~248页。

[2] 参见《隋书》卷二十五《刑法志》,中华书局1973年版,第708页。

士，北齐还把律博士由一人增加至四人，法律教育和司法培训开始受到重视。

地方仍然由行政机关兼理司法审判事务，但随着地方行政体制的变化，司法审级发生了一些变化。从东汉末年起，地方行政区划由郡、县两级制改为州、郡、县三级制，地方司法审级也增加为三级。

真题 2014－2

（二）司法行政机关的形成

两汉到三国两晋南北朝时期，是中央司法行政机关的形成时期。西汉成帝建始四年（公元前 29 年），对尚书台阁进行内部分工，初置四曹尚书，分曹理事，开始由中央行政机关分管司法行政事务。其中，二千石曹掌管"盗贼、词讼、罪眚"[1]等方面的司法行政事务；后又增置三公曹，"主断狱事"[2]，掌管司法行政职能。东汉光武帝时，改置六曹尚书，仍然由"二千石曹主词讼事"[3]。西晋初年，又"依汉置三公尚书，掌刑狱"；太康年间（280～289年），精简三公尚书，改为"以吏部尚书兼领刑狱"。南朝刘宋时期，设置都官尚书，"兼掌刑狱"，为南朝齐、梁、陈及北魏、北齐等各代政权所因袭。[4]北齐将三公曹置于殿中尚书之下，负责"诸曹囚帐，断罪"等司法行政事务；同时，在都官尚书下设置比部曹，"掌诏书、律令、勾检等事"[5]，也分掌部分司法行政职能。隋朝初年仍然设置都官尚书，开皇三年（583 年）改为刑部。[6]经过上述两汉魏晋南北朝的历代发展和逐步完善，到隋朝建立三省六部制时，刑部作为中央司法行政机关正式形成，并且为后世历代政权所沿用。

二、死刑复奏制度的形成

死刑复奏制度，是指死刑案件的判决，必须奏报朝廷，经皇帝批复后方可执行。为了加强中央特别是皇帝对重大案件的管控，慎

---

〔1〕《后汉书·志》第二十六《百官志三》注引蔡质《汉仪》，中华书局 1965 年版，第 3597 页。
〔2〕《汉书》卷十《成帝纪》及注引《汉旧仪》，中华书局 1962 年版，第 308 页。
〔3〕《晋书》卷二十四《职官志》，中华书局 1974 年版，第 731 页。
〔4〕参见陈仲夫点校：《唐六典》卷六《尚书刑部》附注，中华书局 1992 年版，第 179 页。
〔5〕《隋书》卷二十七《百官志中》，中华书局 1973 年版，第 752 页。
〔6〕参见陈仲夫点校：《唐六典》卷六《尚书刑部》附注，中华书局 1992 年版，第 179 页；《旧唐书》卷四十三《职官志二·刑部尚书》，中华书局 1975 年版，第 1873 页。

重地对待死刑重罪，汉朝开始规定死刑案件必须奏报朝廷批复的制度。三国两晋南北朝时期，继续完善死刑复奏制度。魏明帝青龙四年（236年），曾经下令廷尉及其各级狱官，对于要求恩赦的死刑重囚，必须及时奏报朝廷批复。[1]南朝宋孝武帝大明七年（463年）又明确规定，凡是死刑重犯，一律奏报朝廷，由皇帝指定的有关官员"严加听察"[2]。北魏太武帝时也明文规定，各地死刑案件，必须上报奏谳，由皇帝亲自过问，确定无疑义或冤屈后方可执行。[3]

死刑复奏制度的不断完善，为隋唐时期死刑三复奏、五复奏制度的建立开辟了先例，体现了朝廷对于死刑重罪案件的高度重视和严格控制，也反映出法律对于"人命关天"问题的充分认识和谨慎用刑。

拓展阅读材料

1. 《汉书》卷二十三《刑法志》，中华书局1962年版。
2. 《晋书》卷三十《刑法志》，中华书局1974年版。
3. 《魏书》卷一百一十一《刑罚志》，中华书局1974年版。
4. 《隋书》卷二十五《刑法志》，中华书局1973年版。
5. 程树德：《九朝律考》，中华书局2006年版。
6. 陈仲夫点校：《唐六典》，中华书局1992年版。
7. （清）沈家本：《历代刑法考》，中华书局1985年版。

---

[1] 参见《三国志》卷三《魏书·明帝纪》，中华书局1982年版，第107页。
[2] 《宋书》卷六《孝武帝纪》，中华书局1974年版，第132页。
[3] 参见《魏书》卷一百一十一《刑罚志》，中华书局1974年版，第2874页。

第五章 隋唐法律制度

（公元581年~907年）

隋唐时期是结束三国两晋南北朝近四百年的长期分裂、割据、战乱之后重新建立的统一时代，也是君主专制中央集权国家发展的繁荣鼎盛时期和中国古代法制建设步入成熟完备的巅峰阶段。在总结借鉴战国以来历代立法成就的基础上，隋初制定的《开皇律》具有承前启后的立法地位。唐朝在此基础上完成的以《贞观律》和《永徽律疏》为代表的唐律及其注释疏议，是我国现存时间最早、最系统完备的古代成文法典。它不仅直接影响着后世宋、元、明、清等历代法制建设的发展方向，同时也成为周边的日本、朝鲜、越南等亚洲邻国争相效仿的立法楷模。以"德礼为政教之本，刑罚为政教之用"[1]的法律思想为指导，以唐律和《唐六典》等立法成果为代表，以律、令、格、式等法律形式为主体，唐朝的法制建设及其法律体系达到了中国古代历史上的最高水平。

视频资料：
万物维新

第一节 隋代法制概况

隋朝立国时间短暂，仅有文帝和炀帝两代37年。但是，它结束长期分裂、割据、战乱，重新完成全国统一，在中国历史上具有承前启后的地位。隋初制定的《开皇律》，全盘吸收《北齐律》的立法成就，对法典体例和法律内容进行全面修订，代表隋朝法制建设的最高水平，为唐律的制定及其进一步完善创造了条件。

一、《开皇律》的制颁及立法上的成就

（一）《开皇律》的制定与颁行

开皇元年（581年），隋朝政权建立后，面对北周末年"政令

---

[1] 刘俊文点校：《唐律疏议》卷一《名例》，法律出版社1999年版，第3页。

不一,下无适从","上下愁怨","内外离心"[1]的社会政治形势以及"隋承战争之后,宪章踳(舛)驳"[2]的法制混乱状态,隋文帝杨坚以"帝王作法,沿革不同,取适于时,故有损益"的立法思想为指导,立刻下诏尚书左仆射高颎等十余人"更定新律"[3],"厘改旧法,为一代通典"[4]。他们"采魏、晋刑典,下至齐、梁,沿革轻重,取其折衷"[5],吸收历代立法的成功经验,迅速制定了隋朝第一部法典《开皇律》,并于当年十月,由隋文帝下诏颁行。

开皇三年(583年),隋文帝在批览刑部奏呈的案卷时,发现"断狱数犹至万条,以为律尚严密,故人多陷罪",又下令苏威等人再次"更定新律"。这次的修订删改,"除死罪八十一条,流罪一百五十四条,徒杖等千余条,定留唯五百条,凡十二卷",使《开皇律》的篇章条目及法律内容更为完备。

《开皇律》的制定及修订,切实贯彻了隋文帝"以轻代重,化死为生","杂格严科,并宜除削"的指示,先后两次"尽除苛惨之法",以"刑网简要,疏而不失"的突出特点而著称。

(二)《开皇律》的立法成就

1. 改革完善12篇500条的法典体例。隋朝政权是承袭北周政权建立的,但《开皇律》却抛弃了北周"法令滋章""烦而不要"的立法体系,转而继承了《北齐律》"法令明审,科条简要"[6]的立法特点,对其12篇的部分篇目和949条的法律内容进行精简修订,最终确定为名例、卫禁、职制、户婚、厩库、擅兴、贼盗、斗讼、诈伪、杂律、捕亡、断狱等12篇500条,使法典篇章体例更为完善。与《北齐律》相比,《开皇律》在篇目名称与内容方面的调整变化,一是改"禁卫"为"卫禁",强化皇帝及宫廷安全的"警卫之法"[7];二是改"违制"为"职制",强调各级机构及其

---

[1] 《隋书》卷二十五《刑法志》,中华书局1973年版,第720页。
[2] 《隋书》卷四十一《苏威传》,中华书局1973年版,第1186页。
[3] 《隋书》卷二十五《刑法志》,中华书局1973年版,第712页。
[4] 《隋书》卷四十一《苏威传》,中华书局1973年版,第1186页。
[5] 《隋书》卷六十六《裴政传》,中华书局1973年版,第1549页。
[6] 以上引文,见《隋书》卷二十五《刑法志》,中华书局1973年版,第706页。
[7] 刘俊文点校:《唐律疏议》卷七《卫禁》,法律出版社1999年版,第162页。

官吏的"职司法制"[1];三是改"婚户"为"户婚",突出户籍、田产及赋役方面的管理控制;四是改"厩牧"为"厩库",增加仓库物资及国家财产管理的内容;五是取消"毁损"篇,将其内容分入其他相关篇目;六是分"捕断"篇为"捕亡"和"断狱"两篇,置于其他各篇之后,使实体法方面的违法犯罪规定在前,程序法方面的违法犯罪规定在后,刑法典的篇目编排顺序更为合理。

2. 首次确立新"五刑"20 等的刑罚体系。《开皇律》对北朝各代的刑罚制度进行调整,废除了前代的各种酷刑,首次确立了由死、流、徒、杖、笞构成的新"五刑"制度,并将五种刑名分为 20 等:死刑两等为斩刑和绞刑,废除磬、辕、裂等酷刑;流刑三等为一千里至二千里,每等相差五百里,废除流刑附加鞭笞的规定,分别改为居作配役二年、二年半、三年;徒刑五等为一年至三年,每等相差半年,取消徒刑附加的鞭笞;杖刑和笞刑均为五等,分别为杖六十至杖一百,笞十至笞五十,每等以十为差额此外,对于"五刑"20 等还分别规定了以铜赎罪的具体数额。

3. 正式创立"十恶"重罪的刑法适用制度。《开皇律》将《北齐律》的"重罪十条"改为"十恶",包括谋反、谋大逆、谋叛、恶逆、不道、大不敬、不孝、不睦、不义、内乱等十种罪名,并在首篇"名例律"中继续规定,"犯十恶"重罪者,"不在八议论赎之限";职官犯者"虽会赦,犹除名",开除官籍。"十恶"将原来的反逆、大逆、叛、降等四种罪名改为谋反、谋大逆、谋叛等三种重罪,增加了"谋"的刑事责任追究内容,对于"谋划"者即预谋、合谋、策划进行反叛忤逆活动予以打击和遏制,严惩危害君主专制集权统治及其国家安全之类的重罪。此外,新增"不睦"罪,严厉打击违反宗法等级秩序和伦理道德礼教等犯罪。《开皇律》创立的"十恶"规定,一直沿用到晚清末年。

4. 系统规定官僚贵族等级特权法。《开皇律》以国家法典的形式,系统地规定了各级官僚贵族的等级特权制度,赋予他们按身份地位分别适用"八议""例减""听赎""官当"等各种司法特权。其具体规定是:"八议"及七品以上官员犯罪,量刑时"皆例减一等";九品以上官员犯罪,允许缴纳一定数量的铜"听赎"而免于服刑;"官当"区分"公罪"与"私罪","犯私罪以官当徒者,五

---

[1] 刘俊文点校:《唐律疏议》卷九《职制》,法律出版社 1999 年版,第 198 页。

品已上，一官当徒二年；九品已上，一官当徒一年。当流者，三流同比徒三年"，即三等流刑按三年徒刑折当；"若犯公罪者，徒各加一年，当流者各加一等"[1]，即徒刑多当一年，流刑多当一等。

二、《大业律》的修定与隋炀帝对法制的破坏

隋文帝晚年，"持法尤峻，喜怒不常，过于杀戮"[2]，司法活动"不复依准科律"，影响了《开皇律》的实施和法制秩序的稳定。大业元年（605年），隋炀帝以"禁网深刻"为由，决定"敕修律令"[3]。大业三年完成，下诏颁行。《大业律》内容仍为500条，而篇目则改为18篇。与《开皇律》相比，其主要变化有三个方面：一是法典篇目体例增加为18篇，基本倒退回《北魏律》的篇章结构；二是在总则性质的"名例律"中删除"十恶"条目，而在分则性质的各篇中仍然保留有"十恶"重罪的各种定罪量刑规定；三是选择性地减轻了200多条犯罪的量刑。总之，《大业律》不过是隋炀帝"矫情饰行，以钓虚名"[4]的产物，立法技术严重倒退，立法成就远不及《开皇律》，实际是法制的倒退和破坏。

第二节 唐代立法概况

一、立法指导思想

唐朝建立者李渊、李世民父子亲身经历了隋朝灭亡的教训，清醒地意识到"舟所以比人君，水所以比黎庶，水能载舟，亦能覆舟"[5]的深刻道理，非常重视民心向背与国家治乱及政权安危的关系。唐太宗明确指出："天子者，有道则人推而为主，无道则人弃而不用，诚可畏也。"[6]为了巩固新生政权和管理国家，唐初统治

---

[1] 以上引文及内容，参见《隋书》卷二十五《刑法志》，中华书局1973年版，第711页。
[2] 《隋书》卷二《高祖纪下》，中华书局1973年版，第54页。
[3] 《隋书》卷二十五《刑法志》，中华书局1973年版，第716页。
[4] 《隋书》卷四《炀帝纪下》，中华书局1973年版，第94页。
[5] （唐）吴兢：《贞观政要》卷四《教戒太子诸王》，上海古籍出版社1978年版，第125页。
[6] （唐）吴兢：《贞观政要》卷一《政体》，上海古籍出版社1978年版，第16页。

者遵循"为君之道，必须先存百姓"[1]的重民原则和"安人宁国"[2]的治国宗旨，逐渐形成了唐朝的立法指导思想。

视频资料：
以民为本

（一）"德礼为政教之本，刑罚为政教之用"

继汉武帝时期创立"德主刑辅"的法制指导思想之后，唐初统治者仍然坚持"以宽仁治天下，而于刑法尤慎"[3]的法制原则，进一步提出了"德礼为政教之本，刑罚为政教之用，犹昏晓阳秋相须而成"[4]的立法指导思想，把德礼教化的地位提升到治国理政之"根本"的高度，而把刑罚镇压仅仅作为辅助管理和统治的"形式"手段，采取"设礼以待之，执法以御之"[5]的法制体系和治理方式，进一步强化了礼刑二者的主辅关系和本末地位，使西周以来的"明德慎罚""礼刑并用"，西汉以来的"德主刑辅""先礼后刑"发展到礼刑结合的新阶段。

（二）立法宽简、稳定、划一

唐初统治者吸取隋朝后期"禁网深刻"[6]，"法令尤峻，人不堪命，遂至于亡"的教训，提出了"务在宽简，取便于时"[7]的立法指导思想。唐太宗反复申明："死者不可再生，用法务在宽简。"所谓"宽"，是指立法内容"务在宽平"[8]，"务在恤刑"[9]，力求定罪从宽，用刑持平，强调轻刑慎罚。所谓"简"，是指立法形式简约规范，篇章条目简明精炼，便于法律的统一适用。这就是唐太宗所说的"国家法令，惟须简约，不可一罪作数种条"[10]，使人无所适从，导致司法、执法及守法的混乱。

针对隋朝后期朝令夕改、有法不依造成的法制败坏和社会混乱，唐初统治者提出了稳定、划一的立法指导思想。它主要包括两层含义：一是立法或修订法律，应当相对稳定和慎重，不可轻易或频繁地变更；二是司法和执法活动，应当严格依据法律规定及其法

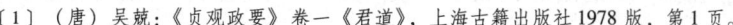

[1] （唐）吴兢：《贞观政要》卷一《君道》，上海古籍出版社1978年版，第1页。
[2] （唐）吴兢：《贞观政要》卷八《务农》，上海古籍出版社1978年版，第237页。
[3] 《新唐书》卷五十六《刑法志》，中华书局1975年版，第1412页。
[4] 刘俊文点校：《唐律疏议》卷一《名例》，法律出版社1999年版，第3页。
[5] （唐）吴兢：《贞观政要》卷三《择官》，上海古籍出版社1978年版，第96页。
[6] 《隋书》卷二十五《刑法志》，中华书局1973年版，第716页。
[7] 《旧唐书》卷五十《刑法志》，中华书局1975年版，第2134页。
[8] （唐）吴兢：《贞观政要》卷八《刑法》，上海古籍出版社1978年版，第238页。
[9] 《旧唐书》卷五十《刑法志》，中华书局1975年版，第2140页。
[10] （唐）吴兢：《贞观政要》卷八《赦令》，上海古籍出版社1978年版，第151页。

定程序,不可随意违反法律的统一适用规则。

在立法活动和法律内容方面,唐初统治者反复强调保持相对的稳定性和连续性,反对频繁变更法律政令。贞观十年(636年),唐太宗明确指出:"法令不可数变,数变则烦,官长不能尽记;又前后差违,吏得以为奸。自今变法,皆宜详慎而行之。"[1]第二年,他又再度申明:"诏令格式,若不常定,则人心多惑,奸诈益生"。"今宜详思此义,不可轻出诏令,必须审定,以为永式"[2]。

在执法活动和司法制度方面,唐初统治者极力主张法律适用的统一性和规范性,杜绝徇私舞弊和畸轻畸重。唐太宗曾经多次表示:"法者,非朕一人之法,乃天下之法";"朕以天下为家,不能私于一物"[3];"理国守法,事须画一"[4]。这实际是从严格守法的观念出发,提出了公正执法和公平司法的指导思想。

二、法律形式与主要立法

(一) 法律形式

唐朝的法律形式,主要由律、令、格、式、典等各种法律规范构成。它们之间具有紧密联系、相互为用的关系,共同构成唐朝的基本法律体系。

1. 律。"律以正刑定罪"[5],属于定罪量刑的刑事法律,相当于近现代的刑法典以及相关的刑事法规。根据唐朝法律的规定,对于"令、格、式……有所违及人之为恶而入于罪戾者,一断以律"[6]。唐朝的律,经过高祖、太宗、高宗、玄宗等各朝的不断修订完善,最终以《贞观律》和《永徽律疏》为基础,完成了唐朝最重要的基本法典,并于宋元以后定名为《唐律疏议》而传世至今。

2. 令。"令以设范立制"[7],是关于"尊卑贵贱之等数,国家之制度"[8]的法令,属于国家体制、政权组织、行政管理以及社会

---

[1]《资治通鉴》卷一百九十四《唐纪十》,中华书局1956年版,第6124页。
[2](唐)吴兢:《贞观政要》卷八《赦令》,上海古籍出版社1978年版,第252页。
[3](唐)吴兢:《贞观政要》卷五《公平》,上海古籍出版社1978版,第163页。
[4](唐)吴兢:《贞观政要》卷八《刑法》,上海古籍出版社1978版,第245页。
[5] 陈仲夫点校:《唐六典》卷六《尚书刑部》,中华书局1992年版,第185页。
[6]《新唐书》卷五十六《刑法志》,中华书局1975年版,第1407页。
[7] 陈仲夫点校:《唐六典》卷六《尚书刑部》,中华书局1992年版,第185页。
[8]《新唐书》卷五十六《刑法志》,中华书局1975年版,第1407页。

生活的制度性规定，相当于近现代的行政法律。作为国家基本制度方面的法律规范，令主要包括正面的指导性规范、禁止性规范和强行性规范，旨在指导人们"应当怎样"，规定人们"不得怎样"，强制人们"必须怎样"。

唐朝政权非常重视令的制定。早在唐朝政权建立初期，高祖李渊即下令"撰定律令"，"因开皇律令而损益之"[1]，首次编成《武德令》30卷。太宗即位后，下诏"复定旧令"[2]，编成《贞观令》30卷1590条。其后的高宗至玄宗各朝都相继制定或修订过唐令，基本都以《贞观令》为基础。而玄宗时大规模删修刊定的《开元令》30卷，则成为唐令的集大成者。它仿效隋初《开皇令》的体例结构，按规制对象和调整内容分类，共有27篇1546条，包括官品、机构、选举、考课、赋役、丧葬等各方面规定。

唐令早已散失，日本学者仁井田陞及其学生池田温分别汇辑《唐令拾遗》和《唐令拾遗补》两部文献，复原了近千条唐令，是目前学习和研究唐令的重要参考资料。[3]

3. 格。"格以禁违正邪"[4]，主要规定"百官有司之所常行之事"[5]，属于各级机构遵照执行的办事规则。格的内容是从朝廷颁布的制敕中"取堪久长行用者"[6]，通过立法程序进行整理"编录"，使之上升为正式的法律形式。《旧唐书·刑法志》所说"编录当时制敕，永为法则，以为故事"，即指格而言。

唐朝政权也十分重视格的"编录"。自唐太宗时首次"编录"《贞观格》18卷以来，继任者频繁进行格的"删订"。直至玄宗时完成《开元新格》10卷，唐格的内容基本定型。唐格的体例结构，"皆以尚书省二十四司为篇名"，即按尚书省六部每部四司分篇定名，成为令的重要补充形式。

4. 式。"式以轨物程事"[7]，是国家机关日常工作"所常守之

---

[1] 《旧唐书》卷五十《刑法志》，中华书局1975年版，第2134页。
[2] 《新唐书》卷五十六《刑法志》，中华书局1975年版，第1409页。
[3] [日]仁井田陞：《唐令拾遗》，栗劲、霍存福等编译，长春出版社1989年版；[日]仁井田陞撰、池田温编：《唐令拾遗补》，东京大学出版会1997年版。
[4] 陈仲夫点校：《唐六典》卷六《尚书刑部》，中华书局1992年版，第185页。
[5] 《新唐书》卷五十六《刑法志》，中华书局1975年版，第1407页。
[6] 《旧唐书》卷五十《刑法志》，中华书局1975年版，第2153页。
[7] 陈仲夫点校：《唐六典》卷六《尚书刑部》，中华书局1992年版，第185页。

法"[1]，属于各级机构的办事细则或实施办法，是令及格的重要补充或具体细化。自高祖李渊建立唐朝时起，即频繁编修式，各个时期先后制订过多部唐式。至玄宗颁布《开元式》20 卷，标志着唐式的编修基本定型。

式的体例结构与格非常相似，但其篇目总数比格增加了 9 篇。以《开元式》20 卷为例，共有 33 篇，除仍以尚书省下辖二十四司为分类篇目外，新增九家中央机构即"秘书、太常、司农、光禄、太仆、太府、少府及监门、宿卫、计帐[2]为其篇目"，因而调整范围及其规制内容比格更为广泛。

真题 2020

5. 典。指唐玄宗开元年间下诏编纂的《唐六典》，是律、令、格、式等四种基本法律形式之外的一种关于政治制度和相关法律规定的综合汇编，也是国家政治体制、各级行政机关及各级官员管理必须遵循的法律依据。

（二）主要立法

1.《武德律》。《武德律》的制定，始于高祖武德四年（621年）。武德七年完成，下诏颁行全国。"其篇目一准隋开皇之律"，仍为 12 篇 500 条，仅有两项重要变化：

第一项是在律文内容方面，废除《开皇律》原有的 53 条过于"苛细"[3]的法律规定，取而代之的是把武德二年新近制订和颁行的"五十三条格"的内容"入于新律，余无所改"[4]。

第二项是在刑罚体系方面，把三等流刑的流放里程各自增加一千里，改为流二千里至三千里，而将居作时间统一减轻为一年。[5]

《武德律》虽然并未对隋初《开皇律》进行全面修订，无论篇目体例和立法内容方面都没有太大创新，但它作为唐律的第一部成文法典，毕竟是唐朝的立法开端，初步奠定了唐律的篇章体例结构。

2.《贞观律》。《贞观律》是太宗贞观元年（627 年）命长孙无忌、房玄龄等人制定的，贞观十一年完成并下诏颁行，仍为 12

---

[1]《新唐书》卷五十六《刑法志》，中华书局 1975 年版，第 1407 页。
[2] 陈仲夫点校：《唐六典》卷六《尚书刑部》附注，中华书局 1992 年版，第 185 页。
[3] 以上引文，见陈仲夫点校：《唐六典》卷六《尚书刑部》附注，中华书局 1992 年版，第 183 页。
[4]《旧唐书》卷五十《刑法志》，中华书局 1975 年版，第 2134 页。
[5] 参见《新唐书》卷五十六《刑法志》，中华书局 1975 年版，第 1408 页。

篇500条。它对《武德律》进行全面修订，"凡削烦去蠹，变重为轻者，不可胜纪"。其主要变革，表现在五个方面：

第一，废止肉刑，"除断趾法，改为加役流三千里，居作二年"〔1〕，作为死罪减等代用之刑。

第二，削减重刑，将92条死刑降为流刑，71条流刑降为徒刑，由重改轻者合计163条之多。〔2〕

第三，缩小亲属连坐范围，将原来的"兄弟……连坐俱死，祖孙配没"〔3〕，改为"反逆者，祖孙与兄弟缘坐，皆配没；恶言犯法者，兄弟配流而已"〔4〕，即区别情节轻重，分别连坐为官府奴婢或执行流刑。

视频资料：
贞观之魂

第四，调整官僚贵族特权法，废除《开皇律》的"例减"和"例赎"规定，改为"议、请、减、赎、当、免之法"，使身份等级制度更为系统化。

第五，详细规定了一系列刑法适用原则，推动了唐朝刑事立法的重大进步。

《贞观律》是第一部名副其实的唐朝刑法典，标志着唐律的篇章体例结构和定罪量刑内容基本定型，是唐朝最重要的一项立法成就。

3.《永徽律疏》。高宗继位后，于永徽元年（650年）命长孙无忌等人修订《贞观律》，第二年下诏颁行。这部《永徽律》改动并不大，基本仍是《贞观律》的翻版，而随后颁行的《永徽律疏》则代表了高宗时期的最高立法水平。

从《贞观律》到《永徽律》，"律学未有定疏，每年所举明法，遂无凭准"。由于官方对于律文内容没有统一的法定解释，影响到唐律的理解和适用，也使"明法"科的科举考试缺少统一的官方标准。永徽三年，高宗命长孙无忌等人对《永徽律》进行注疏解释，完成《永徽律疏》，永徽四年下诏颁行。它不仅通过逐条解释律文，消除了法律理解的歧义，统一了法律的适用，弥补了立法内容的疏漏，而且还进一步引礼入律，以儒家经义内容作为解释法律的理论依据，使礼刑二者融为一体，实现了唐律的儒家化和礼教

---

〔1〕 以上引文，见《旧唐书》卷五十《刑法志》，中华书局1975年版，第2136页。
〔2〕 参见《新唐书》卷五十六《刑法志》，中华书局1975年版，第1410页。
〔3〕 《旧唐书》卷五十《刑法志》，中华书局1975年版，第2136页。
〔4〕 《新唐书》卷五十六《刑法志》，中华书局1975年版，第1410页。

化,取得了继《贞观律》之后的又一重大立法成就,史称"自是断狱者皆引疏分析之"。

4.《开元律》。玄宗开元二十二年(734年),中书令李林甫等人受诏修订唐律及其律疏。开元二十五年完成并下诏颁行,称《开元律》及《开元律疏》,"敕于尚书都省写五十本,发使散于天下",作为各级司法机构遵照执行的基本法典。这次立法活动,主要是对《永徽律》和《永徽律疏》"随文损益",修订了一些不合时宜之处,而法典结构和基本内容大多"仍旧不改"[1],但它的正式刊定和颁行,有助于唐律的定型并传承后世。宋元以后,把唐律与律疏合编为一体,定名为《唐律疏议》,成为中国历史上保存至今的最早、最完备的传世法典。

5.《唐六典》。《唐六典》是唐玄宗开元十年至二十六年由朝廷组织编纂的一部关于唐朝官制官规的典章制度汇编,也是我国历史上第一部系统规定中央与地方政权组织体制和行政管理制度,并且追述其历史发展沿革的政治法律文献。

开元十年(722年),唐玄宗御笔"手写六条"纲目,"诏集贤院修《六典》",试图仿照《周礼》天、地、春、夏、秋、冬"六官"的职责分工和内容结构,将国家机关的行政内务、民政教化、礼乐祭祀、军政武备、刑狱治安、工艺管理等六个方面的事务,分别按照"理典、教典、礼典、政典、刑典、事典"[2]等"六典"分类编纂,故定名为《唐六典》。

尽管唐朝中央六部行政机关的职能分工,大体也有仿效《周礼》"六官"职掌分类的某些特点,但是,唐朝开元年间的政权机关设置、行政管理体制及其相应的法制体系,与一千多年前的周代相去甚远,根本无法完全按照《周礼》"六典"的分类标准进行编纂。因此,在长达十七年的实际编纂时,不得不对《唐六典》的内容体系结构加以调整,最终是按唐朝的政治制度和官制体系进行分类,将全书分为30卷,包括正文和附注两部分内容。正文采用"官领其属,事归于职"[3]的编排方式,以三师、三公、三省、六部、九寺、五监、诸卫等各级机关的设置、编制、职责为纲,下列

―――――――――
[1] 以上引文,见《旧唐书》卷五十《刑法志》,中华书局1975年版,第2150页。
[2]《新唐书》卷五十八《艺文志二》,中华书局1975年版,第1477页。
[3]《新唐书》卷一百三十二《韦述传》,中华书局1975年版,第4530页。

国家政权组织及各级官员选举、任免、考核、奖惩、俸禄、休致等各方面的行政管理制度及其法律规定。附注主要叙述各级机构及各项制度的历史沿革,并对法律制度的某些内容予以补充。

《唐六典》的编纂,是对唐朝国家政权组织体系和行政管理体制以及相关法律制度等各方面内容进行的一次综合汇编,也是对唐朝以前历代政治制度的一次全面总结和系统归纳,同时也是唐朝管理和规制国家机关及各级官员的法律依据,为后人了解和研究唐朝及唐朝以前的政治法律制度提供了重要资料,对后世立法活动产生了深远影响,明清时期的《大明会典》和《大清会典》即是仿效《唐六典》完成的。

6. 《大中刑律统类》。唐宣宗大中年间(847~859年),左卫率府仓曹参军张戣改变以往律、令、格、式分别编纂的法典体例结构,"以刑律分类为门,而附以格敕",编成《大中刑律统类》12卷,分为121门,共计1250条,于大中七年由宣宗"诏刑部颁行"[1]。这种将律、令、格、式、敕等各种法律形式综合汇编于一体的法典体例结构,改变了战国、秦汉以来刑律与其他各种法律形式分别编纂的立法传统,成为五代及北宋时期制订"刑统"的法典之源。

第三节 唐律各篇主要内容

现今传世的《唐律疏议》共有12篇30卷502条,各篇的篇目分别是名例、卫禁、职制、户婚、厩库、擅兴、贼盗、斗讼、诈伪、杂律、捕亡、断狱。第一篇《名例》相当于近现代刑法总则性质,主要规定五刑体系、"十恶"罪名、官僚贵族特权法制度以及刑法适用原则等基本刑法内容。其余各篇相当于刑法分则性质,主要规定各种违法犯罪的具体罪名及其定罪量刑的具体内容。其中,第二篇至第十篇是对于违反实体法行为的定罪量刑规定,最后两篇《捕亡》和《断狱》是对于违反程序法行为的定罪量刑规定。

一、《名例》篇的主要内容

《名例》篇共6卷57条。根据该篇"疏议"的解释,"名者,

---

[1] 《新唐书》卷五十六《刑法志》,中华书局1975年版,第1414页。

五刑之罪名；例者，五刑之体例"。其主要内容是"命诸篇之刑名，比诸篇之法例"[1]。可见，《名例》篇是整部法典的总则和纲领，主要规定唐律的刑名、罪名及其刑法适用原则，集中体现唐朝刑事立法的指导思想和基本制度，对整部唐律起着提纲挈领的作用。

（一）"五刑"

《名例》篇规定了唐朝的法定刑罚制度，基本采用隋朝《开皇律》规定的五刑体系，仍然分为20等。其中唯一的刑罚变化，是把三等流刑各增加一千里，改为流二千里至三千里，而把居作配役时间统一减为一年。另于五刑制度之外新增"加役流"刑，即流三千里，增加居作时间为三年，以取代原来的断趾刑，作为死刑减轻一等的代用刑，属于三等流刑之外的一种特殊刑罚，不计入五刑的20等之列。

此外，经司法机关裁定批准，除"十恶"之类的重罪外，一般性犯罪可以用缴纳铜的方式赎抵相应的刑罚。根据"名例律"的规定，五刑二十等均可以赎刑折抵，由第一等笞十到第二十等斩刑，分别缴纳1~120斤铜。

真题2016

（二）"十恶"

唐律沿用隋朝《开皇律》的"十恶"规定，将其列入《名例》篇的"五刑"之后，强调"五刑之中，十恶尤切，亏损名教，毁裂冠冕"，并且明确界定了"十恶"重罪的具体表现。

1. 谋反。"谓谋危社稷"，主要是图谋危害皇帝、反抗君主集权统治或颠覆专制政权等行为。

2. 谋大逆。"谓谋毁宗庙、山陵及宫阙"，主要指图谋毁坏皇家御用的宗庙、陵园及宫阙之类重要专属设施等行为。

3. 谋叛。"谓谋背国从伪"，即图谋背叛朝廷、叛国投敌、危害国家安全或政权统治等行为。

4. 恶逆。"谓殴及谋杀祖父母、父母，杀伯叔父母、姑、兄姊、外祖父母、夫、夫之祖父母、父母"，即殴打或图谋杀害祖父母、父母以及杀害法律规定的其他尊长。

5. 不道。"谓杀一家非死罪三人，支解人，造畜蛊毒、厌魅"，即以极端残忍的方式杀人、肢解人，或用巫蛊、巫术等恶毒的手段

---

[1] 刘俊文点校：《唐律疏议》卷一《名例》，法律出版社1999年版，第3页。

害人、诅咒人。

6. 大不敬。"谓盗大祀神御之物、乘舆服御物;盗及伪造御宝;合和御药,误不如本方及封题误;若造御膳,误犯食禁;御幸舟船,误不牢固;指斥乘舆,情理切害及对捍制使,而无人臣之礼",即盗窃祭祀天地神灵的物品或皇帝的御用器物,盗窃或伪造皇家御用印玺,因制作御膳、配制御药、御用车船之失误而危及皇帝安全,对抗皇帝钦差制使或对御用车轿有不恭敬行为。

7. 不孝。"谓告言、诅詈祖父母父母,及祖父母父母在,别籍、异财,若供养有阙(缺);居父母丧,身自嫁娶,若作乐,释服从吉;闻祖父母父母丧,匿不举哀,诈称祖父母父母死",即告发祖父母或父母的一般性犯罪,诅咒祖父母或父母,祖父母或父母健在而分家析产、供养有缺或诈称其死亡,得知祖父母、父母去世而秘不发丧,或不按规定服丧,或服丧期间成婚等。

8. 不睦。"谓谋杀及卖缌麻以上亲,殴告夫及大功以上尊长、小功尊属",即谋杀或出卖缌麻以上近亲属,殴打丈夫及大功以上尊长、小功尊亲,或控告他们的一般性犯罪。

9. 不义。"谓杀本属府主、刺史、县令、见授业师,吏、卒杀本部五品以上官长;及闻夫丧匿不举哀,若作乐,释服从吉及改嫁",即杀害本府长官、刺史、县令、现授业之师,官吏或士卒杀害本部五品以上官长,不按规定为丈夫服丧等行为。

10. 内乱。"谓奸小功以上亲、父祖妾及与和者",即奸淫小功以上亲属、父祖之妾以及与其通奸者。[1]

根据以上各种罪名的具体表现,"十恶"的内容大体涉及四类犯罪:第一类是直接或间接地威胁或侵害皇帝人身安全、神圣尊严、专制权威及其政权统治的谋反、谋大逆、谋叛、大不敬等四种政治性犯罪;第二类是严重败坏亲族内部宗法等级关系和道德伦理纲常的恶逆、不孝、不睦、内乱等四种犯罪;第三类是直接违背贵贱尊卑等级制度的不义罪;第四类是残忍、恶毒地危害公共安全和社会秩序的不道罪。[2]这四类犯罪的突出特点是公然违背儒家极力

---

[1] 以上"十恶"内容及引文,见刘俊文点校:《唐律疏议》卷一《名例》,法律出版社1999年版,第6~17页。

[2] 参考刘俊文:《唐律疏议笺解》卷一《名例》之"十恶"条"解析",中华书局1996年版,第88页。

维护的"君为臣纲,父为子纲,夫为妻纲"[1]的三纲五常制度,严重威胁或侵害君权、父权、夫权的权威地位,直接破坏君主专制集权统治和社会等级秩序。因此,唐律将"十恶"作为"常赦所不免"[2]的特别犯罪,不适用普通"常赦"法令的一般赦免规定。特别是对于谋反、谋大逆和谋叛等三种政治性犯罪,不仅本人处刑极重,而且株连范围甚广。各级官僚贵族犯"十恶"重罪,不适用八议、上请、减刑等司法特权,并且"虽会赦,犹除名"免官。"十恶"的规定,集中反映了唐律维护君主专制制度和纲常礼教精神的立法本质,是法律儒家化和礼教化的重要体现。

(三) 官僚贵族特权法

唐律进一步完善隋朝《开皇律》关于官僚贵族特权法的内容,针对各种不同身份地位的犯罪主体,系统地规定了一整套由高到低分别适用议、请、减、赎、当、免等各种不同司法特权的等级制度。

1. 议,即"八议",适用八种身份地位较高的特权人物。他们若犯死罪,不适用普通的刑法规定,立案机关无权提出判决意见,必须"皆条所坐及应议之状,先奏请议,议定奏裁"。其具体程序是将其所犯死罪和应"议"理由奏请皇帝批准"议刑"后,交由尚书省召集指定官员,于法律规定之外"原情议罪",再将"议定"结果奏报皇帝裁决。若犯流罪以下,则减一等量刑。但是,"犯十恶者,不用此律",即"死罪不得上请,流罪以下不得减罪",由司法机关依法直接审理判决。

2. 请,即"上请",适用对象仅次于"议",包括三种特权人物:一是皇太子妃大功以上近亲,二是"八议"者的期亲(服丧一年之齐衰)以上亲属及孙,三是官爵五品以上人士。他们若犯死罪,立案机关无权直接判决,须将其所犯死罪应绞或应斩的法律规定以及应"请"理由奏请皇帝裁决。如犯流罪以下,则减一等量刑。但是,"犯十恶,反逆缘坐,杀人,监守内奸、盗、略人、受财枉法者,不用此律",即"死罪不合上请,流罪已下不合减罪",由司法机关直接依法判决。

3. 减,指减刑,适用对象低于"请",包括两种人:一是七品以上官,二是"上请"者的祖父母、父母、兄弟、姊妹、妻子、子

---

[1] 《礼记·乐记》孔颖达疏引《礼纬·含文嘉》,见《十三经注疏》,中华书局1980年版,第378页。
[2] 刘俊文点校:《唐律疏议》卷三十《断狱》,法律出版社1999年版,第608页。

孙等。他们若犯死罪，直接依法判决；犯流罪以下，减一等量刑。

4. 赎，指以铜赎罪，适用对象又低于"减"，包括三种人：一是享有"议、请、减"等特权者，二是九品以上官，三是适用"减"刑特权者的祖父母、父母、妻、子孙。他们若犯流刑以下罪，允许以铜赎罪。但是，"若应以官当者，自从官当法"，即官员犯徒、流罪可以"官当"者，首先应以官爵抵罪；"官当"不尽，仍有余刑，方可"听赎"，不能保留官爵而以铜"收赎"。另有两种例外情形，也不适用"减、赎"：一是适用"五流"重刑的特定重罪，即"加役流、反逆缘坐流、子孙犯过失流、不孝流及会赦犹流者，各不得减、赎"；二是某些被判处徒、流刑的特定重罪，"亦不得减、赎"。

5. 当，即"官当"，基本沿用隋朝《开皇律》的有关规定，区分公罪与私罪；"犯私罪，五品以上，一官当徒二年；九品以上，一官当徒一年。若犯公罪者，各加一年当。以官当流者，三流同比徒四年"，即三等流刑都按徒四年抵当。

（四）刑法适用制度

1. 区分"公罪"与"私罪"的规定。唐律沿用隋朝《开皇律》区分"公罪"与"私罪"的规定，对各级官员的违法犯罪，根据故意与过失的性质区别对待，严厉打击以权谋私、徇私枉法的职务犯罪。"公罪，谓缘公事致罪而无私、曲者"，即因职务职责或执行公务等"公事"关系而发生的过失犯罪，无任何牟取私利或徇私枉法等主观上的故意。"私罪，谓不缘公事，私自犯者"，本意是指与官员的职务职责或公务行为无关的故意犯罪。然而，"虽缘公事，意涉阿曲，亦同私罪"[1]，即官员所犯罪行虽与职务职责或公务行为有关，甚至是直接或间接地利用职务或公务之便，但其职务或公务与所犯罪行并不构成必然的因果关系，因而属于以权谋私或徇私枉法等故意犯罪。根据唐律的规定，"公罪"从轻处罚，"私罪"从严惩处。这样的规定既严厉打击了侵蚀专制政权或国家利益的职务犯罪，又充分保护了统治集团的整体利益，最大限度地发挥了刑事法律惩治犯罪的有效职能。

2. 共同犯罪的规定。唐律对普通的"二人以上共犯"案件，一般采取区分首从分别定罪的原则，首犯从重处罚，"随从者减一

---

[1] 以上引文及内容，参见刘俊文点校：《唐律疏议》卷二《名例》，法律出版社1999年版，第49页。

等"量刑。关于区分首从的标准，唐律的一般规定是"诸共犯罪者，以造意为首"，"余并为从"。所谓"造意"，即率先提议或主谋策划犯罪之意。

但是，有两类案件属例外的特殊情形，其区分首从的原则与一般原则略有不同：一类是"祖、父、伯、叔、子、孙、弟、侄"范围的近亲属之间发生的"家人共犯"案件，不论由谁"造意"，只处罚男性尊长，"卑幼无罪"；但家庭成员侵犯外人财产或伤害外人的"共犯"案件，"以凡人首从论"，即按常人"共犯"案件区分首从的一般原则论处。另一类是普通人与监临主守官员的"共犯"案件，普通人"虽造意，仍以监主为首，凡人以常从论"，即以监临主守官员为首犯，普通人按常人从犯减一等定罪量刑。

此外，对于有些性质严重的"共犯"案件，例如谋反、谋大逆者"逆事已行"、谋叛"已上道者"以及强盗等重罪，则不分首从，同等处罚，从重严惩。[1]

3. 合并论罪的规定。除"以赃致罪"即以赃值大小作为定罪量刑标准的案件之外，对于一人犯有两罪以上的其他案件，唐律一般实行重罪吸收轻罪的原则。其具体规定是"诸二罪以上俱发，以重者论。若一罪先发，已经论决，余罪后发，其轻若等，勿论；重者更论之，通计前罪，以充后数"[2]。两罪以上同时案发，只以其中最重之罪定罪量刑，其他轻罪不累计科刑；一罪先被发现并已判决生效，又发现以前遗漏的其他犯罪，倘若后罪与前罪轻重相同，或者轻于前罪，仍然维持原判，继续执行前罪原定刑罚，后罪不加刑；如果后罪重于前罪，则按后罪另行定罪量刑，执行后罪新定刑罚，而减去前罪原定刑期。

4. "更犯"加重处罚的规定。唐律对于犯罪已被告发或已经判决、执行，又犯笞刑以上新罪者，称为"更犯"，实行"各重其事"的数罪并罚原则，在继续执行前罪所判刑罚的基础上，对新罪重新定罪量刑，累计前后所判刑罚合并执行。特别是累犯三次以上的盗罪之类的严重犯罪，则在数罪并罚之上加重刑罚。如《贼盗》规定："诸盗经断后，仍更行盗，前后三犯徒者，流二千里；三犯

---

[1] 以上引文及内容，参见刘俊文点校：《唐律疏议》卷五《名例》，法律出版社1999年版，第125~128页。

[2] 刘俊文点校：《唐律疏议》卷六《名例》，法律出版社1999年版，第133~134页。

流者,绞。"

在实际执行过程中,由于"更犯"徒刑罪两次以上,累计并罚也不应超出"徒三年"的法定最高刑;"更犯"流刑罪两次以上,累计并罚也不能一人同时流放两次以上;因此,唐律变通了具体的执行方式。初犯流刑罪,已至配所服刑,又"更犯"流刑罪,仍在该配所继续执行初犯流刑,而将新罪所判流刑改为决杖、配役;初犯流刑罪,虽被告发或已判决,而尚未到达配所服刑,又"更犯"重于初犯流刑罪者,执行新罪所判流刑,而将初犯流刑改为决杖、配役;三等流刑分别决杖一百、一百三十、一百六十,同时配役三年,累计原判流刑的一年居作配役,合并执行配役四年。凡徒、流刑"更犯"附加"配役"者,最多不得超过四年,超出部分改为决杖。而"更犯"笞、杖刑又需加杖,或配役改为决杖者,累计不得超过二百杖。[1]

5. "有罪相为隐"的规定。唐律继承并发展汉律的"亲亲得相首匿"制度,将三代以内直系血亲之间和夫妻之间的亲属容隐范围,扩大为"同居"家庭成员及非"同居"近亲属之间的"有罪相为隐"制度。而谋反、谋大逆、谋叛等三种重罪,仍然不准容隐,知情必须举报。其具体规定如下:

第一,三类特定范围的亲属,包括"同居"家庭成员、"大功以上"内亲和外祖父母、外孙及孙媳、丈夫的兄弟及兄弟妻等近亲,"有罪相为隐"。这里的"同居",是指"同财共居"的家庭成员,而不论是否同一户籍、有无服制关系,均可相互容隐。

第二,"部曲、奴婢为主隐,皆勿论";"泄漏其事及摘语消息,亦不坐"。部曲、奴婢须为主人隐匿一般性犯罪,即使为其通风报信,泄露消息,也不追究法律责任。反之,主人不准包庇隐匿犯罪的部曲、奴婢。

第三,"小功以下相隐",依法追究隐匿窝藏罪,但比无亲属关系的普通人减轻处罚,即"减凡人三等"量刑。[2]

"有罪相为隐"的刑法适用原则,旨在维护儒家所强调的血缘亲属关系和伦理道德秩序,保障家庭、家族及社会的和谐稳定,有助于专制集权国家的纲常礼教统治,是唐律"以德礼教化为本"

---

[1] 以上引文及内容,参见刘俊文点校:《唐律疏议》卷四《名例》,法律出版社1999年版,第87页。
[2] 以上引文及内容,参见刘俊文点校:《唐律疏议》卷六《名例》,法律出版社1999年版,第141页。

立法思想的体现。

6. 自首"原罪"的规定。唐律进一步完善秦汉以来的自首制度,明确限定了自首的构成要件,规定了自首减免刑罚的原则及其限制。

第一,严格区分"自首"与"自新"的构成要件。唐律规定:"诸犯罪未发而自首者,原其罪。"只有犯罪尚未被人告发而主动投案者属于"自首",一般可以"原其罪",即免予追究刑事责任;倘若犯罪已被告发或知道有人告发而投案,则不属于自首的范畴,也不适用"原其罪"的免刑规定,而属于"自新",可以减刑二等。至于涉及财产之类的赃罪,自首虽可"原其罪",但须如数归还赃物,赔偿损失。

第二,明确规定自首的各种情节及其量刑原则。例如,轻罪案发,主动自首重罪者,该重罪一般可以免刑;在审讯中主动交代尚未被发现的犯罪,也可按自首原罪的规定免刑;委托他人代为自首,或符合"有罪相为隐"条件的亲属代为自首,或被有关亲属告发犯罪,视为本人自首;"自首不实及不尽者,以不实、不尽之罪罪之;至死者,听减一等",而如实自首之罪则可免刑;知道有人要告发自己,或叛变、逃亡"已上道"者,如能主动自首,可"减罪二等"量刑;叛变、逃亡"虽不自首",只要主动返回原处,也可按自首"减罪二等"对待。

第三,严格限制一些不适用自首"原其罪"的犯罪。唐律对于杀伤、奸淫之类的人身伤害罪,遗失官府文书、印章、兵器等私人不具备赔偿条件的重要物品,私自越渡关禁或研习天文之类的违禁罪,均不适用自首"原其罪"的规定,即使自首也不在免刑之列。[1]

7. 老小废疾减免刑罚的规定。唐律进一步细化周、秦、汉、魏以来的矜老恤幼制度,根据老年和未成年人的老小年龄及残疾人的残疾程度,将刑罚减免的条件和标准分为三种不同情况:

第一,"年七十以上、十五以下及废疾,犯流罪以下,收赎",允许以铜赎罪。但是也有例外,即"犯加役流、反逆缘坐流、会赦犹流者,不用此律;至配所,免居作"。犯此三种流刑重罪,不得收赎,依

---

〔1〕 以上引文及内容,参见刘俊文点校:《唐律疏议》卷五《名例》,法律出版社1999年版,第110~119页。

法执行流刑。但因老小残疾，故在流刑配所免除"居作"劳役。

第二，"八十以上、十岁以下及笃疾，犯反、逆、杀人应死者，上请；盗及伤人者，亦收赎。余皆勿论"。他们犯谋反、大逆、杀人等应处死刑重罪，上请朝廷裁决；犯盗窃、伤人等罪，允许以铜赎罪；其他犯罪不予追究。

第三，"九十以上，七岁以下，虽有死罪，不加刑"。他们即使犯有死罪，也不追究刑事责任。唯一的例外是"缘坐应配没者不用此律"，即亲属犯谋反及大逆重罪，依法缘坐的九十以上尊长、七岁以下子孙不适用免刑，应当配没为官府奴婢。

此外，唐律还明确界定了老人年龄或残疾者的认定时间："诸犯罪时虽未老、疾，而事发时老、疾者，依老、疾论。"〔1〕

唐律关于区分老小废疾等不同主体，分别规定不同的减免刑罚原则，显然比以往历代的有关规定更为明确具体，在恤刑制度方面体现了相对人道的立法精神。

8. 法律类推的规定。对于法律无定罪量刑明文规定的某些行为，唐律在周代"上下比罪"原则和汉代"决事比"制度的基础上，详尽地规定了法律类推原则："诸断罪而无正条，其应出罪者，则举重以明轻；其应入罪者，则举轻以明重。"所谓"断罪而无正条"，是指法律类推原则的适用前提为"一部律内，犯无罪名"〔2〕，即整部唐律中无该"罪名"的"正条"规定。其类推原则分为"出罪"与"入罪"两种情况：

"出罪"的类推，以减免行为人的刑事法律责任为目的，实行"举重以明轻"的原则，即援引或列举比该行为重的定罪量刑条款，类推该行为应该减免罪责。如《唐律疏议·贼盗》明文规定，夜晚无故私闯民宅，主人当时将其杀死，不构成犯罪，不承担刑责。但唐律并无主人将其打伤如何处置的明文规定，依据"举重以明轻"的类推原则，杀死显然重于打伤，尚且不追究罪责，打伤当然更应推定无罪。

"入罪"的类推，以追究行为人的刑事法律责任为目的，实行"举轻以明重"的原则，即援引或列举比该行为轻的定罪量刑条

---

〔1〕 以上引文及内容，参见刘俊文点校：《唐律疏议》卷四《名例》，法律出版社1999年版，第89~94页。

〔2〕 刘俊文点校：《唐律疏议》卷六《名例》，法律出版社1999年版，第145页。

款,推定该行为应当追究罪责。如《唐律疏议·贼盗》明文规定,谋杀期亲尊长,不论已伤、未伤,皆处斩刑。但唐律并无杀死期亲尊长如何处罚的明文规定,根据"举轻以明重"的类推原则,杀伤或未伤显然轻于杀死,依法尚且处以斩刑,杀死期亲尊长更要判处死刑。

唐律关于法律类推的原则,有助于弥补法律条文的不足和立法内容的缺陷,但与罪刑法定原则是有抵触的。

9. "化外人"案件的规定。所谓"化外人",《唐律疏议·名例》的解释是"蕃夷之国,别立君长者,各有风俗,制法不同"。唐朝对外政治、经济交往比较频繁,在长安等地侨居或从事经商等活动的异国异族人数较多。为了解决他们在唐朝境内发生的法律纠纷,唐律规定了化外人案件的处理原则:"诸化外人,同类自相犯者,各依本俗法;异类相犯者,以法律论。"对于他们之间的法律纠纷,唐律采取属人与属地相结合的原则。"同类自相犯者",即双方当事人属于同一国家或族类者,实行属人主义原则,依据其本国法律或本族习俗办理。"异类相犯者",即双方当事人分属不同国家或族类者,实行属地主义原则,依据唐朝法律处理。这种灵活有度的法律适用原则,既尊重和照顾到有关国家或族类的法律传统及风俗习惯,同时也维护了唐朝的国家主权和法律尊严。

真题 2012

真题 2017

二、唐律其他各篇的主要内容

唐律 12 篇 502 条中,第二篇至第十二篇分别规定了各种罪名及其定罪量刑的具体内容。

第二篇《卫禁》共 2 卷 33 条。"卫者,言警卫之法;禁者,以关禁为名。"[1]该篇主要是关于皇帝及其宫殿、太庙、陵墓之类的皇家设施,各地关津、镇戍、边防、要塞等重要处所的警卫守备方面的违法犯罪规定。其基本精神在于维护专制君主的人身安全和绝对权威,保障集权国家的统治秩序。

第三篇《职制》共 3 卷 59 条,"职制"即各级机构和各级官员之"职司法制"[2]。该篇主要是关于国家机构设置、编制、职能

---

[1] 刘俊文点校:《唐律疏议》卷七《卫禁》,法律出版社 1999 年版,第 162 页。
[2] 刘俊文点校:《唐律疏议》卷九《职制》,法律出版社 1999 年版,第 198 页。

以及各级官吏选拔、任用、违纪、失职、渎职、贪赃、枉法等国家行政管理方面的违法犯罪规定。其立法重点在于规范政权体制，强化官吏职责，惩治职务犯罪。

第四篇《户婚》共3卷46条，"户婚"即"户口、婚姻"[1]之类内容。该篇主要是关于户籍、土地、赋役、婚姻、家庭、继承等民户控制和经济管理方面的违法犯罪规定。其立法精神在于保障国家赋役来源、财政收入和经济稳定，维护民间管理秩序及其伦理道德关系。

第五篇《厩库》共1卷28条。"厩者，鸠聚也，马牛之所聚；库者，舍也，兵甲财帛之所藏。"[2]该篇主要是关于牲畜畜牧生产、仓库财产管理等方面的违法犯罪规定，其基本精神在于保障国家财产物资的管理、供应及利用。

第六篇《擅兴》共1卷24条，主要是关于兵役征发、军事指挥、武器管理、作战纪律以及工程兴造、工匠役使等方面的违法犯罪规定，其立法重点在于严密控制军队和各种服役人员。

第七篇《贼盗》共4卷54条，主要是严厉镇压贼盗罪的法律规定。其中的贼罪包括谋反叛乱、人身伤害、造畜蛊毒、妖言惑众等严重危害人身安全和统治秩序的恶性犯罪；盗罪包括强盗、劫盗、窃盗、监守自盗、敲诈勒索、掠卖人口、窝藏赃物等非法侵占官私财物的严重犯罪。该篇的重点内容是严厉打击直接威胁专制君主集权统治和人身安全、非法侵占官私财产所有权、严重扰乱社会治安的刑事犯罪。

第八篇《斗讼》共4卷60条，"《斗讼律》者，首论斗殴之科，次言告讼之事"[3]。该篇主要是关于斗殴与伤害、控告及诉讼等两方面的违法犯罪规定。其立法原则是根据当事人的身份地位，严格区分官民品级之间、长幼尊卑之间、主奴良贱之间的不平等关系，维护宗法等级特权制度。

第九篇《诈伪》共1卷27条，主要是惩治欺诈、假冒、伪造、伪证等违法犯罪行为的法律规定，其打击的重点是政治性的诈伪行为。

---

[1] 刘俊文点校：《唐律疏议》卷十二《户婚》，法律出版社1999年版，第252页。

[2] 刘俊文点校：《唐律疏议》卷十五《厩库》，法律出版社1999年版，第299页。

[3] 刘俊文点校：《唐律疏议》卷二十一《斗讼》，法律出版社1999年版，第414页。

第十篇《杂律》共2卷62条。以上各篇基本是按罪名分类设立篇目的,有些罪名无法归入其他各篇内容,因而唐律专门设立一篇《杂律》,具有"拾遗补阙"[1]的立法性质。该篇的内容涉及范围较广,大体包括驿站交通、计量铸币、市场管理、医疗卫生、公共设施、环境保护、工程建设、社会治安、伦常关系等众多方面。

第十一篇《捕亡》共1卷18条。据该篇"疏议"的解释:"此篇以上,质定刑名。若有逃亡,恐其滋蔓,故须捕系,以寘(置)疏网,故次《杂律》之下。"[2]该篇主要是对违法犯罪进行缉捕捉拿的定罪量刑规定,其内容包括对逃犯、逃兵、逃丁、逃亡奴婢以及隐匿逃亡、妨碍追捕等违法犯罪或失职渎职行为的处罚规定。

真题 2014

第十二篇《断狱》共2卷34条,属于司法"决断之法"[3],主要是对违反案件审理、判决及刑罚执行、监狱管理等法律规定的定罪量刑内容。

第四节 唐律的基本原则与精神

一、确保专制君主尊严与维护皇权专制

唐律以"君权神授"理论和"君为臣纲"思想为指导,以确保专制君主尊严与维护皇权专制为基本原则和首要任务,通过大量系统而严密的定罪量刑规定,严厉打击和残酷镇压各种威胁或危害专制君主安全、尊严、权威以及统治利益的违法犯罪行为。这一主旨鲜明的立法精神,集中体现在"十恶"重罪的谋反、谋大逆、谋叛和大不敬等四类犯罪的有关规定中。

对于"谋反及大逆者",《唐律疏议·贼盗》极其严厉地规定,本人皆处斩刑,父亲及十六岁以上的儿子皆处绞刑,十五岁以下之子及母女、妻妾、祖孙、兄弟、姊妹等籍没为官府奴婢,并处没收其部曲、资财及田宅等全部财产;伯叔父、兄弟之子皆处流三千里刑,且不限是否同一户籍。即使仅有谋反言论,"词理不能动众,

---

[1] 刘俊文点校:《唐律疏议》卷二十六《杂律》,法律出版社1999年版,第516页。
[2] 刘俊文点校:《唐律疏议》卷二十八《捕亡》,法律出版社1999年版,第564页。
[3] 刘俊文点校:《唐律疏议》卷二十九《断狱》,法律出版社1999年版,第585页。

威力不足率人",并不构成实际影响,或者只有"反谋",并未实施,"无能为害",也皆处斩刑;"父子、母女、妻妾并流三千里"。至于谋大逆者,即使"谋而未行",也要处绞刑。

对于"谋叛"者,《唐律疏议·贼盗》同样严厉规定,"始谋未行事发者",首犯处绞刑,从犯流三千里;"已上道者,不限首从,皆斩","妻、子流二千里;若率部众百人以上,父母、妻、子流三千里"。

对于"大不敬"的各种行为,《唐律疏议》之《贼盗》及《诈伪》分别规定,偷盗皇帝、帝后御用车驾、服饰、器物等,流二千五百里;偷盗皇帝、帝后印玺或伪造帝后印玺,处绞刑;伪造皇帝玉玺,处斩刑。《唐律疏议·职制》规定,为皇帝配制用药,因过失导致与药方不符,或配药说明与所配用药不符,因过失制作御膳误犯食物禁忌,因过失致使御用车船不够牢固,当事人皆处绞刑;非议皇帝或其朝政,"情理切害者"处斩刑,"非切害者徒二年";对抗皇帝钦差制使"而无人臣之礼",处绞刑。

除了最有代表性的"十恶"重罪外,唐律还规定了许多威胁或危害专制君主安全、尊严、权威和统治利益的其他罪名及其定罪量刑内容,突出体现了唐律以刑事法律为专政工具,保障君主专制集权制度的立法本质。

二、维护官僚贵族特权等级制度

唐朝是中国历史上相对比较清明、经济比较发达的繁荣"盛世",也是中国古代法制建设成就较高的巅峰时期。但是,作为秦汉以来君主专制集权制度高度发展的必然产物,唐朝也是继周、秦、汉、魏之后官僚贵族特权等级制度的不断完善时期。因此,以法律手段维护官僚贵族特权等级制度,也就成为唐朝立法的一项基本原则和重要任务。唐律作为防范和制裁违法犯罪的刑法典,不仅通过"议、请、减、赎、当"等一整套刑事司法制度,直接赋予各级官僚贵族凭借身份地位分别享有不同的司法特权,并且在具体的定罪量刑、诉讼程序、刑罚执行及监狱管理等各个方面规定了一系列保障特权等级制度的法律内容。

在定罪量刑制度方面,唐律遵循官民贵贱之间、上下级尊卑之间同罪异罚的刑法适用原则。首先,《唐律疏议·名例》把吏民"杀本属府主、刺史、县令"或下属吏、卒"杀本部五品以上官长"的行为区别于一般的杀人罪,直接列入"十恶"重罪中的"不义"罪,并在《唐律疏议·贼盗》中明确规定,被害人未死,但"已伤者,绞";即使只有"谋杀"之意,并未付诸实施,也要处以流二千里的重刑。而普通人之间的"谋杀"罪,仅处徒三年刑。其次,《唐律疏议·斗讼》进而规定,吏民"殴制使、本属府主、刺史、县令及吏卒殴本部五品以上官长,徒三年;伤者,流二千里;折伤者,绞"。而普通人之间"斗殴人者,笞四十;伤及以他物殴人者,杖六十"。此外,普通人之间的诬告罪,实行诬告反坐;而"诬告本属府主、刺史、县令者,加所诬罪二等"处罚。

在诉讼审判及刑罚执行方面,《唐律疏议·断狱》规定,对于应议、请、减等特殊身份地位者,禁止使用刑讯拷问,违者追究刑事责任。《狱官令》规定,普通人犯杖刑以上罪就要监押囚禁,九品以上官及应赎者犯徒刑以上罪才监押囚禁,而七品以上官及应议、请、减者则犯流刑以上罪才允许监押囚禁,而且不同身份的人所使用的枷锁镣铐之类的戒具也有严格区别。[1]违反上述规定者,依据《断狱》律追究相关人员的刑事责任。

三、维护家庭伦理纲常

唐律以"父为子纲""夫为妻纲"的道德伦理纲常及其宗法等级原则为指导,以维护父权家长制和夫权支配制的家庭制度为宗旨,明确规定了妻妾子孙等卑幼成员在家庭中的从属地位,严厉处罚触犯父权和夫权的违法犯罪行为。

(一)维护以父权家长制为核心的家庭制度

为了维护以父权家长制为核心的家庭制度,唐律在"十恶"重罪中规定了"不孝""恶逆"等多项罪名,视其情节予以严惩。

以"不孝"罪的各种规定为例。首先,《唐律疏议·斗讼》规定,子孙卑幼必须服从家长教令,尽心竭力地赡养和善事祖父母与父母,"违犯教令及供养有阙者,徒二年";近亲尊长犯罪,只要不是谋反之类的重罪,子孙卑幼必须按"有罪相为隐"的规定隐匿庇护,如有揭发控"告祖父母、父母者,绞"。其次,《唐律疏议·户婚》规定,"祖父母、父母在,而子孙别籍、异财者,徒三

---

[1]《狱官令》,参见薛梅卿点校:《宋刑统》卷二十九《断狱律》"应囚禁枷鏁杻"门引,法律出版社1999年版,第529页。

年"；为父母服丧期间嫁娶成婚，徒三年；服丧期间怀孕生子，徒一年；祖父母、父母被囚禁期间嫁娶成婚，最重徒一年半。再次，《唐律疏议·职制》规定，得知父母丧亡而匿不举哀，流二千里；服丧期限未满即提前脱去丧服，或进行歌舞娱乐活动，徒三年。最后，《唐律疏议·诈伪》规定，祖父母或父母健在，诈称其死亡者，也要徒三年。

再以"恶逆"罪的有关规定为例。《唐律疏议·贼盗》规定，诅咒或辱骂祖父母、父母者，处绞刑；殴打者，处斩刑；过失杀害者，流三千里；过失伤害者，徒三年。反之，子孙卑幼违犯教令，祖父母或父母过失杀之者，则免予处罚。

（二）维护以夫权支配制为主导的婚姻制度

在婚姻关系的缔结方面，唐律遵循"父为子纲"的家长制原则，确认和保障父母包办婚姻的合法性，赋予家长对于子女卑幼等家庭成员的主婚权。倘若不经家长同意或者公然违背家长意愿，男女私下订婚或自主成婚，不仅是不合法的无效婚姻，必须依法强制解除，而且属于违法犯罪性质，依法追究当事人的刑事责任。如果是"卑幼在外，尊长后为定婚，而卑幼自娶妻"的情况，《唐律疏议·户婚》区别情况分别规定：男女双方已经成婚，可以承认婚姻关系的既成事实；如果尚未成婚，必须遵从尊长所定婚姻；"违者，杖一百"。

在婚姻关系的解除方面，唐律除继续沿用"七出""三不去"的有关规定，确认和保护由夫权支配的婚姻离异制度外，从维护儒家道德礼教精神出发，又建立了强制解除婚姻关系的"义绝"制度。根据《唐律疏议·户婚》的规定，夫妻双方或其双方家庭成员之间有以下四种"义绝"行为者，必须解除婚姻关系：一是妻子殴打或咒骂丈夫的祖父母、父母，或杀伤丈夫的外祖父母、伯叔父母、兄弟、姑母、姊妹，或与丈夫缌麻以上的五服之内近亲属通奸者；二是妻子欲谋害丈夫者；三是丈夫殴打妻子的祖父母、父母，或杀害妻子的外祖父母、伯叔父母、兄弟、姑母、姊妹，或与妻母通奸者；四是夫妻双方的祖父母、父母、外祖父母、伯叔父母、兄弟、姑母、姊妹之间有相互杀害行为者。凡有以上"义绝之状"而不离异者，当事人徒一年。

在夫妻关系的家庭地位中，唐律进一步强化"夫为妻纲"的婚姻制度，确认夫妻之间同罪异罚的不平等原则，把一系列危害丈夫人身安全或威胁夫权尊严地位的行为列入"十恶"重罪，予以严刑惩处。例如《唐律疏议·斗讼》规定，妻子殴打丈夫，属于"十恶"之"不睦"罪，最轻也要判处徒一年刑；如果殴伤丈夫，则比殴伤普通常人加重三等处罚。倘若杀害丈夫，则属"十恶"之"恶逆"重罪，一律处斩；丈夫犯罪，只要不是"谋反"之类的重罪，妻子不得检举控告，否则也属于"不睦"罪，依法处刑徒二年。反之，丈夫殴伤妻子，却比殴伤普通常人减轻二等量刑；如果只是轻伤，仅仅判处笞四十。此外，妻子如有以下各种行为，属于"十恶"之"不义"罪，也要依法予以严惩。例如《唐律疏议·职制》规定，得知丈夫丧事而匿不举哀，流二千里；服丧期限未满，提前脱去丧服，或进行歌舞娱乐活动，徒三年。《唐律疏议·户婚》规定，为丈夫服丧期间改嫁，徒三年。

（三）维护以传统礼教精神为宗旨的继承制度

唐朝继承制度仍然沿袭汉朝以来的传统，包括宗祧继承和财产继承两方面内容。宗祧继承作为身份继承制度，以维护传统礼教精神和宗法等级制度为宗旨，始终坚持嫡长子继承制原则。为了保障身份继承制度的顺利实施，《唐律疏议·户婚》对立嫡制度做出了明确的界定："立嫡者，本拟承袭。嫡妻之长子为嫡子，不依此立是名'违法'，合徒一年。"如果"嫡妻年五十以上无子者，得立庶以长"，即择立庶长子为继承人；违反立继顺序，亦徒一年。《封爵令》具体规定了立嫡的顺序："无嫡子及有罪、疾，立嫡孙；无嫡孙，以次立嫡子同母弟；无母弟，立庶子；无庶子，立嫡孙同母弟；无母弟，立庶孙。"对于无男性继嗣者的"户绝户"，《户令》有"无子者，听养同宗于昭穆相当者"[1]的规定，允许收立同宗同姓相应辈分的养子为继承人。根据《唐律疏议·户婚》的规定，违法收养异姓男者，徒一年；违法送养者，也要受到笞五十的处罚。

关于财产继承，唐朝继续沿用汉朝以来的诸子均分制。《户令》明确规定："应分田宅及财物者，兄弟均分。妻家所得之财，不在分限。兄弟亡者，子承父分。"违反《户令》规定，"同居应分，不均平者"，依据《唐律疏议·户婚》的规定，"坐赃论，减

---

[1]《封爵令》与《户令》，参见刘俊文点校：《唐律疏议》卷十二《户婚律》引，法律出版社1999年版，第258页。

三等"，即按坐赃罪减轻三等处罚。

四、维护专制政权的经济基础

为了保障国家的赋税财政收入，维护专制政权的经济基础，唐律从户籍、土地、赋税、徭役等各个方面规定了严格的经济行政管理和刑事责任追究制度。

（一）户籍控制

户籍控制是国家管理和社会稳定的基础，也是建立和实施土地、赋税、徭役等各项制度的前提，因而是历代统治者极为重视的一项立法内容。唐律从户籍的申报、登记和管理入手，严惩有关的违法犯罪行为。《唐律疏议·户婚》规定，"脱户"即全家脱漏户口，不向官府登记入籍者，追究户主的监管责任，"家长徒三年"；"脱口及增减年状，以免课役者"，即脱漏或瞒报部分家庭成员户籍，或虚报老幼年龄及残疾程度，以逃脱或减免赋税徭役义务者，按违法人口数目量刑，"一口徒一年，二口加一等，罪止徒三年"；家长对此不知情者，追究家庭成员中违法当事人的刑事责任。

户籍的登记和管理，是地方各级有关官员的重要职责。如有失职、渎职等行为，也要追究刑事责任。《唐律疏议·户婚》规定，在基层乡里组织中，"诸里正不觉脱漏增减者"，即未发现户籍不实情况，按本里之内脱漏人数，"一口笞四十，三口加一等；过杖一百，十口加一等，罪止徒三年"；"诸州县不觉脱漏增减者，县内十口笞三十，三十口加一等；过杖一百，五十口加一等。州随所管县多少，通计为罪"；如里正或州县知情不纠，属故意纵容罪，则按家长脱漏户籍罪的量刑标准从重处罚，"一口徒一年，二口加一等，罪止徒三年"。至于里正及州县官府"妄为脱漏户口，或增减年状"，致使赋税徭役发生增减出入，更要从重严惩。如有将所获利益贪赃"入己者，以枉法论"，最重处刑加役流；即使将所获利益收入官府，也要以坐赃罪论处。

（二）土地管理

在"以农立国"的自然经济社会中，土地是农耕生产及国民经济的基础，加强土地管理是保障专制政权统治和国家财政收入的命脉所系。因此，违反土地管理的行为，历来被视为严重的违法犯罪，一律严加惩处。唐律在这方面的规定更为系统全面。

唐朝前期实行均田制，对于符合条件的人口授予一定的土地，并且规定了授田、还田、使用、处分等程序及限制。违反均田制的规定，将被定罪量刑。

第一，《田令》明确规定，各地基层里正和州县官府共同负有授田、还田及监督土地耕种的责任。每年十月初一日起，里正必须登记校勘土地簿籍的变动情况，由县衙汇总后进行授田或还田。[1]如有违反，将被追究刑事责任。《唐律疏议·户婚》规定，民户符合授田条件而不依法授给，土地应当退还官府而不及时收回，监督管理土地耕种而不尽职，里正"若应受而不受，应还而不收，应课而不课，如此事类违法者，失一事笞四十……三事加一等"；各县按辖区内累计违法事项，"失十事笞三十，二十事加一等"；各州"随所管县多少，通计为罪"；最高量刑为"徒一年"。故意违反规定者，"各加二等"量刑。里正及州县官府因监督管理农耕生产不力，出现所辖"部内田畴荒芜者"，也要视其情节，处以笞三十至徒一年的刑罚。

第二，对于受田者和占田者的违法行为，《唐律疏议·户婚》也规定了刑事处罚条款。根据授田法的规定，"口分田"属于只有使用权的授田，未经官府允许，严禁擅自买卖交易。"诸卖口分田者，一亩笞十，二十亩加一等，罪止杖一百；地还本主，财没不追。"根据均田制的规定，授田和占田也有严格的限额，如有"占田过限者，一亩笞十，十亩加一等；过杖六十，二十亩加一等，罪止徒一年"。

为了保护官私土地所有权，保证农业生产的正常进行，《唐律疏议·户婚》还对其他各种土地侵权行为规定了相应的处罚内容。其中，以欺骗手段将官私土地占为己有，或擅自出卖交易，或私自耕种，均为侵犯他人土地所有权的违法犯罪，根据情节轻重及其侵占面积定罪量刑。

（三）赋役征课

赋役征课是国家财政收入的直接来源，是任何政权赖以存在和发展的基本保障。在中国传统社会中，违反赋役征课制度，直接威胁专制政权的经济基础和统治利益，是历代法律严厉打击的严重违法犯罪行为。唐律也不例外。根据《唐律疏议·户婚》的规定，各级地方官府必须依法进行赋役征课，"诸差科赋役违法及不均平，杖六十"；非法擅自征课"赋敛"，或私自增加征课数额，以坐赃

---

[1]《田令》，参见刘俊文点校：《唐律疏议》卷十三《户婚律》引，法律出版社1999年版，第271页。

罪论处；将违法征课作为私人财产，以枉法论处，最重判处加役流；民户依法应免除赋役而不给予免除，或不应免除而擅自免除者，有关人员也要判处徒二年刑。

各州县及基层乡里征收的"课税之物"，必须按期如数上缴，如有"违期不充者"，按其延误数额多少，分别处刑笞四十直至徒二年。民户"违期不充者"，判处户主笞四十。

《唐律疏议·厩库》还对民户的征课欺诈行为做出明确规定："诸应输课税及入官之物，而回避诈匿不输，或巧伪湿恶"，欺骗官府，按其违法数额，以盗罪论处。对于民户的隐匿欺诈行为，"主司知情，与同罪；不知情，减四等"。

唐朝前期，在均田制的基础上实行租庸调法。租为田赋，属于土地税，每丁每年纳粟二斛或稻二斛；调为户调，属于人口税，随乡土物产品种，蚕乡每户每年纳绢绫等各二丈、绵三两，非蚕乡纳布二丈四尺、麻三斤；庸为代役钱，每丁每年应服徭役20天，闰年加二天，如不服役须输庸代役，即每天纳绢三尺，称为庸。国家因临时有事加征徭役，满15天免征户调，30天租调全免，加役与正役合计不得超过50天。

唐朝中期以后，均田制的实施遭到破坏，以授田农民为基础的租庸调法难以为继，严重影响到国家的财政税收，迫使统治者对赋役制度进行改革。德宗建中元年（780年），采纳宰相杨炎建议，实行两税法。其基本原则是量出以制入，根据财政支出确定征税总额，分为地税和户税两税征收；地税总额按大历十四年（779年）全国垦田数确定，每户按土地面积征收；户税按每户财产多少评定户等，不分主户（本地户籍）、客户（非本地户籍），一律在现居住地征收；每年分夏秋两季征税，夏税不得过六月，秋税不得过十一月，废除租庸调及各项杂税。两税法按现居住地确定征税名籍，有利于户籍管理和人口控制；按土地和财产多少确定征税数额，对纳税人来说相对公平合理；以两税取代其他各项税收，使税制大为简化，有助于国家财政收入的保障。

五、惩治官吏犯罪

唐朝非常重视吏治管理及其有关立法，不仅通过令、格、式等各种法律规范，对各级官府及其官吏进行管理规制，而且在唐律12篇中专门制定了一篇《职制》律，在区分"公罪"与"私罪"

的原则下，从刑事立法方面严厉制裁官吏失职、渎职等违法犯罪行为。

在各级机构的设置及其人员编制方面，《唐律疏议·职制》规定，"诸官有员数，而署置过限及不应置而置"，按超编过限或违法设置人数多少定罪量刑，违法超编"一人杖一百，三人加一等，十人徒二年"。

在官员推荐贡举及选拔考试方面，《唐律疏议·职制》规定，"诸贡举非其人及应贡举而不贡举者，一人徒一年，二人加一等，罪止徒三年"。所谓"非其人"，是指"德行乖僻，不如举状"，即道德品行不符合贡举条件。"若考校、课试而不以实及选官乖于举状"，即主考人弄虚作假，选拔不称职者，比照上述规定减一等量刑。如果以上各种行为属过失所致，各减三等处罚。

在官员任职程序和履行职责方面，《唐律疏议·职制》规定，官员赴任上岗不得超过法定期限，"限满不赴者，一日笞十，十日加一等，罪止徒一年"。官员卸任离职也不得超过法定期限，继任官员已到岗赴任，本人不及时离开，比照"限满不赴"的规定，减二等处罚。现任在岗官员不得擅离职守，日间值班或夜间值宿缺勤，按每昼或每夜笞二十处罚。点名无故不到，每次处刑笞十；一日内多次，最多按两次即笞二十处罚。无故缺勤或休假逾期不归，缺勤"一日笞二十，三日加一等；过杖一百，十日加一等，罪止徒一年半"；如系边防重要处所官员，罪加一等，从重量刑。地方各州刺史、县令及军府长官，未经批准私自出界者，杖一百。

此外，唐律还以其他各篇的有关法律内容作为立法补充，严刑惩治官吏以权谋私、贪赃枉法、徇私舞弊、败坏吏治等其他各种违法犯罪。

六、保护官有及私有财产

保护官有及私有财产权，严惩各种形式的"盗"罪，是历代刑事法律制度的一项基本内容。自战国时期李悝制定中国历史上第一部成文法典，首次把"盗法"置于《法经》第一篇，正式确立"王者之政，莫急于盗贼"[1]的立法宗旨以来，惩治"盗"罪的法典篇目成为历代刑事立法中必不可少的重要内容。唐律依据各种

---

[1]《晋书》卷三十《刑法志》，中华书局1974年版，第922页。

"盗"罪的作案手段及其不同情节，首次将其纳入"六赃"的定罪量刑规定，由重到轻依次为强盗、受财枉法、受财不枉法、窃盗、受所监临财物、坐赃。

强盗罪是"六赃"中最严重的犯罪，它以非法占有为目的，往往使用暴力或胁迫等强制手段，公然抢劫或强夺官私财物，犯罪性质最为恶劣，社会危害最大，因而处罚也最重。根据《唐律疏议·贼盗》的规定，"诸强盗，不得财徒二年"；所获钱财折合绢帛计算，价值"一尺徒三年，二匹加一等，十匹及伤人者绞，杀人者斩"；对于使用暴力工具的"持杖者，虽不得财流三千里，五匹绞，伤人者斩"。可见，唐律对于强盗罪的处罚是极为严厉的。

受财枉法罪是"六赃"中仅次于强盗的重罪，属于接受"有事人"财物而为其"曲法处断"的徇私枉法行为，其犯罪主体为掌握一定职权的特别主体。《唐律疏议·职制》的规定极为严厉："诸监临主司受财而枉法者，一尺杖一百，一匹加一等，十五匹绞。"

受财不枉法罪轻于受财枉法罪，是指虽然接受"有事人财"，但并未为此而"曲法处断"的贪赃徇私行为，其犯罪主体也是特别主体。《唐律疏议·职制》的规定是"不枉法者，一尺杖九十，二匹加一等，三十匹加役流"，仍属严刑处治的重罪。

窃盗罪是"潜行隐面而取"的一般偷盗罪，即以非法占有为目的，暗中偷盗或私下窃取官私财物的犯罪行为。根据《唐律疏议·贼盗》的规定，对于窃盗罪的量刑，主要是以其窃取赃物的标的价值进行确定："诸窃盗，不得财笞五十；一尺杖六十，一匹加一等；五匹徒一年，五匹加一等，五十匹加役流。"

受所监临财物罪是指有关官员"不因公事"而私自接受下属财物的违法犯罪行为，其犯罪主体为具有监管统辖权的特别主体。《唐律疏议·职制》规定："诸监临之官，受所监临财物者，一尺笞四十，一匹加一等；八匹徒一年，八匹加一等；五十匹流二千里。"主动给予财物者，也要追究违法责任，比照收受者"减五等，罪止杖一百"。如果是监临官主动索要，加一等量刑；而强行索取，则以枉法罪从重论处。

坐赃罪是"坐赃致罪"的简称，指"非监临主司，因事受财，而罪由此赃"，即因赃致罪的违法行为。《唐律疏议·杂律》规定："诸坐赃致罪者，一尺笞二十，一匹加一等；十匹徒一年，十匹加一等，罪止徒三年。"主动给予财物者，减五等量刑。

除了以上"六赃"罪的有关规定外，唐律还对欺诈骗取、敲诈勒索、损毁破坏官私财物等其他侵犯财产所有权的违法犯罪行为做出了定罪量刑的规定。

第五节　唐律的特点与历史地位

一、唐律的基本特点

（一）依礼制律，礼法合一

唐朝继承并发展西周以来的"明德慎罚"思想和汉朝确立的"德主刑辅"思想，以"德礼为政教之本，刑罚为政教之用"的法制思想为指导，将儒家纲常礼教原则和伦理道德精神直接融入国家立法之中，使儒家的礼与国家的刑在唐律的制定中实现了高度统一，从而使唐律形成了依礼制律、礼法合一的基本特点，成为一部高度儒家化和礼教化的刑事法典。

所谓礼法合一，第一是指唐律以儒家倡导的礼作为立法指导原则，将触犯三纲五常等儒家伦理道德规范的行为，或直接列入"十恶"进行严厉制裁，或作为其他重罪予以惩治，体现了唐律以刑事立法内容维护儒家纲常礼教及其伦理道德精神的立法特点。

第二，礼法合一是指唐律不仅以儒家倡导的礼作为定罪量刑的首要标准，系统地规定了一整套诸如官僚贵族等级特权法、亲属"有罪相为隐"、亲属相犯"准五服以制罪"之类的刑法适用原则，而且很多定罪量刑的法律条文直接援引儒家经典的礼义道德内容，使唐律始终贯穿着儒家纲常礼教及其伦理道德精神。

第三，礼法合一还表现为唐律以儒家倡导的礼作为"律疏"解释法律的原始依据，直接援引儒家经典的礼仪规范，对唐律的条文内容进行儒家化、道德化和礼教化的注释疏义，以礼的原则精神统一人们对于唐律的理解和适用。

正是由于唐律的制定从立法指导思想、定罪量刑原则以及律疏注释依据等各方面都坚持依礼制律的立法宗旨，使儒家纲常礼教原则和伦理道德精神融入唐律之中，基本完成了礼的法律化和法的道德化进程。因此，西汉中期以来并行于以法断狱之外，且凌驾于法律之上的引经决狱，也就丧失了独立存在的理由，在延续数百年之后，终于寿终正寝了。

（二）"科条简要"，内容丰富

唐律吸收借鉴历代立法的成功经验，以"国家法令，惟须简约"[1]，"务使易知"，"使人共解"[2]的立法思想为指导，以隋朝《开皇律》的立法成就为基础，经过删繁就简和反复修订，最终确定了12篇500条的篇章体例结构及其法律内容，形成了"科条简要""疏而不失"[3]的立法特点，代表了中国古代立法技术特别是成文法典编纂技术的最高水平。

唐律虽然在形式上具有"科条简要"的特点，只有12篇500条，但它调整的范围极为广泛，包括政治、经济、军事、司法以及婚姻、家庭、继承等各个领域。它所规定的400多种各类罪名，构筑成一张防范和打击各种违法犯罪行为的严密法网。从维护专制国家安全和君主集权统治，到规范人们的日常行为举止及思想道德观念，几乎无所不包，无所不有，可谓内容丰富。唐律不失为一部内容与形式有机结合高度统一的成文法典，代表了中国古代立法成就的最高水平。

（三）"务在宽平"，"务在恤刑"

唐律基于"务在宽平"[4]"务在恤刑"的立法宗旨，对于刑罚体系和罪刑制度进行了"削烦去蠹，变重为轻"[5]的重大修订，使其定罪量刑相对最为文明人道。

所谓相对文明人道，第一表现在法定"五刑"的刑罚体系方面。唐律以"五刑"制度为国家法定刑罚体系，无论是从最轻的笞杖刑来说，还是从最重的死刑来看，是中国古代刑罚史上相对最为文明人道的时代。其中，笞杖刑的行刑规范化，由以往的身体刑转化为教育刑的惩戒性质；徒刑限定为一至三年的刑期，改变了以往无期或不定期的劳役刑性质；流刑虽属仅次于死刑的重刑，却替代了曾经长期使用的极为野蛮残忍的宫刑；而死刑限定为绞、斩两等，也是历代最轻的生命刑。

第二，在定罪量刑的具体内容方面，唐律也远比前后各代法律

---

[1]（唐）吴兢：《贞观政要》卷八《赦令》，上海古籍出版社1978年版，第251页。
[2]《旧唐书》卷五十七《刘文静传》，中华书局1975年版，第2292页。
[3]《隋书》卷二十五《刑法志》，中华书局1973年版，第712页。
[4]（唐）吴兢：《贞观政要》卷八《刑法》，上海古籍出版社1978年版，第250页。
[5]《旧唐书》卷五十《刑法志》，中华书局1975年版，第2138页。

的规定轻缓宽平。以统治阶级视为最严重犯罪的谋反罪为例,秦汉法律规定,本人腰斩甚至具五刑,"父母妻子同产皆弃市"[1];魏律规定,本人枭首,菹其骨肉,"夷其三族"[2];北魏律规定,本人腰斩,诛其同籍,十四岁以下男子处腐刑,女子籍没为官府奴婢;[3]南朝梁律规定,本人处斩,父子、同产兄弟不分长幼一律弃市,缘坐妇女籍没为官府奴婢;[4]后世的明清法律规定,本人凌迟,十六岁以上男子皆斩,十五岁以下男子及缘坐妇女给付功臣之家终身为奴,财产没收入官;[5]而唐律则规定,本人处斩刑,父及十六岁以上之子处绞刑,十五岁以下之子及缘坐妇女没为官府奴婢。[6]唐律与其他各代定罪量刑的差别,于此可见一斑。

二、唐律的历史地位及影响

(一) 唐律的历史地位

唐律是中国历史上最为成熟完备的一部古代成文法典,吸收借鉴了中国历代传统立法的优秀成果和法制建设的成功经验,代表了中国古代立法技术的最高水平,堪称中国古代成文法律的集大成者和杰出代表作。它以依礼制律的立法宗旨,礼法合一的法制原则,丰富详备的法律内容,前所未有的立法成就,不仅适应唐朝打击违法犯罪、维护君主专制集权统治和稳定社会秩序的需要,而且对后世的宋、元、明、清各代立法产生了深远的影响,同时也对周边其他亚洲国家的古代立法产生过直接影响,因而确立了唐律在中国立法史上的独特地位。

(二) 唐律的影响

1. 唐律对后世立法的影响。唐律对后世立法的影响极为深远,宋、元、明、清等各代都直接或间接地受到过唐律的深刻影响。例如:

宋朝前期立法直接承袭唐律,《宋史·刑法志》称:"宋法制

---

[1]《汉书》卷五《景帝纪》如淳注引,中华书局1962年版,第142页。
[2]《晋书》卷三十《刑法志》引《魏律序》,中华书局1974年版,第925页。
[3] 参见《魏书》卷一百一十一《刑罚志》,中华书局1974年版,第2874页。
[4] 参见《隋书》卷二十五《刑法志》,中华书局1973年版,第699页。
[5] 分别参见怀效锋点校:《大明律》卷十八《贼盗》,法律出版社1999年版,第134页;郑秦、田涛点校:《大清律例》卷二十三《刑律·贼盗上》,法律出版社1999年版,第365页。
[6] 参见刘俊文点校:《唐律疏议》卷十七《贼盗》,法律出版社1999年版,第348页。

第五章 隋唐法律制度

因唐律、令、格、式。"作为宋朝刑事立法的基本法典,《宋刑统》不但12篇的篇目和502条的律文内容与唐律雷同,甚至连注释"疏议"部分也一并照搬照录。

金、元两代虽然分别是由女真族、蒙古族先后建立的两个少数民族政权,但它们除了保留一部分本民族习惯法外,其成文法部分大量援用唐宋法律。如金熙宗时期制定的《皇统制》,"以本朝旧制,兼采隋、唐之制,参辽、宋之法,类以成书";金章宗时期完成的代表金代最高立法成果的《泰和律义》,其12篇的篇目名称、顺序及其体例结构与唐律完全相同,并且也有对律文的"疏义以释其疑",因而被《金史·刑志》称之为"实唐律也"[1]。元朝建国前后,曾长期采用金《泰和律》;英宗时期制定的元朝立法成就最高的《大元通制》,其20篇的篇章体例结构也基本源于唐律。

明朝建立之初,明太祖朱元璋曾下令儒臣与刑官每天讲解唐律二十条,并在此基础上编成洪武六年律。这部《大明律》的"篇目一准于唐",亦为12篇,只是把唐律首篇《名例》移至最后,其中直接援用唐律123条;至洪武三十年《大明律》最终完成,虽然将篇目体例改为七篇,但其基本内容仍以唐律为参考,正如《清史稿·刑法志》所说:"明律渊源唐代。"

"世祖入关,沿袭明制。"[2]大清律的制定,也直接以《大明律》为蓝本,实际也是溯源于唐律。《四库全书总目提要》明确指出,《大清律例》有的篇目沿用唐律,有的是从唐律中分割出来,还有的与唐律名异而实同。时人张玉书在《刑书纂要序》中具体分析道:"尝考唐律所载律条,与今异者,八十有奇;其大同者,四百一十余;即今之律令,其与唐律合者,亦十居三四。"[3]

2. 唐律对周边国家的影响。唐律对周边亚洲其他国家古代立法的影响也非常广泛而且深刻,日本学者仁井田陞曾在《唐令拾遗·序论》中明确指出:"蒙受中国法律影响较多的民族和地区,东至日本和朝鲜,南达越南,西及所谓西域,北到契丹和蒙古。"[4]而唐律的影响实为其突出代表之一。例如:

日本自从孝德天皇大化元年(645年)发动"大化改新"时

---

[1]《金史》卷四十五《刑志》,中华书局1975年版,第1024页。
[2]《清史稿》卷一百四十三《刑法志二》,中华书局1977年版,第4193页。
[3]《清经世文编》卷九十《行政》引,中华书局1992年版,第2225页。
[4] [日] 仁井田陞:《唐令拾遗·附录》,栗劲等编译,长春出版社1989年版,第801页。

起，便效法唐朝制度，援用唐朝律令，开始建立成文法体系。文武天皇大宝元年（701年）颁行的《大宝律令》，是日本第一部比较完备的成文法典，不仅刑律12篇的篇目与唐律完全相同，而且很多律文也直接因袭唐律，只是对某些内容略作调整修订。例如：改"八议"为"六议"，改"十恶"为"八虐"，沿用官当、减刑等刑罚原则及笞、杖、徒、流、死之五刑制度，仅把按里程分等的流刑改为近流、中流、远流三等。元正天皇养老二年（718年）颁布的《养老律》，其13篇的篇目也与唐律完全相同，只是把原来的《名例》篇分为上、下两篇而已。[1]

朝鲜高丽王朝（918～1392年）建国后，"摹仿《唐律》而稍加删削"，制定了《高丽律》。据高丽史臣郑麟趾的《高丽史·刑法志》称："高丽一代之制，大抵皆仿于唐。至于刑法，亦采唐律，参酌时宜而用之。"当时的《高丽律》只有71条，其中69条是从唐律12篇中"删烦取简"而成的，另有两条也取自唐朝《狱官令》。[2]

大瞿越（今越南）李朝太宗太尊明道元年（1042年）颁布的《刑书》三卷，陈朝太宗建中六年（1230年）制定的《国朝刑律》，都是"遵用唐、宋之制"，经过"斟酌"改定而成的刑事法律。其后的黎氏王朝（1428～1527年）"所编纂之法典虽曾折衷于唐、宋、元、明诸律，而要以《唐律》为唯一之楷模"。以洪德（1470～1497年）年间制定的《刑律》为例，即是参用隋、唐之律。其中的五刑、八议、十恶、自首、老弱、过失、共犯、法律类推、化外人案件等各项规定，或与唐律完全相同，或与唐律略有差异。[3]

第六节 司法制度

一、司法机构

唐朝司法机构基本沿袭隋朝，皇帝仍是最高司法审判官，中央

---

[1] 以上内容，参见杨鸿烈：《中国法律对东亚诸国之影响》，中国政法大学出版社1999年版，第173～184页。

[2] 以上内容，参见杨鸿烈：《中国法律对东亚诸国之影响》，中国政法大学出版社1999年版，第33～34页。

[3] 以上内容，参见杨鸿烈：《中国法律对东亚诸国之影响》，中国政法大学出版社1999年版，第419～454页。

常设大理寺、刑部和御史台等机构;地方分设州、县两级机构,由刺史、县令执掌地方司法审判权,实行行政机构兼理司法的传统体制。

(一) 中央司法机构

大理寺是中央常设最高司法审判机构,设置卿一人、少卿二人为正副长官,"掌邦国折狱详刑之事"[1],主要负责审理中央机构官员和京师地区的徒刑以上案件,重审刑部复核后移交的地方死刑案件,受理地方上报的重大案件或疑难案件。对于徒、流、死刑案件的判决,必须报送刑部进行复核,死刑案件还须奏请皇帝审核批复。

刑部是中央最高司法行政机构,设置尚书、侍郎各一人为正副长官,"掌天下刑法及徒隶句(勾)复、关禁之政令"[2],主要管理全国司法行政事务,同时负责复核大理寺和地方各州县上报的徒刑以上案件,并且参与重大案件或疑难案件的审理。经过复核发现问题,徒、流刑案件可以驳回原审机关重审,地方判决的死刑案件则移交大理寺重审。

御史台是中央最高行政监察机构,设置御史大夫一人、御史中丞二人为正副长官,"掌邦国刑宪、典章之政令,以肃正朝列"[3],主要负责监察文武百官的违法犯罪行为,监督检察大理寺的司法审判和刑部的复核活动,并且参与重大案件或疑难案件的审理。

在常设司法机构和普通审判程序之外,对于某些重大案件或疑难案件,有时也会临时采用一些特别审判程序。一般是由朝廷指派大理寺、刑部和御史台的长官,组成临时特别审判机构联合会同审理,称为"三司推事"[4]。这种特别审判程序,被后来的明清时期沿用,发展成为三司会审制度。参与"三司推事"或派往地方参与特别审判的三法司官员,称为"三司使"[5]。这些经过特别审判程序会同审理的案件,最后要上奏皇帝审批或裁决。

---

[1] 陈仲夫点校:《唐六典》卷十八《大理寺》,中华书局1992年版,第502页。
[2] 陈仲夫点校:《唐六典》卷六《尚书刑部》,中华书局1992年版,第179页。
[3] 陈仲夫点校:《唐六典》卷十三《御史台》,中华书局1992年版,第378页。
[4] 《通典》卷二十四《职官六·御史台》:"其事有大者,则诏下尚书刑部、御史台、大理寺同案之,亦谓此为三司推事。"中华书局1984年版,第144页。
[5] 《新唐书》卷四十六《百官志一·尚书省刑部》:"凡鞫大狱,以尚书侍郎与御史中丞、大理卿为三司使。"中华书局1975年版,第1199页。

(二) 地方司法机构

地方分别设置州、县两级行政机构，仍然由行政长官兼理司法审判事务。各州长官为刺史，下设法曹及其司法参军协助受理刑事案件，户曹及其司户参军协助受理民事案件。各县长官为县令，下设司法佐、史之类的属吏，协助处理司法诉讼事务。

二、诉讼审判制度

(一) 告诉制度

唐朝继续完善秦汉以来的告诉制度，起诉仍然分为两种形式。一种是由有关机构或官员对违法犯罪提起纠举弹劾，相当于现代的公诉；另一种是由当事人或亲属等知情者向官府提出控告或起诉，相当于现代的自诉。《唐律疏议·斗讼》明确规定了告诉及其诉状的要求："诸告人罪，皆须明注年月，直陈事实，不得称疑。违者，笞五十。"并且规定了告诉的程序及其限制：

第一，必须自下而上逐级告诉，禁止违法越级诉讼；否则，连同违法受理越诉的官员，均处以笞四十；依法告诉应当受理而不予受理，笞五十。如有重大冤屈而无法正常申诉，允许"邀车驾及挝登闻鼓"，直接向朝廷"上表"直诉；告发谋反、谋大逆、谋叛之类的严重犯罪，也不受逐级告诉的限制。对于直诉案件或重罪案件，有关官员如不立即受理，比照一般案件不予受理的规定，加重一等量刑。如因直诉而冲撞皇帝仪仗，则要杖六十；告诉不实者，杖八十。

第二，禁止卑幼控告尊长的一般性犯罪，告发谋反、谋大逆、谋叛之类的严重犯罪除外；在押囚犯只能控告狱官对自己的虐待行为；八十岁以上、十岁以下及笃疾者，只允许控告子孙不孝或同居亲属受人侵害等行为。

第三，严禁诬告或投递匿名书信告发犯罪，"诸投匿名书告人罪者，流二千里"[1]。

(二) 回避制度

为了防止司法官利用亲属、师友或仇怨关系徇私舞弊或枉法裁判，唐朝《狱官令》明确规定了司法官回避制度："诸鞫狱官与被

---

[1] 以上法律规定，参见刘俊文点校：《唐律疏议》卷二十三至二十四《斗讼》，法律出版社1999年版，第465～475页。

鞠人有五服内亲，及大功以上婚姻之家，并受业师，经为本部都督、刺史、县令，及有仇嫌者，皆须听换推。"[1]所谓"鞠狱官"，指参与"推鞠"办案的司法官；"换推"，即更换"推鞠"办案的司法官。这是目前所见中国历史上最早的司法官回避制度，它要求办案人员不得与受审人有五服之内近亲、大功以上婚姻之家、授业师生等关系，或者曾经有过本部都督、刺史、县令下属的同僚关系，或是有仇怨嫌隙关系，以免影响案件审判的公正性，确保司法活动的正常进行。

（三）刑讯制度

早在云梦睡虎地秦简《封诊式》的秦代"爰书"中，即有刑讯制度的规定，要求依据法律规定、按照法定程序、有条件地限制性使用。唐朝进一步完善刑讯制度，要求司法官必须严格遵守依法刑讯的有关规定，不准滥用刑讯逼供。根据《唐律疏议·断狱》的规定："诸应讯囚者，必先以情，审察辞理，反复参验，犹未能决，事须讯问者，立案同判，然后拷讯。违者，杖六十。"司法官审讯案犯，必须详细讯问案情，审察供辞的合理性。在对案件反复审理查验后，仍然无法做出判决，又必须强制讯问案犯时，应立案申请，经主管长官批准，才能会同长官或其指定的有关人员进行刑讯；违反有关规定而使用刑讯，司法官杖六十。对于依法享有应议、请、减等司法特权者，七十岁以上、十五岁以下及废疾者，均不得使用刑讯；"妇人怀孕，犯罪应拷及决杖、笞，皆待产后一百日，然后拷、决。若未产而拷及决杖、笞者，杖一百"；"产后未满百日而拷、决者，减一等"，杖九十。

关于刑讯拷囚所用"法杖"的刑具规格，《狱官令》规定了统一的标准。如有违反法定规格，所用"杖粗细长短不依法者"，依据《唐律疏议·断狱》的规定，以"决罚不如法"罪，"笞三十"。

关于刑讯拷囚的执行方式，《唐律疏议·断狱》也有明文规定："诸拷囚不得过三度，数总不得过二百，杖罪以下不得过所犯之数。拷满不承，取保放之。"每个案犯累计刑讯不得超过三次，总数不得超过二百杖；如所犯为应判杖刑以下罪，刑讯拷囚累计不得超过应判笞杖刑之数；刑讯达到规定上限，案犯仍不承认，又无确凿证据，取保释放。司法官"若拷过三度及杖外以他法拷掠者，

---

[1] [日]仁井田陞：《唐令拾遗·狱官令第三十》，栗劲等编译，长春出版社1989年版，第720页。

杖一百；杖数过者，反坐所剩；以故致死者，徒二年"。

（四）证据制度

唐朝司法审判仍以口供为重要证据，同时也注重运用其他证据作为判决的依据。《唐律疏议·断狱》明确规定："若赃状露验，理不可疑，虽不承引，即据状断之。"只要罪状证据确凿，犯罪事实清楚，即使案犯拒不承认，也可依据证据做出判决。对于那些根据法律规定不允许使用刑讯之人，则采用"据众证定罪"的方式，"三人以上，明证其事"，才能据此定罪量刑。"若三人证实，三人证虚，是名疑罪"，则实行"疑罪"从无原则，不予定罪量刑。

（五）审判原则

根据唐朝法律的规定，司法审判必须遵循两项基本原则：

第一，依照诉状控告内容审理案件。《唐律疏议·断狱》规定："诸鞫狱者，皆须依所告状鞫之。若于本状之外别求他罪者，以故入人罪论。"司法官受理案件后，只能对诉状控告的内容进行审理，即"不告不理"。倘若超出诉状控告内容之外，自行扩大案件审理范围并定罪量刑，以故入人罪论处。

第二，依据法律明文规定判决案件。《唐律疏议·断狱》规定："诸断罪皆须具引律、令、格、式正文，违者笞三十。"只要不是成文法的"正文"规定，即使皇帝针对具体案例临时颁发的"制敕"，也不得在其他案件中直接引用。根据《唐律疏议·断狱》的规定："诸制敕断罪，临时处分，不为永格者，不得引为后比。若辄引致罪有出入者，以故失论。"当法律内容无具体的明文规定时，允许按照"举轻以明重"或"举重以明轻"的原则，依法适用法律类推。

（六）宣判及复审制度

《唐律疏议·断狱》规定："诸狱结竟，徒以上，各呼囚及其家属具告罪名，仍取囚服辩。若不服者，听其自理，更为审详。违者笞五十，死罪杖一百。"根据这一规定，徒刑以上案件，必须向被告及其家属宣读判决结果，听取其"服辩"意见。倘若接受或服从判决，即可进入刑罚执行程序；如果不服判决，允许提出申辩理由，司法机关应依法复审。司法官违反宣判程序及复审规定，依法追究刑事责任，即徒、流刑案件，笞五十；死刑案件，杖一百。

（七）死刑复奏制度

死刑复奏制度是一项重罪慎刑制度，始于隋文帝开皇十五年

(595 年),唐朝发展为死刑三复奏和死刑五复奏制度,并且规定了具体的执行程序。根据《狱官令》的规定:"凡决大辟罪,在京者,行决之司五复奏;在外者,刑部三复奏。"其具体程序是"在京者,决前一日二复奏,决日三复奏;在外者,初日一复奏,后日再复奏。纵临时有敕不许复奏,亦准此复奏"[1],不得擅自取消。

对于违反死刑复奏制度或不按规定执行死刑者,《唐律疏议·断狱》规定:"诸死罪囚,不待复奏报下而决者,流二千里。即奏报应决者,听三日乃行刑,若限未满而行刑者,徒一年;即过限,违一日杖一百,二日加一等。"而对孕妇犯死罪者,"产后一百日乃行刑。若未产而决者,徒二年;产讫,限未满而决者,徒一年。"总之,期限未满或超过法定期限行刑,都将追究司法官刑事责任。

三、御史监察制度

唐朝中央监察机关为御史台,以御史大夫一人、御史中丞二人为正副长官,"掌以刑法典章纠正百官之罪恶";下设台院、殿院、察院等三院,分工负责各自的行政监察事务。[2] 台院置侍御史四人,"掌纠举百僚,推鞫狱讼",主要监察、纠举、弹劾朝廷文武百官的违法失职行为,奉旨参与重大案件的处理。殿院置殿中侍御史六人,"掌殿庭供奉之仪式",主要纠察殿庭朝仪及朝会、出巡、祭祀等重大典礼仪式活动的违法违规行为,并在京城地区"各察其所巡之内有不法之事"。察院置监察御史十人,"掌分察百僚,巡按郡县,纠视刑狱,肃整朝仪"[3],主要负责巡察地方州县,监察尚书省六部,监督死刑的执行。

真题 2021

为了加强中央对地方州县的行政监察和严密控制,唐太宗仿效汉武帝十三州部刺史的设置,"因山川形便,分天下为十道"[4],在全国建立十个行政监察区,由监察御史以六条职责进行巡按:"其一,察官人善恶;其二,察户口流散,籍帐隐没,赋役不均;其三,察农桑不勤,仓库减耗;其四,察妖猾盗贼,不事生业,为私蠹害;其五,察德行孝悌,茂才异等,藏器晦迹,应时用者;其

---

[1] 陈仲夫点校:《唐六典》卷六《尚书刑部》引《狱官令》,中华书局1992年版,第189页。
[2] 参见《新唐书》卷四十八《百官志三》,中华书局1975年版,第1235页。
[3] 以上引文,见陈仲夫点校:《唐六典》卷十三《御史台》,中华书局1992年版,第381页。
[4] 《新唐书》卷三十七《地理志一》,中华书局1975年版,第959页。

六，察黠吏豪宗兼并纵暴，贫弱冤苦不能自申者。"[1]可见，御史巡按的职权范围非常广泛。唐玄宗开元二十一年（733年），将十道增至十五道，"置十五采访使，检察如汉刺史之职"[2]。

拓展阅读材料

1. 刘俊文：《唐律疏议笺解》，中华书局1996年版。
2. 刘俊文点校：《唐律疏议》，法律出版社1999年版。
3. 陈仲夫点校：《唐六典》，中华书局1992年版。
4. ［日］仁井田陞：《唐令拾遗》，栗劲、霍存福等编译，长春出版社1989年版。
5. （唐）吴兢：《贞观政要》，上海古籍出版社1978年版。
6. （清）薛允升：《唐明清三律汇编》，杨一凡、田涛主编：《中国珍稀法律典籍续编》第八册，黑龙江人民出版社2002年版。
7. 《隋书》卷二十五《刑法志》，中华书局1973年版。
8. 《旧唐书》卷五十《刑法志》，中华书局1975年版。
9. 《新唐书》卷五十六《刑法志》，中华书局1975年版。
10. 程树德：《九朝律考》，中华书局2006年版。
11. （清）沈家本：《历代刑法考》，中华书局1985年版。
12. 杨鸿烈：《中国法律对东亚诸国之影响》，中国政法大学出版社1999年版。

---

[1] 《新唐书》卷四十八《百官志三》，中华书局1975年版，第1240页。
[2] 《新唐书》卷三十七《地理志一》，中华书局1975年版，第960页。

第六章 宋元法律制度

（公元960年~1368年）

唐帝国解体后，出现了五代十国延续半个世纪的分裂割据。公元960年，后周禁军将领赵匡胤等发动陈桥兵变，建立北宋政权。此后的两宋时期进入了一个民族关系异常复杂的动荡时代，北方相继有契丹、党项、女真、蒙古等少数民族建立的辽、夏、金、元等各族政权。1127年，北宋政权被金国灭亡，赵构随即建立了南宋。1279年，元朝灭掉南宋，结束了各族政权长期对峙的分裂局面，重新统一全国。至1368年，元朝政权被明朝取代。宋元时期，民族问题比较严峻，社会矛盾也非常尖锐，其法律制度具有显著的民族差异和时代特色。

第一节 宋代法律制度

一、立法概况

北宋政权建立后，面对严峻的社会形势，从维护统治集团的自身利益出发，在强化中央集权和严厉打击"盗贼"的立法指导思想下，以《宋刑统》为国家基本法典，通过频繁进行编敕、编例以及专门制定刑事特别法等立法活动，建立起一套具有宋朝时代特征的法律形式和法制体系。

（一）立法指导思想

1. 强化中央集权。北宋政权是通过军人发动兵变的形式建立的，唐末五代以来长期存在的"方镇太重，君弱臣强"[1]的分裂割据因素并未得到缓解，因而成为宋初统治者寝食不安的心腹大患。为了尽快消除这一威胁君主专制统治的潜在危险，宋太祖赵匡胤欣

---

[1]（宋）李焘：《续资治通鉴长编》卷二，中华书局2004年版，第49页。

然采纳宰相赵普提出的"稍夺其权,制其钱谷,收其精兵"[1]的建议,正式确立强化中央集权的立法指导思想。这实际是通过频繁的立法活动和全面的制度建设,从行政、财政、军政等各个领域剥夺地方军政官员的权力,将管理国家和控制社会的实权收归中央,进而高度集权于专制君主一人之手。这一立法指导思想,是宋朝法制建设和政权建设的基本宗旨,从而使其法律制度成为强化中央集权的专制工具。

2. 严厉打击"盗贼"。宋朝进入中国古代君主专制帝国统治的后期阶段,各种社会问题不断增多,社会矛盾异常复杂,外有北方各族政权强兵压境骚扰不绝,内有民间起义反抗此起彼伏愈演愈烈。面对内外交困的严峻形势,宋朝确立了"守内虚外"的基本国策和严厉打击"盗贼"之立法指导思想。宋太宗即明确宣称:"国家若无内患,必有外忧;若无外忧,必有内患。外忧不过边事,皆可预为之防;惟奸邪无状,若为内患,深可惧焉。"[2]在这一立法指导思想下,不仅《宋刑统》作为国家基本刑法典,明显加重了对"盗贼"行为的定罪量刑,而且仁宗、英宗、神宗等各朝还陆续制定了一系列重典惩治"盗贼"的刑事特别法,成为宋朝刑事立法的一大突出特色。

(二) 立法活动及法律形式

1.《宋刑统》的制定。北宋建立之初,面对"五季衰乱,禁网烦密"的社会状况,在"颇用重典,以绳奸慝"的同时,遵循"务存仁恕"的立法宗旨,开始进行"削除苛峻"[3]的立法活动。建隆四年(963年),工部尚书判大理寺窦仪奉诏主持完成《重定刑统》。同年八月,朝廷下诏"刊板模印颁天下"[4],成为中国历史上第一部刻印颁行的成文法典,史称《宋刑统》。

《宋刑统》是宋朝最重要的基本法典,律文内容完全抄袭《唐律疏议》,连疏议部分也仅有个别增删,而其体例结构则源于唐宣宗时首创的《大中刑律统类》,并且直接借鉴后周显德(954~960年)年间制定的《大周刑统》编纂而成。它以唐律中的刑律及疏

---

[1] (宋) 李焘:《续资治通鉴长编》卷二,中华书局2004年版,第49页。
[2] (宋) 江少虞:《宋朝事实类苑》卷二《太宗皇帝》引《杨文公谈苑》,上海古籍出版社1981年版,第16页。
[3] 《宋史》卷一百九十九《刑法志一》,中华书局1985年版,第4966页。
[4] (宋) 李焘:《续资治通鉴长编》卷四,中华书局2004年版,第99页。

议为主体内容，仍为 12 篇 30 卷 502 条，但在每篇之下分门别类，将所有内容分为 213 门；同时，又从唐玄宗开元二年（714 年）至宋初建隆三年（962 年）近 250 年间的敕、令、格、式中审定选取 177 条，创立了经奏请批准适用的"起请条"32 条，一并附于同门类的刑律条文之后，完成了以刑律为主、兼有其他法律形式的"刑律统类"体例。此外，《宋刑统》还把唐律分别列在各篇相关条目里的属于法律类推性质的"余条准此"内容 44 条，汇总为"一部律内余条准此条"门，集中规定于《名例》篇末，使之检索、使用更为便捷。

《宋刑统》首次颁行后，太祖、神宗、哲宗、高宗等各代虽然有过几次很小的改动，但并未改变它作为两宋时期基本法典的稳定性。

2. 编敕。编敕是对皇帝随机发布的针对特定对象或特定范围的临时性散敕进行系统的整理汇编，使之上升为具有普遍适用的长久效力的法律形式。它最初发端于唐朝后期的"格后敕"，五代时期成为一种广泛盛行的立法活动和法律形式，后唐、后晋和后周等政权都曾经进行过编敕，并且颁行了编敕类的法律规范。进入两宋时期，编敕更成为一种最常用的重要立法活动和法律形式，作为国家基本法典《宋刑统》以及其他法律形式的立法补充或内容调整。正像《宋史·刑法志一》所说："宋法制因唐律、令、格、式，而随时损益则有编敕。"

宋太祖在制定《宋刑统》的同时，首次颁行《建隆新编敕》。此后，太宗、真宗、仁宗、神宗等各代皇帝都进行过编敕活动，并且曾经设置编修敕令所之类的专门编敕机构。不仅新帝即位或者改元一般都要进行编敕，而且从中央到地方，"一司、一路、一州、一县又别有敕"[1]。

北宋前期，编敕的立法地位及法律效力居于《宋刑统》之下，属于国家基本法典的下位法性质，其主要作用不外乎"以敕补律"。古人所说的"律令者，有司之所守也"[2]；"凡断狱本于律，律所不该，以敕、令、格、式定之"[3]等，清楚地表明《宋刑统》

---

[1]《宋史》卷一百九十九《刑法志一》，中华书局 1985 年版，第 4962 页。
[2]《宋史》卷二百《刑法志二》，中华书局 1985 年版，第 4985 页。
[3]《宋史》卷一百六十三《职官志三·刑部》，中华书局 1985 年版，第 3857 页。

的律文规定优先于编敕的地位和效力。

北宋中期以后，出于变法改制的需要，"神宗以律不足以周事情，凡律所不载者，一断以敕"[1]，编敕的数量不断增多，立法地位迅速提升，开始出现"律敕并行"甚至"以敕代律"的现象。其结果是强化了专制君主的个人意志，破坏了法律的相对稳定性和统一适用性。

3. 编例。宋神宗以后，不仅编敕的地位迅速提高，而且开始出现编例，成为又一重要立法活动和法律形式。编例是对各种类型的例进行整理编辑，使其成为具有普遍效力的法律形式。宋朝的例主要是指"断例"，就是经皇帝批准，由有关机构整理汇编的具有法律效力的判案成例。此外，人们往往也把朝廷及中央机关对下级机构发布的"指挥"视为另一种成例。

编例始于北宋中期，鉴于当时的司法审判活动已采用"凡律、令、敕、式或不尽载，则有司引例以决"[2]的"先例"制度，神宗时首次编成《熙宁法寺断例》12卷。[3]此后，从哲宗至徽宗时期，北宋各代几乎都有编例活动，而且基本以断例为主。

进入南宋以后，高宗、孝宗、宁宗等各代，除继续编辑"断例"外，同时开始频繁编制"指挥"，其数量迅速增多，从高宗时起已达"数千"件。特别是秦桧专权期间，司法审判出现了"率用都堂批状、指挥行事"的现象。至宁宗时，更增至数万件之多。

编例最初是在《宋刑统》等普通成文法无明文规定的情况下，为弥补律文规定的立法缺陷或内容不足而权宜使用的，属于"以例补律"的特别法性质。然而，由于例的发布及其适用比较灵活，而且针对性强，因而编例活动日渐频繁，其数量迅速增多，立法地位也不断上升，逐渐破坏了原有的"有司所守者法，法所不载，然后用例"的惯例。到南宋时期，很快出现了"法令虽具，然吏一切以例从事，法当然而无例，则事皆泥而不行，甚至隐例以坏法"的现象，导致"引例破法"[4]和"用例破条"[5]的不良后果，造成立法和司法的混乱。

---

[1]《宋史》卷一百九十九《刑法志一》，中华书局1985年版，第4963页。
[2]《宋史》卷二百一《刑法志三》，中华书局1985年版，第5012页。
[3] 参见《宋史》卷二百四《艺文志三》，中华书局1985年版，第5143页。
[4] 以上引文，见《宋史》卷一百九十九《刑法志一》，中华书局1985年版，第4964~4966页。
[5]《宋史》卷二百一《刑法志三》，中华书局1985年版，第5012页。

4. "条法事类"的制定。南宋孝宗以前的编敕,大都是以时间先后为顺序,对散敕进行整理汇编的。由于其内容未做分类,检索和使用很不方便。自孝宗时期开始,改变以时间为序的编敕传统,把敕、令、格、式等各种法律形式,按照所调整的事项内容分门别类,综合汇编为一体,完成《淳熙条法事类》,首创了"条法事类"的立法体例。随后的宁宗、理宗时期又相继编纂了《庆元条法事类》和《淳祐条法事类》等。其中最有代表性的《庆元条法事类》共16门80卷,附录2卷,现仅残存传世48卷,是目前唯一保留下来的条法事类,属于一部兼有行政、财税、经济、刑狱等诸方面的综合性法律汇编。

5.《盗贼重法》的制定。为了维护君主专制中央集权制度,严厉打击直接威胁统治秩序的"盗贼"行为,宋朝连续制定了一系列重典惩治"盗贼"的刑事特别法,作为刑法典《宋刑统》的重要补充和内容调整。其中比较重要的有仁宗时的《窝藏重法》、英宗时的《重法》、神宗时的《盗贼重法》及哲宗时的《妻孥编管法》等。这些刑事特别法的施行,在定罪量刑的严酷性、株连范围的广泛性和法律适用的溯及力等各方面都远远超出《宋刑统》的普通规定,成为宋朝刑事立法的突出特点。

二、刑事法律内容的演变

(一)刑罚制度的主要变化

宋朝法律仍然以唐律规定的五刑体系为基本刑罚制度,同时也出现了一些调整和改动。其中最大的变化是在法定五刑制度的基础上创立了折杖法,又在五刑制度之外增加了刺配、凌迟、腰斩、枭首、肢解、磔刑、族夷以及"决重杖一顿处死"等野蛮的法外酷刑,使一部分肉刑有逐渐复活的趋势。

1. 折杖法。北宋初年制定《宋刑统》时,为了改变唐末五代以来的严刑峻法状况,缓和日益加剧的社会矛盾,在《名例》篇的"五刑"门之下创立了一种变相减轻刑罚的折杖法:将笞杖刑折为臀杖,减少原来的笞杖数,最低的笞十折为决臀杖七,最高的杖一百改为决臀杖二十,杖后释放;徒流刑折为脊杖,最低的徒一年改为决脊杖十三,最高的流三千里改为决脊杖二十,配役一年,而加役流则增加配役为三年,杖后不再强制劳役或流放,使得"流罪得免远徙,徒罪得免役年,笞杖得减决数"。

真题 2010

折杖法虽然是北宋初年刑罚制度的一项改革，但其适用范围极其有限，不仅死刑不能折杖，而且反逆、强盗等重罪也不适用折杖法。从宋朝刑罚制度的总体发展来看，折杖法并未改变其不断加重的总趋势。

2. 刺配。北宋初年，以宽贷死罪为由，沿用五代后晋天福（936～942年）年间创立的刺配刑，对某些重刑犯改处"决杖，黥面，配役"。刺配刑名义上是对死刑犯宽囿贷死的减刑，实际上却是传统肉刑的复活，显然重于五刑中的徒流刑。南宋孝宗时的校书郎罗点曾经明确指出："本朝折杖之制，视前代用刑为轻；而刺配之法，视前代用刑为重。"[1]

刺配刑在宋初并非法定刑，一般是以皇帝颁降诏敕的形式，针对某些特定的人临时实施的。《宋刑统》规定的刑罚制度中，也没有刺配刑的内容。太祖以后，刺配刑的使用逐渐增多，开始通过编敕之类的立法活动，上升为正式刑罚制度。真宗《祥符编敕》有刺配规定46条，仁宗《庆历编敕》增至170余条，到南宋孝宗《淳熙编敕》又增至570条。刺配刑的急剧增多和广泛推行，使社会上出现了"配法既多，犯者日众，黥配之人，所至充斥"[2]的恣意泛滥，也对后世的元、明、清各代产生了极大的不良影响，使刺配、刺字、充军等肉刑和酷刑的使用越来越猖獗。

3. 凌迟。北宋仁宗时期，为了遏止荆湖（今湖北江陵）一带杀人祭鬼的野蛮陋俗，开始重新使用五代时期的凌迟酷刑。[3]凌迟亦作陵迟，是最残忍的一种肉刑。《宋史·刑法志一》称："凌迟者，先断其支体，乃抉其吭，当时之极法也。"神宗以前，凌迟的使用尚未成为宋朝法定刑。神宗以后，凌迟的使用逐渐增多，主要用于镇压那些被统治者视为罪大恶极的严重犯罪。南宋孝宗时的《庆元条法事类》已有关于凌迟刑的规定，表明它已被列为国家法定死刑之一。南宋以后，元、明、清三代都把凌迟作为刑律规定中最重的一种法定死刑。

（二）惩治犯罪的重要内容

宋朝针对严峻的社会矛盾和社会问题，对刑事法律制度进行了

---

[1]（元）马端临：《文献通考》卷一百六十八《刑考七》，中华书局1986年版，第1460页。

[2]《宋史》卷二百一《刑法志三》，中华书局1985年版，第5020页。

[3] 参见（元）马端临：《文献通考》卷一百六十七《刑考六》，中华书局1986年版，第1447页。

第六章 宋元法律制度

较大调整。除了在刑罚制度上恢复了一些肉刑及酷刑外，还在定罪量刑的法律内容上加大了重典惩治"强劫贼盗"和严厉制裁"妖书妖言"等方面的打击力度。

1. 重典惩治"强劫贼盗"。两宋时期的政治形势始终异常紧张，以直接威胁君主专制集权统治的各地起义反叛活动为突出代表，各种严重侵害统治阶级财产和人身安全的"强劫贼盗"行为，迅速成为重典惩治的违法犯罪。宋徽宗时的侍御史陈次升曾经评论说："祖宗仁政，加于天下者甚广。刑法之重，改而从轻者至多。惟是强盗之法，特加重者。"[1]

早在北宋初年制定《宋刑统》时，就在继续沿用唐律规定的基础上，开始加重惩治"强劫贼盗"的定罪量刑内容。以唐律《贼盗》篇的规定为例：谋反及大逆、谋叛等重罪，一般处以死刑；强盗不得财者徒二年，得财五匹以上或伤人者绞，杀人者斩；如有持杖行为，不得财流三千里，满五匹绞，伤人者斩；而窃盗不得财者仅笞五十，五十匹以上加役流。《宋刑统·贼盗律》虽然照搬唐律的条文内容，同时又准用附敕规定："擒获强盗，不论有赃无赃，并集众决杀"；"持杖行劫，不问有赃无赃，并处死"；"捉获窃盗，赃满三匹以上者，并集众决杀"。可见，《宋刑统》作为国家基本法典，已经在普通"常法"的规定中，开始增入"附敕"之类的特别法内容。

进入北宋中期，各地"强劫贼盗"迅速集聚蔓延，统治集团深感局势之严重，已经"不可以常法治之"[2]。因此，仁宗、英宗、神宗三朝连续颁布一系列刑事特别法，通过"重法地法"和《盗贼重法》之类的专门立法，不断强化重典惩治"强劫贼盗"的刑法原则，不仅使其用刑之重、株连之广超出了《宋刑统》的普通"常法"规定，而且断然采用"重法"溯及既往的刑法从新从重原则。

"重法地法"首创于仁宗时期，"自嘉祐六年，始命开封府诸县盗贼囊橐之家立重法"[3]；第二年，将有关内容汇编而成《窝藏重法》[4]，标志着"重法地法"正式诞生。这一立法首次将京城

---

〔1〕《宋史》卷一百九十九《刑法志一》，中华书局1985年版，第4979页。
〔2〕《宋会要辑稿·兵》十四之一，上海古籍出版社2014年版，第8879页。
〔3〕（宋）李焘：《续资治通鉴长编》卷三百四十四，中华书局2004年版，第8255页。
〔4〕参见（宋）李焘：《续资治通鉴长编》卷四百七十八，中华书局2004年版，第11390页。

开封府及其所辖各县划为重法地,对在重法地犯有"盗贼"罪及其窝藏者,一律适用"重法"加重处罚,"自是盗法唯京城加重"[1]。

英宗即位后,针对京畿周边地区的"州县居民,自来习惯为盗,以至结集徒党,杀害官吏"等问题,遂于治平三年(1066年)制定《重法》。该法不仅扩大重法地的范围,将京畿周边的曹、濮、澶、滑等州划入其内,而且还延伸"重法地法"的适用范围,对在重法地"捉获强劫贼人",不分犯罪行为发生的地点或时间,即使发生于重法地之外,或者发生在本次"立《重法》以前",一并适用《重法》的追溯效力。[2]对于犯死罪者,其近亲也要连坐,"本房骨肉送千里外州军编管",家产赏给告发人;即使朝廷颁降赦令或有自首情节,仍要发配沙门岛服刑。对于犯徒刑罪者,"刺配广南远恶州军牢城","本房骨肉送五百里外州军编管",家产一半赏给告发人;如有朝廷颁降赦令,编管者仍然禁止返还原籍。[3]

神宗熙宁四年(1071年),重申英宗《重法》规定,制定《盗贼重法》,"令盗贼囊橐停宿之家立重法"[4]。该法除继续坚持"重法之地"的属地原则外,又规定了"重法之人"的属人原则,强调"虽非重法之地,而囊橐重法之人,并以重法论";并且新增了一些适用"重法"的具体规定:"若复杀官吏,及累杀三人,焚舍屋百间,或群行州县之内,劫掠江海船筏之中,非重地,亦以重论。"当地知县及捕盗官也要承担监管守土的连带责任,"盗发十人以上者,限内捕不获半,劾罪取旨"。与此同时,神宗还不断扩大重法地的范围,不仅在"河北、京东、淮南、福建等路皆用重法"[5],而且陆续把全国24路中的10路地区都划为重法地。

哲宗在位期间,继续推行"重法地法",曾于元祐七年(1092年)下诏规定:"应重法地分,劫盗五人以上或凶恶者,行重法,余依常法,窝藏人准此。"[6]随后又复归严厉,决定"有犯即坐,

---

[1]《宋史》卷一百九十九《刑法志一》,中华书局1985年版,第4977页。

[2] 参见《宋会要辑稿·兵》十一之二十七,上海古籍出版社2014年版,第8823页。

[3] 参见《宋会要辑稿·兵》十一之二十六,上海古籍出版社2014年版,第8831页。沙门岛,位于今山东蓬莱西北60里的海中荒僻小岛。广南,位于今广西文山州广南县一带。

[4](元)马端临:《文献通考》卷一百六十七《刑考六》,中华书局1986年版,第1449页。

[5] 参见《宋史》卷一百九十九《刑法志一》,中华书局1985年版,第4978页。

[6](宋)李焘:《续资治通鉴长编》卷四百七十八,中华书局2004年版,第11393页。

不计人数",并"复立《妻孥编管法》"[1],重法地的范围也迅速猛增到17路地区。[2]

北宋厉行重典惩治"强劫贼盗"的刑法原则,但其"重法地法"的推行并未达到预期效果。正像当时的翰林侍讲学士范祖禹所说的那样,"今重法之地,独为匪民;一人犯罪,连及妻孥;没其家产,便同反逆";其结果却是"自嘉祐以来,行重法至今,不闻地分盗贼衰少"[3]。

2. 严惩造用"妖书妖言"。所谓"妖书妖言",是指以文字或言论等方式,假借鬼怪神力或荒诞邪术,妄论吉凶,托言祸福,讥刺时政,煽惑人心之类的行为。通过制造、传播或使用"妖书妖言",往往被一些谋反叛逆及起义反抗活动利用,作为宣传舆论或组织实施的工具,因而成为威胁君主专制集权统治及其社会秩序的严重犯罪,受到历朝历代法律的严加防范和严厉打击。

宋朝法律在沿袭唐律有关规定的基础上,进一步严惩造用妖书妖言罪,作为重典惩治"强劫贼盗"的延伸和补充。根据唐律《贼盗》篇的规定,制造妖书妖言者绞;传播或使用以惑众,影响三人以上者绞,不满三人者流三千里;私自收藏而未传播或使用者徒二年。《宋刑统·贼盗律》虽然沿袭唐律有关条文内容,但又准用附敕的加重规定:"今后捉获此色人,其头首及徒党中豪强者,并决杀;余者减等科罪";"此后委所在州、府、县、镇及地界所由巡司,节级严加壁刺,有此色之人,便仰收捉勘寻,据关连徒党,并决重杖处死"。

三、民事法律内容的变化

宋朝商品经济有较大发展,人身依附关系有所削弱,民事法律关系随之活跃起来,民事法律内容也发生一些变化,各种契约形式逐渐增多。

(一)买卖契约

宋朝民事经济交往关系和民间商品交易活动日益频繁,各种买卖契约及其相关立法比较发达。土地房产等"田宅"之类的不动

---

[1] 《宋史》卷一百九十九《刑法志一》,中华书局1985年版,第4978页。
[2] 参见郭东旭:《宋代法制研究》,河北大学出版社2000年版,第176页。
[3] (宋)李焘:《续资治通鉴长编》卷四百七十八,中华书局2004年版,第11390页。

产是最重要的财产形态,也是负载土地税和财产税的主要标的物,故其买卖交易和转让过户受到国家法律的严密监管。宋朝法律明确规定,田宅等不动产买卖契约的成立,必须具备四项基本的形式要件:

第一,先问亲邻。田宅等不动产的买卖,本房有服亲属以及接壤四邻有优先购买权,卖方应按先后顺序依次征询买家,即"先问房亲;房亲不要,次问四邻;四邻不要,他人并得交易"。倘若卖方故意"虚抬价钱",显失公平,官府可以"据所欺钱数,与情状轻重,酌量科断";买方如果故意压低价格,卖方也可以"任就得价高处交易"[1]。

第二,"输钱印契"。田宅交易必须订立官府统一的格式性契约,买卖双方"皆得本司文牒,然后听之"[2],不得使用民间自行订立的"私约"或未经官府认证的"白契"。订立契约的同时,必须履行"输钱印契"义务,在规定期限内缴纳契税,加钤官印。根据宋太祖开宝二年(969年)的规定,"税契限两月"[3],即从订立契约到缴纳契税的期限为两个月。

第三,过割赋税。订立田宅买卖契约时,卖方必须"随产割税",将田宅上的法定赋税一并转移过户,"以绝产去税存之弊"[4]。田宅买卖交易必须订立官府统一契约,并在官府登记备案,最重要的目的就是把最重要的生产资料土地及最基本的生活资料房产的变更,始终控制在国家的严密监管下,确保农业生产的稳定发展,防止赋税收入发生流失。

第四,原主离业。买卖交易生效后,卖方必须履行契约,按期退离原有田宅,完成物业交割,实现所有权的转移。宋朝法律明文规定:"应交易田宅,并要离业。"[5]其主要目的是减少产权争讼,避免交易纠纷,便于官府有效地管理和控制田宅变更及其赋税收入。

---

[1] 薛梅卿点校:《宋刑统》卷十三《户婚律》"典卖指当论竞物业"门,法律出版社1999年版,第232页。

[2] 薛梅卿点校:《宋刑统》卷二十六《杂律》"受寄财物辄费用"门引《杂令》,法律出版社1999年版,第468页。

[3] (元)马端临:《文献通考》卷十九《征榷考六·杂征敛》,中华书局1986年版,第187页。

[4] 《宋会要辑稿·食货》六十一之六十三,上海古籍出版社2014年版,第7470页。

[5] 中国社会科学院历史研究所宋辽金元研究室点校:《名公书判清明集》卷之四《户婚门·争业上》引,中华书局1987年版,第104页。

第六章 宋元法律制度

（二）租佃契约

宋朝以有无土地田产为标准，将全国农村居民分为主户与客户两大类。佃农编入无土地田产的客户，成为国家直接控制的编户齐民，不再是汉魏以来依附于地主豪强的私属田客，人身依附关系有所削弱，进而推动了租佃契约制度的快速发展。租佃契约是租佃关系成立的书证凭据，也逐渐得到国家法律的承认和保护。

太宗太平兴国七年（982年）明确规定，租佃双方必须"明立要契"，写明各自的权利、责任及义务；"俟收成，依契约分，无致争讼"[1]。如果发生佃农违约行为，不按期交纳地租，田主可以诉至官府，请求法律保护。根据法律规定，"十月初一日已后，正月三十日已前，皆知县受理田主词诉，取索佃户欠租之日"[2]，严禁田主私自处置租佃纠纷或伤害佃农。

北宋初年，租佃双方仍然存在一定的人身依附关系，佃户往往需要得到主人许可，由其书面"给与凭由"，才能获取脱离田主的合法凭据。仁宗天圣五年（1027年）改变以往规定，"自今后客户起移，更不取主人凭由，须每田收田毕日，商量去住，各取稳便，即不得非时衷私起移。如是主人非理拦占，许经县论详"[3]。这道立法废止佃户迁移必须由田主发给许可凭证的规定，赋予其受到非法阻拦时诉请官府给予保护的权利，只是不得在田产收获之前私自违约离去，因而有助于改善佃农的身份地位，对其换佃自由也有一定的保护作用，有利于租佃契约制度的正常发展。

（三）典卖契约

典卖与买卖不同，属于活卖，是出典人（业主）将田宅之类不动产的使用权和用益权，在双方约定的期限内，典押给典权人（钱主）享有，用以借贷钱财而无需支付利息，该田宅的所有权并不发生转移，业主可以在约定期满后赎回其田宅产业。宋朝典卖活动非常盛行，为了规范典卖契约关系，《宋刑统》以国家法典的形式，在《户婚律》中专设"典卖指当论竞物业"门，对典卖契约制度作出了具体规定：

第一，双方订立契约。"应典卖物业或指名质举"，业主与钱

---

[1]《宋会要辑稿·食货》一之十六，上海古籍出版社2014年版，第5964页。
[2]（宋）黄震：《黄氏日抄》卷七十《申明一·再申提刑司乞将理索归本县状》，见张伟、何忠礼主编：《黄震全集》第六册，浙江大学出版社2013年版，第2080页。
[3]《宋会要辑稿·食货》一之二十四，上海古籍出版社2014年版，第5954页。

主必须签订契约,"当面署押契帖",并经官府批准认可;"其有质举卖者,皆得本司文牒,然后听之"。

第二,家长行使典权。典卖田宅及其他财产,由家长决定。"诸家长在,而子孙弟侄等不得辄以奴婢、六畜、田宅及余财物私自质举"。"如是卑幼骨肉蒙昧尊长,专擅典卖、质举、倚当,或伪署尊长姓名",所有参与欺骗行为及违法典卖者"并当重断",撤销典卖行为,"钱、业各还两主"。

第三,严禁一物两典。"有将物业重叠倚当者,本主、牙人、邻人并契上署名人",按每人所获钱数分成多少,参照盗罪论处;即使未参与分钱,也要比照盗罪"减三等"量刑,并将违法重复典卖所获钱财退"还被欺之人"。

第四,规定典卖顺序。"应典卖、倚当物业",与买卖田宅的先后顺序相同,仍然实行先问亲邻的原则,同时禁止故意抬压典价。

第五,规定回赎期限。典卖契约保存完好,业主可以在约定期限赎回原物;原立契业主身亡,"其有亲的子孙及有分骨肉,证验显然者,不限年岁,并许收赎"。超出回赎期限者,"如是典当限外,经三十年后,并无文契,及虽执文契,难辨真虚者,不在论理收赎之限",其田宅典物即归典权人所有和处分。

(四)借贷契约

唐宋时期的借贷活动非常频繁,一般称使用借贷为借,消费借贷为贷。消费借贷又分为有息和无息两种,有息借贷称为出举,无息借贷称为负债。为了有效地规范借贷制度及其债权债务关系,《宋刑统·杂律》及其附敕等,明确规定了借贷契约的有关内容:

第一,双方自愿,家长做主。借贷必须双方自愿,"两情和同",并由家长做主,合法订立契约。倘若"卑幼不告家长,私举公私钱物等",因而"无尊者同署文契",其担保人等先决杖二十,再一并均摊,共同偿还债务及其利息。

第二,依法计息,违者处罚。"天下私举质,宜以四分收利,官本五分生利","每月取利不得过六分。积日虽多,不得过一倍",即累计利息不得超过本金;"不得因旧本更令生利,又不得回利为本",即不计复利。"如有违越,一任取钱人经府、县陈论,追勘得实,其放钱人请决脊杖二十,枷项令众一月日"示众。

第三,契约为凭,违约追责。债务人必须依法履行契约,"负债违契不偿，一匹以上，违二十日笞二十，二十日加一等，罪止杖六十；三十匹，加二等；百匹，又加三等，各令备偿"。对于倾尽家资仍无力偿还债务者，允许"役身折酬"，即以劳务折抵债务，但只能"通取户内男口，又不得迴（回）利为本"。"如负债者逃，保人代偿。"但是，如果对于"负债不告官司，而强牵财物过本契"，债权人则以坐赃罪论处。

第四，纠纷受理，诉讼时效。一般的有息借贷，即"以财物出举者，任依私契，官不为理"，如有纠纷，自行解决。但是，违法订立私契，或"取利过正条者，任人纠告，本及利物并入纠人"，以示惩处。"若违法积利、契外掣夺及非出息之债者，官为理"，可以向官府控告。倘若"百姓所经台、府、州、县论理远年债负，事在三十年以前，而主、保经逃亡无证据，空有契书者"，官府不予受理。

第五，官员放债，明令禁止。宋朝法律严格禁止各级官员的放债获利活动，对于违法违禁行为予以严厉制裁。《户部格敕》明确规定："州县官寄附部人兴易及部内放债等，并宜禁断。"《宋刑统》进一步规定："今后监临官于部内放债者，请计利以受所监临财物论，过一百匹者，奏取敕裁。"[1]

（五）财产继承

宋朝财产继承制度，在唐朝有关法律规定的基础上，又有一些新的发展变化。

1. 一般财产继承。宋朝仍然沿用唐朝的诸子均分制，并以《户令》明确规定："诸应分田宅及财物，兄弟均分。妻家所得之财，不在分限。兄弟亡者，子承父分"，可以代位继承。兄弟中有"未娶妻者，别与聘财。姑姊妹在室者，减男聘财之半"，作为预留的陪嫁妆奁。"寡妻妾无男者，承夫分"，允许代位继承丈夫应分份额，但前提是"在夫家守志"；如果改嫁，则丧失代位继承权，其财产"皆应分人均分"；而"寡妻妾有男者，不别得分"[2]，无权继承亡夫财产，继承权归其子所有。

在继续沿用诸子均分制的前提下，宋朝法律允许与生父登记于同一户籍的遗腹子和非婚生子享有诸子均分的同等继承权，而不承

---

〔1〕 以上引文及内容，参见薛梅卿点校：《宋刑统》卷二十六《杂律》，法律出版社1999年版，第467～470页。

〔2〕 薛梅卿点校：《宋刑统》卷十二《户婚律》"卑幼私用财"门所附"分异财产"条引，法律出版社1999年版，第221页。

认与生父未登记于同一户籍的"别宅异居"子女以及妻妾享有继承权。根据《宋刑统》附敕的规定,"百官、百姓身亡之后,称是在外别生男女及妻妾,先不入户籍者,一切禁断",即不享有财产继承权。如果当事人"辄经府、县陈诉,不须为理"[1]。其后的立法也反复重申:"诸别宅之子,其父死而无证据者,官司不许受理。"[2]此外,宋朝法律还规定,"父母已亡,儿女分产,女合得男之半"[3],允许在室女也有诸子均分制一半份额的财产继承权。

2. 户绝财产继承。对于无男性子嗣的"身丧户绝"户的财产,"亡人"生前"有遗嘱处分,证验分明者",依照遗嘱处置遗产;无遗嘱者,扣除丧葬费用等支出外,"余财并与女",由在室女全额继承;如为出嫁女,只能继承三分之一,"其余并入官";无女者,依次分给近亲;无亲戚者,全部收归官府。[4]

户绝无子可以依法立嗣,分为立继和命继两种形式。"立继者,谓夫亡而妻在",立继权"当从其妻";"命继者,谓夫妻俱亡",由其"近亲尊长"命立嗣子。按照《户令》的规定,"立继者,与子承父分法同,当尽举其产以与之",即可以继承全部财产,其继承权与亲生子相同。"命继者"的继承权低于"立继者",只能继承三分之一财产,其余三分之二入官。如果户绝户有女儿在,可以与"命继者"共同继承财产,其具体规定是:"若止有在室诸女",继承四分之三,"命继者"为四分之一;"止有归宗女",其继承份额为在室女的一半,另一半入官,"命继者"仍为四分之一;如果既有在室女又有归宗女,她们继承五分之四,"命继者"为五分之一;"止有出嫁诸女者",可与"命继者"各自继承三分之一,另外三分之一入官。[5]

3. 死亡客商财产继承。《宋刑统》在《户婚律》中新增"死

---

[1] 薛梅卿点校:《宋刑统》卷十二《户婚律》"卑幼私用财"门所附"别宅异居男女"条,法律出版社1999年版,第222页。

[2] 中国社会科学院历史研究所宋辽金元研究室点校:《名公书判清明集》卷之八《户婚门·别宅子》,中华书局1987年版,第293页。

[3] 中国社会科学院历史研究所宋辽金元研究室点校:《名公书判清明集》卷之八《户婚门·分析》,中华书局1987年版,第277页。

[4] 参见薛梅卿点校:《宋刑统》卷十二《户婚律》"户绝资产"门,法律出版社1999年版,第223页。

[5] 参见中国社会科学院历史研究所宋辽金元研究室点校:《名公书判清明集》卷之八《户婚门·立继类》,中华书局1987年版,第267页。

商钱物"门的内容,准用唐末五代以来的有关敕令,具体规定了死亡客商财产继承制度。凡客居外地的"商旅身死",如"有父母、嫡妻及男,或亲兄弟、在室姊妹、在室女、亲侄男,见相随者,便任收管财物"。如死亡客商无父母、妻儿等相随,暂由官府保管死商钱物,并掩埋死者,"明立碑记,便牒本贯追访",由其父母、嫡妻、子侄或在室女等法定继承人,持有原籍官府出具的"本贯文牒"来收认领取;如只有"在室姊妹"或"出嫁女",只能继承三分之一;如无以上近亲属,"所有钱物等,并合官收",其他"别财异居"亲属"不在给付之限"。

对于"波斯及诸蕃人"之类的外国死亡客商财产,如有父母、嫡妻、子女、兄弟"相随,并请给还",直接继承或领取;如无以上近亲属相随,"所有钱物等并请官收,更不牒本贯追勘亲族",也就不再查寻通知海外亲属继承领取。[1]

四、经济法律内容的变化

随着商品经济的空前发展和中央集权制的日益强化,各种财政支出不断扩大,国家的财政需要急剧增长。为了维持政权的稳定,巩固专制统治秩序,宋朝进一步加强经济立法,特别是对财政立法和盐、茶、酒、矾等重要物品的禁榷制度进行了一些调整和强化。

(一) 财政立法

宋朝非常重视财政立法和财政管理。宋初在中央增设三司,"掌邦国财用之大计","号曰计省",专门管理财政事务。其长官三司使直接隶属于皇帝,独立行使职权,地位仅次于宰相,被人"目为计相"[2]。三司由盐铁使、度支使和户部使三个重要财政机构组成,分别掌管赋税财政收支等事务。太宗淳化四年(993年),一度改三司为总计司,并且设置左右大计,分掌十道赋税财政。神宗熙宁二年(1069年),王安石主持变法,又在三司之上增设制置三司条例司,专掌赋税财政立法及其施行。直到元丰五年(1082年)改革官制,才撤销三司,将其职能并入户部。

---

[1] 参见薛梅卿点校:《宋刑统》卷十二《户婚律》"死商钱物"门,法律出版社1999年版,第223页。

[2] 《宋史》卷一百六十二《职官志二》,中华书局1985年版,第3807页。

在不断调整和加强财政管理体制的同时，宋朝也进行了一些相应的财政立法。太祖乾德三年（965年）规定，各州赋税财政收入，除了一部分留作本州经费外，全部送交中央。太宗时规定，各类赋税财政征课，由朝廷派遣使臣分赴各州，监督当地长吏共同执行。地方财税官员不按规定征课者，依法追究刑事责任，"长吏以下分等连坐"，"监临官亦重寘（置）其罪"[1]。

（二）禁榷制度

为了增加财政收入，解决财政危机，有效地管理和控制重要商品的生产及流通，宋朝扩大了汉唐以来的官营禁榷专卖范围，广泛涉及盐、茶、酒、矾等多种商品，并且不断加强和完善相应的立法内容。

1. 榷盐法。宋朝榷盐法的渊源，可以追溯到唐朝中期以后。根据文献记载，"宋自削平诸国，天下盐利皆归县官"，"而尤重私贩之禁"。宋初太祖建隆二年（961年），"始定官盐阑入法，禁地贸易至十斤、鬻碱盐至三斤者，乃坐死；民所受蚕盐以入城市三十斤以上者，上请"。此后，各代朝廷多次调整处罚标准，但盐业的生产及经销始终由国家统一管理或严加控制，严禁私人违法经营和食用私盐。

宋朝的盐业经销，主要有"官鬻"和"通商"两种形式。各州郡因地制宜，不作统一规定。"官鬻"属官营运销，由官府设立的市易务专营销售。"通商"系商贩运销，由官府授权的商人，向京师榷货务或指定地区折博务交纳现钱或实物，换取盐钞引券，再到产盐地批发食盐，前往官府指定的"通商"地区进行运销。按照榷盐法的规定，"凡禁榷之地，官立标识、候望以晓民"，作为区别于私营"通商之地"的重要标志，不仅无盐钞者严禁从事盐业经销，即使有盐钞者也不得到官营"禁榷之地"[2]贩运。违法违禁者，一律重刑严惩。

2. 榷茶法。茶的禁榷专卖，与榷盐法大致相同。"茶之为利甚博"，"利尝至数倍"，成为宋朝重要的财政经济来源之一，因而也由国家统一组织管理生产及经销。在东南一带的江淮产茶区，官府专门设置八处榷货务和十三处山场，直接掌管茶的生产、收购、批

---

[1]《宋史》卷一百七十九《食货志下一》，中华书局1985年版，第4348页。

[2] 以上引文，见《宋史》卷一百八十一《食货志下三》，中华书局1985年版，第4414页。

发、经销等各项事务。当地茶农称为"园户",隶属于山场,所产之茶除按规定折抵租税交纳之外,全部由官府统一收购,茶农不得自行销售。"凡民茶折税外,匿不送官及私贩鬻者没入之,计其直论罪。园户辄毁败茶树者,计所出茶论如法。"

茶的运销也分为"官鬻"和"通商"等两种主要形式,前者直接由各榷货务专营经销;后者由官府授权的茶商,向京师或东南地区的榷货务交纳现钱或金帛,换取购茶"要券"或"交引",再以此为凭证,到指定产茶区批发商品茶,前往"通商"地区进行贩卖。当时,"天下茶皆禁",只有个别地区,如川峡、广南"听民自买卖",但仍"禁其出境"。倘若违反榷茶法的规定,将受到严刑处治。根据北宋初年的规定,"主吏私以官茶贸易,及一贯五百者死";而"鬻伪茶一斤杖一百,二十斤以上弃市"。此后,不断调整有关规定,并于真宗大中祥符二年(1009年)编成《茶法条贯》的专门立法。[1]

3. 榷酤法。宋朝实行"榷酤之法",在不同地域采用不同的经营方式。"诸州城内皆置务酿酒",由官府专门设立的酒务进行官营酿造和酤卖;地方基层的"县、镇、乡、闾或许民酿而定其岁课",即各县以下的乡里村镇,允许百姓私营酿酒,定期向官府课税。但在某些获利较大的地方,往往会取消民间私营许可而改为"官酤"。而在开封、洛阳和大名等"三京"繁华都市,则由官府对酒曲的酿造进行垄断,民户酿酒所用酒曲,必须向官府"纳直以取"。

榷酤法始于北宋初年,太祖建隆二年(961年)首次规定,制造"私曲至十五斤、以私酒入城至三斗者,始处极刑";私自买卖酒、曲者,比照私自制造者减半量刑。第二年,"再下酒、曲之禁",私造酒、曲者,"城郭二十斤,乡间三十斤,弃市";百姓携带"私酒"进入"有官署酤酒"的官营禁地,满一石者,弃市。此后量刑虽然有所放宽,但对违反榷酤法的行为仍然处罚极重。[2]

除了上述盐、茶、酒等禁榷专卖法外,对于矾、铁、煤等重要物品,也有大致相同的禁榷专卖规定。

---

[1] 以上引文及内容,参见《宋史》卷一百八十三《食货志下五》,中华书局1985年版,第4481页。
[2] 参见《宋史》卷一百八十五《食货志下七》,中华书局1985年版,第4515页。

五、司法制度

（一）司法机构

1. 中央司法机构。宋朝沿袭唐朝司法旧制，中央仍设大理寺、刑部和御史台三大司法机关，其司法职能分工基本没有变化。太宗淳化二年（991年），为了加强专制君主对重大案件的监管掌控，在宫禁内增置审刑院，由知院事一人主持，详议官六人参与审议。凡上奏朝廷的重大案件，先由审刑院登记钤印备案，再交付大理寺审判和刑部复核，然后报送"审刑院详议申覆"，最终将裁决结果交付中书省审查，或奏请皇帝裁定。[1]审刑院实际凌驾于三大司法机关之上，成为代表皇帝干预大理寺和刑部司法审判权的一个御用机构。

真题2017

神宗元丰（1078~1085年）年间进行官制改革，裁撤审刑院，恢复大理寺和刑部职权。对于皇帝下诏立案或指定管辖的重大案件，由朝官临时组成制勘院审理裁断；而由中书省决定立案的有关案件，由某路监司等奉命委派官员，临时组成推勘院审理判决，不再作为常设机构。[2]

此外，枢密院可以参与军政案件的审判监督，三司及户部可以参与财政赋税案件的司法审判。

真题2011

2. 地方司法机构。地方由路、州（府）、县三级行政机关兼理同级司法审判事务，其中最重要的变化是太宗时开始增设诸路提点刑狱司。诸路是从唐朝地方监察区的诸"道"发展而来的，为宋朝设置的中央监督地方的派出机构，故被称为"监司"。诸路分别设置经略安抚司、转运司、提点刑狱司、提举常平司等四个部门，分工掌管各自职权，互不统属，垂直隶属于中央。诸路提点刑狱司，又称"宪司"，主要负责监督所辖州县的司法审判活动，复核州县的重大案件，监察劾奏州县长官的违法犯罪行为，并且有权直接上报皇帝。真宗时曾经改称提点刑狱公事，神宗时又改称提刑司。

诸路之下普遍设置州级机构，京都、陪都或某些特别地区设置

---

[1] 参见《宋史》卷一百九十九《刑法志一》，中华书局1985年版，第4972页。
[2] 参见《宋史》卷二百《刑法志二》："神宗以来，凡一时承诏置推者，谓之'制勘院'，事出中书，则曰'推勘院'，狱已乃罢。"中华书局1985年版，第4997页。

府，其地位略高于州；边防战略要地或重要军事地区设置军，部分矿冶地区或盐产区设置监，它们基本与州平级，但不具有管理民间百姓的职能。州和府之下设县，直接管理地方基层各项事务，同时也是当地的司法审判机构。

（二）审判制度

1. 皇帝亲自审案录囚。随着君主专制集权制度的日趋强化，皇帝经常通过亲自审案录囚或频繁发布"御笔手诏"，直接干预司法审判活动。根据文献记载，"太祖尝决系囚，多得宽贷"[1]，首开宋朝皇帝亲自断狱审案的先例。太宗延续此制，"常躬听断。在京狱有疑者，多临决之"。"徽宗每降御笔手诏，变乱旧章"[2]；官员以敕令之类"常法"的明文规定，阻碍或延误皇帝"特旨处分"者，以"大不恭"罪论处。"御笔断罪"属于终审判决，一律不许向尚书省"陈诉"，违者以"违御笔"罪论处。"凡应承受御笔官府"，必须立即承旨查办，延误"一时杖一百，一日徒二年，二日加一等，罪止流三千里，三日以大不恭论"[3]。

除了亲自断狱审案和"御笔断罪"外，皇帝还经常直接进行录囚。例如，太祖"每亲录囚徒，事事钦恤"；太宗也"亲录京城系囚"[4]；高宗有时"临轩虑囚"；孝宗则"每岁临轩虑囚"；理宗"每岁大暑，必临轩虑囚"[5]。许多皇帝还连续发布诏旨，要求各地官员也定期录囚。例如，太祖开宝二年（969年）"下手诏"规定："两京诸州，令长吏督狱掾，五日一检视。"太宗时进一步下诏规定，诸州"长吏每五日一虑囚"，每十日将囚犯登记资料及所犯罪名、关押天数等奏报皇帝，由"刑部专意纠举"[6]。

2. 实行翻异别勘制度。翻异别勘源于唐末五代时期，宋朝加以发展和完善。翻异是指被告推翻原来的口供或申诉称冤，别勘是指更换其他司法官或另行指定司法机构重新审理案件。宋朝对徒刑以上重刑案件，在审讯结束后至正式判决前有例行的"录问"程

---

[1]《宋史》卷二百《刑法志二》，中华书局1985年版，第4986页。
[2]《宋史》卷一百九十九《刑法志一》，中华书局1985年版，第4965页。
[3]《宋史》卷二百《刑法志二》，中华书局1985年版，第4491页。
[4]《宋史》卷一百九十九《刑法志一》，中华书局1985年版，第4970页。
[5]《宋史》卷二百《刑法志二》，中华书局1985年版，第4996页。
[6]《宋史》卷一百九十九《刑法志一》，中华书局1985年版，第4969页。

序，由未曾参与审讯的官员，对被告再行提审讯问，予以复核；在宣读判决后至执行刑罚前也有一次"过堂"程序，听取被告对于判决和执行有无异议。被告在进入这两个程序中申诉称冤或不服判决，案件必须重新审理，称为翻异别勘。

翻异别勘又称翻异别推，分为"移司别推"和"差官别推"两种方式。前者是将翻异案件在原审机关内移交另一部门重新审理；后者是由上级有关部门指派司法官员或指定另一司法机构，对"移司别推"后仍然翻异或称冤的案件重新审理。宋朝从中央到地方的各级司法机构中，一般都有两个以上的司法审判部门，例如，刑部有左、右厅，大理寺狱有左、右推等，翻异案件一般先移交另一部门复核重审，称为"移司别推"；如果对"移司别推"的结果仍然翻异或称冤，往往采取"差官别推"方式。

为了避免被告反复翻异，防止延误案件的正常审理，翻异别勘并非毫无限制。根据《宋刑统·断狱律》"不合拷讯者取众证为定"门准用制敕的规定："应犯诸罪，临决称冤，已经三度断结，不在重推限。"翻异别勘一般以三次为限，无特殊情况，不再重审别推。"如是告本推官典受贿赂，推勘不平，及有称冤事状，言讫便可立验者，即请与重推。"如所告及称冤系无理取闹，被告罪加一等。如翻异或称冤所诉属实，分别追究别推官员法律责任。

3. 重视勘察检验证据。宋朝司法审判活动比较重视运用各种证据，尤其是通过现场勘察和法医检验等调查取证技术获得相关证据。官府不仅专门设置法医之类的检验官员，并且专门制定检验方面的律令条法，用以规范有关人员的执法行为及其法律责任。

以两宋时期最重要的基本法典《宋刑统》为例，在《诈伪律》中规定有"检验病死伤不实"门的专门条款，对于以欺诈手段谎称疾病或死伤者，办案人员如果"受使检验不实"，依照欺诈者本人罪刑减一等处治；对于确实患有疾病或死伤者，办案人员倘若不如实检验，则以故入人罪论。

南宋宁宗时期制定的《庆元条法事类》，在"刑狱门"下有"验尸"的专门规定，其中除敕、令、式及申明的一般规定外，还以"杂式"的形式附有《初验尸格目》和《覆验尸格目》等检验文书的格式文本，详细规定了检验的内容、程序、规则、方法以及检验人员的责任、检验笔录的要求等，内容非常具体而全面。[1]

特别是南宋理宗淳祐七年（1247年），湖南提刑官宋慈（1186~1249年）总结历代法医检验技术、经验及理论，编著了世界上第一部法医检验学著作《洗冤集录》，并由朝廷下诏颁行全国，成为指导司法检验活动的基本规范和操作规程。该书以官府历年颁定的有关条例敕令为法律依据，首列"条令"规定及"检覆总说"和"疑难杂说"，同时广泛吸收民间医学和医药学知识，分别阐述各种死亡原因的辨别及其尸体检验的方法等，共计53项内容。

（三）务限法

为了不致影响农时季节的农忙生产，宋朝法律进一步完善唐朝以来关于民事诉讼时限的有关内容，通过《宋刑统·户婚律》特别设立"婚田入务"门，正式制定了务限法。"务"指农务，"入务"指进入农务繁忙季节，务限法即入务期间内限制民事诉讼的法律规定。按照务限法的规定，每年农历二月一日至九月三十日属于"入务"季节的务限期，禁止"田宅、婚姻、债负之类"民事案件的诉讼和审理。此类案件"十月一日以后许官司受理，至正月三十日住接词状"，即仅在十月初一至次年正月三十日间接受诉状受理案件。在此期间受理的案件，最晚应于"三月三十日以前断遣须毕"，是为审理结案的截止期。逾期不能结案者，必须向朝廷奏报原因。但涉及财产侵夺且不影响农户生产的案件，允许"所在官司随时受理断遣"，不在务限期禁止之列。

第二节　元代法律制度

一、立法概况

元朝政权的前身，是1206年成吉思汗统一蒙古各部后建立的大蒙古国。至元八年（1271年），元世祖忽必烈改国号为大元，正式建立元朝政权。因此，其立法指导思想和主要立法活动分为蒙古国时期和元朝两个阶段。

---

[1] 参见戴建国点校：《庆元条法事类》卷七十五《刑狱门五·验尸》，杨一凡、田涛主编：《中国珍稀法律典籍续编》第一册，黑龙江人民出版社2002年版，第798~804页。

(一) 立法指导思想

成吉思汗建立蒙古国后,蒙古各部开始由沿用传统习惯向习惯法时代过渡,其立法指导思想也基本是以固守本民族习惯法为宗旨,"一以国俗为制"[1]。进入蒙古国后期,特别是元朝建立后,随着征服地域和统治势力的迅速扩大,在与宋、金等其他政权及其各族民众的频繁交往中,逐渐形成了具有鲜明民族特色的立法指导思想。

1. "祖述变通","遵用汉法"。中统元年(1260年),世祖忽必烈即位后,在继承并保留本民族传统和祖宗旧法的基础上,开始采纳汉族儒学士大夫的建议,逐步确立"祖述变通"[2]、"遵用汉法"[3]的立法指导思想,将本民族习惯法与唐宋法律结合起来。作为这种立法指导思想的早期产物,最初曾经采取"百司断理狱讼,循用金律"[4]的过渡形式,暂行援用金国仿照唐律制定的汉化程度较高的《泰和律义》,以适应当时统治中原地区的需要。

2. "因俗而治",蒙汉异法。元朝政权为了保障蒙古统治者的社会地位和各项特权,仿效辽代契丹政权"因俗而治"[5]的立法指导思想,按照民族的不同和征服的先后,将全国各族居民分为蒙古人、色目人、汉人和南人等四种身份等级,分别制定和适用不同的法律制度,确立了民族分治和蒙汉异法的立法指导思想,使元朝的法制建设及其发展具有强烈的民族特征。

(二) 主要立法活动

1. 蒙古国立法活动。早在蒙古各部统一之前,即形成了一些部落传统习惯及其行为规范,蒙语称为"约孙"。当时的蒙古部落首领也经常发布各种命令,蒙语称为"札撒"。它们构成了蒙古族早期习惯法的渊源。蒙古国建立后,仍然处于沿用本民族习惯和习惯法的阶段。

1211年,成吉思汗采纳金国归降将领郭宝玉"建国之初,宜颁新令"的建议,开始对习惯法进行整理修订,首次编制并颁布《条画五章》,主要规定"出军不得妄杀,刑狱惟重罪处死,其余

---

[1] 《元史》卷一百五十七《郝经传》,中华书局1976年版,第3700页。
[2] 《元史》卷四《世祖本纪一》,中华书局1976年版,第64页。
[3] 《元史》卷一百二十五《高智耀传》,中华书局1976年版,第3073页。
[4] 《元史》卷一百二《刑法志一》,中华书局1976年版,第2603页。
[5] 《辽史》卷四十五《百官志一》,中华书局1974年版,第685页。

第六章 宋元法律制度

杂犯量情笞决"[1]等法律内容，可谓蒙古国时期的立法开端。

1225年，成吉思汗下令将札撒及训言等加以汇编，并用刚刚创立的畏兀儿蒙古文字写在称为"青册"的纸卷上，名曰《大札撒》。1229年，太宗窝阔台即位时予以颁布，成为蒙古国时期整理汇编的一部比较系统的习惯法，汉语称之为"大法令"[2]。其内容庞杂而严酷，涉及刑事、民事、军事、宗教、治安、审判等各个方面，对后来的元朝立法也有很大影响。

中统元年（1260年），世祖忽必烈即位后，开始推动习惯法向成文法的过渡，最初曾经直接援用金国成文法《泰和律义》。至元八年（1271年）正式建国号"大元"后，下诏"禁行金《泰和律》"[3]，开始着手制定元朝的成文法律。

2. 元朝立法活动。元朝的立法活动，既受到唐宋法律特别是宋朝编敕、编例的影响，同时又仍然保留蒙古族的大量习惯法。因此，其成文法体系的内容繁杂，形式多样，带有综合法律汇编的立法特点。正如《明史·刑法志一》所评论的那样："元制，取所行一时之例为条格而已。"

《至元新格》颁行于元世祖至元二十八年（1291年），由中书右丞何荣祖"以公规、治民、御盗、理财等十事辑为一书"，经世祖下诏"命刻版颁行，使百司遵守"[4]。这是元朝统一全国后正式刻印颁行的第一部成文法，内容包括行政、民事、刑事、财政等十个方面的法律规定。

《风宪宏纲》颁行于元仁宗在位（1311～1320年）时期，是在修订世祖"中统、至元以来条章"[5]旧法的过程中，"以格例条画有关于风纪者，类集成书"[6]，属于元朝第一部关于吏治风纪和行政监察方面的法律汇编。

《大元通制》颁行于元英宗至治三年（1323年），仿照唐宋律的篇目体例编订而成，分为名例、卫禁、职制等20篇，共计2539条，内容包括诏制、条格、断例、令类等四部分，"纂集世祖以来

---

[1]《元史》卷一百四十九《郭宝玉传》，中华书局1976年版，第3521页。
[2]《元史》卷二《太宗本纪》，中华书局1976年版，第29页。
[3]《元史》卷七《世祖本纪四》，中华书局1976年版，第138页。
[4]《元史》卷十六《世祖本纪十三》，中华书局1976年版，第348页。
[5]《元史》卷二十四《仁宗本纪一》，中华书局1976年版，第540页。
[6]《元史》卷一百二《刑法志一》，中华书局1976年版，第2603页。

法制事例"[1]，是元朝最系统完备的一部成文法，代表了元朝最高的立法成就。其中的诏制属于朝廷颁布的诏敕，条格相当于唐朝的令以及部分格、式，断例相当于唐律之类的刑事法律，令类又作别类，内容不详。目前仅有条格部分传世至今，一般称为"通制条格"。

《元典章》完成于英宗至治（1321～1323年）年间，由江西地方官府将世祖以来约50年间的各类圣旨条画、律令条例整理汇编而成，全称为《大元圣政国朝典章》，共60卷，包括诏令、圣政、朝纲、台纲、吏部、户部、礼部、兵部、刑部、工部等十大类别，下设373目，目下列有条格。这种按照中央六部行政机关分类的编纂体例，直接影响到明清律的法典篇目结构。

二、法律的基本内容与主要特点

（一）确认民族间不平等的法律规定

元朝是中国历史上第一个少数民族建立的统一的多民族国家，为了适应蒙古贵族统治人数众多的各族居民的政治需要，统治者野蛮地推行分而治之的民族歧视和民族压迫政策，将全国居民按照民族的不同和征服的先后分为四个等级：蒙古人地位最高；色目人仅次于蒙古人，包括原西夏人、回族人、西域人；汉人地位低下，包括原金国统治区的北方汉人、契丹人、女真人及较早被征服的云南、四川地区居民；南人地位最低，指最后被征服的南宋统治区的各族人。对于各个不同等级的各族居民，元朝法律规定了极不平等的身份地位和民族关系。

1. 政治地位方面。为了确保蒙古贵族对全国各族居民的绝对统治权，从中央到地方的各级政权都掌控在蒙古人或色目人手中，汉人和南人只能担任副职或者辅助性职务。正所谓"官有常职，位有常员，其长则蒙古人为之，而汉人、南人贰焉"[2]。例如，中央最高行政机构长官中书省丞相，地方最高行政机构长官各行中书省丞相，一律由蒙古王公或勋贵担任；大宗正府由蒙古王公贵族执掌，刑部、御史台及枢密院等重要机构也由蒙古官吏控制；地方各

---

[1] 参见《元史》卷一百二《刑法志一》，卷二十八《英宗本纪二》，中华书局1976年版，第2603页、第629页。

[2] 《元史》卷八十五《百官志一》，中华书局1976年版，第2120页。

第六章　宋元法律制度

路、府、州、县分别设有达鲁花赤（监临官）一职，一般也由蒙古人担任；如无合适的蒙古人选，则由色目人递补，汉人和南人无权担任此类职务。

在科举考试和选举任用方面，蒙古人以及色目人也享有优先权，他们单独分为一组，只考两场；汉人和南人则分为另一组，需要考三场；两组的考试内容也难易有别，"蒙古、色目人，愿试汉人、南人科目，中选者加一等注授"官职，而汉人和南人"中选"却往往降级录用。科举考试成绩的公布也分为两榜，"蒙古、色目人作一榜，汉人、南人作一榜"。至于参加科举考试的名额分配，全国共"选合格者三百人赴会试"，蒙古、色目、汉人、南人各为75人[1]，但汉人和南人的人口总数远远多于蒙古人和色目人。

2. 定罪量刑方面。元朝实行蒙汉异法、同罪异罚的刑法适用制度，赋予蒙古人享有各种司法特权，公然确认蒙汉之间的不平等关系。例如，汉人犯财产侵权之类的盗罪必须刺字，"窃盗初犯刺左臂……再犯刺右臂，三犯刺项。强盗初犯刺项"；"蒙古人有犯"，"不在刺字之例"[2]；"诸审囚官强愎自用，辄将蒙古人刺字者，杖七十七，除名，将已刺字去之"[3]。蒙古人与汉人争斗或殴打汉人，"汉人勿还报，许诉于有司"[4]；"蒙古人因争及乘醉殴死汉人者，断罚出征，并全征烧埋银"；而汉人殴杀或殴伤致死蒙古人则立即处死，同时还要"于家属征烧埋银五十两给苦主"[5]。

3. 司法审判程序及刑罚执行制度方面。蒙古人犯法，应由"蒙古官断之"；"蒙古、色目之人，犯奸盗诈伪，从大宗正府治之"[6]，普通司法机构及汉族官员无权审理。"蒙古人，除犯死罪监禁依常法"，并且单独关押，由官府"日给饮食"，不得刑讯"拷掠"外，犯轻罪者只需"以理对证"，不必收监执拘。[7]

4. 防范民族反抗。为了维护民族歧视和民族压迫制度，元朝统治者颁布了大量法律禁令，严密防范控制和严厉镇压各种民族反

---

[1] 参见《元史》卷八十一《选举志一·科目》，中华书局1976年版，第2019页、2021页。
[2] 《元史》卷一百四《刑法志三》，中华书局1976年版，第2656页。
[3] 《元史》卷一百三《刑法志二》，中华书局1976年版，第2633页。
[4] 《元史》卷一百五《刑法志四》，中华书局1976年版，第2673页。
[5] 《元史》卷一百五《刑法志四》，中华书局1976年版，第2675页。
[6] 《元史》卷一百二《刑法志一》，中华书局1976年版，第2611页。
[7] 参见《元史》卷一百三《刑法志二》，中华书局1976年版，第2632页。

抗活动。例如，严禁汉人私自制造、收藏和使用兵器、铠甲以及各种铁制器物，严禁聚众祭祀、集会等群体性活动；特别是在民间反抗比较活跃的江南等地区实行夜禁制度，严禁居民夜间出行、"市井点灯买卖"等，违者严刑治罪。[1]

（二）维护僧侣特权地位的法律规定

元朝"崇尚释教"，以藏传佛教为国教，实行政教合一，赋予僧侣特殊的身份地位和司法特权。中统元年（1260年），元世祖即位后，将西域名僧八思巴尊为"国师"和"帝师"，并且特许"帝师之命，与诏敕并行于西土"[2]。当时明确规定，世俗凡人"殴西番僧者截其手，詈之者断其舌"[3]，以维护僧侣的特殊地位和僧俗之间的不平等关系。元成宗以前，僧侣犯罪或者发生纠纷，一概由寺院或宣政院直接处理，普通司法机关根本无权管辖。成宗大德年间（1297～1307年）以后规定，僧人"犯奸盗诈伪，致伤人命及诸重罪"，由宣政院会同有关司法机关审理，而一般性犯罪仍由各寺院住持自行处置。[4]此外，元朝僧侣还时常以"修佛事""作功德"为名，要求朝廷释放在押囚犯刑徒；一些宗教领袖也往往直接干预司法审判活动，或者对皇帝颁布大赦令施加影响。

（三）保护奴隶制残余的法律规定

在频繁进行征服战争和迅速扩大统治区域的过程中，元朝将野蛮落后的奴隶制推行于广大的被占领区，致使奴隶数量急剧增多，奴隶制残余不断扩张。元朝法律称奴隶为"驱口"或"生口"，其主要来源是战争俘虏。当时的法律明确规定："诸蒙古……契丹、女直、汉人军前所俘人口，留家者为奴婢。"[5]此外，一些因贫困而卖身或无力偿还债务者，一部分罪犯及其被籍没的亲属，也源源不断地变身为官奴或私奴；至于奴隶的子女，也仍然为奴隶。

元朝法律赋予各级蒙古贵族占有和役使大量奴隶的权益，同时极力维护和强化主奴之间的不平等关系。根据当时的法律规定，故意"杀人者死"，但"故杀无罪奴婢，杖八十七；因醉杀之者，减

---

[1] 参见《元史》卷一百五《刑法志四》，中华书局1976年版，第2682页。

[2] 《元史》卷二百二《释老传》，中华书局1976年版，第4520页。

[3] 《元史》卷二十三《武宗本纪二》，中华书局1976年版，第512页。

[4] 参见《元史》卷一百二《刑法志一》，中华书局1976年版，第2620页。

[5] 《元史》卷一百三《刑法志二》，中华书局1976年版，第2640页。"女直"，即女真。

一等"；倘若"奴殴詈其主，主殴伤奴致死者，免罪"[1]。而当时的"私宰牛马"行为，即处"杖一百"[2]。反之，"奴杀伤本主者处死"，"故杀其主者凌迟处死"，辱骂"诟詈其主不逊者杖一百七，居役二年"[3]，甚至奸淫主人妻女者要"处死"，而"主奸奴妻者不坐"[4]。此外，奴隶控告主人的一般性犯罪，杖七十七；"奴婢诬告其主者处死"[5]，显然重于一般的诬告反坐规定。

不仅主奴之间的身份地位和法律关系极不平等，而且良贱之间也严格遵循同罪异罚原则。例如，普通良人之间因斗殴杀死人者，"各依杀人论"[6]罪定刑，依法处死；而良人因斗殴杀死他人奴隶者，只判处杖一百七，征烧埋银50两；若因嬉戏杀死他人奴者，杖七十七，征烧埋银50两。[7]反之，奴隶杀死良人者，则一律罪死不赦。

随着奴隶制残余的恣意泛滥，佃户的身份地位也有所下降。元朝法律明确维护地主与佃户之间的不平等关系，对于地主奴役佃户的行为网开一面。例如，普通殴伤致人死亡者，依法判处死刑；而"地主殴死佃客者，杖一百七，征烧埋银五十两"[8]。当时明令禁止佃户脱离地主私自逃亡，却允许地主随意解除租佃关系，或将佃户连同土地一起出卖，甚至还由佃客代替地主入狱服刑。

三、司法制度

元朝实行民族歧视和民族分治政策，根据其政权统治和民族管理的需要，建立起一套不同于唐宋时期的司法制度。

（一）司法机构

元朝司法机构的设置繁杂，职权分立，变化较大。由于对不同民族和不同身份地位的人分别设置不同的司法机构，或由不同的司法官员进行管辖，因而形成了军、政、教等各类机构兼理司法的多

---

[1]《元史》卷一百五《刑法志四》，中华书局1976年版，第2677页。
[2]《元史》卷一百五《刑法志四》，中华书局1976年版，第2683页。
[3]《元史》卷一百四《刑法志三》，中华书局1976年版，第2652页。
[4]《元史》卷一百四《刑法志三》，中华书局1976年版，第2655页。
[5]《元史》卷一百五《刑法志四》，中华书局1976年版，第2672页。
[6]《元史》卷一百五《刑法志四》，中华书局1976年版，第2672页。
[7] 参见《元史》卷一百五《刑法志四》，中华书局1976年版，第2677页。
[8]《元史》卷一百五《刑法志四》，中华书局1976年版，第2667页。

元化特征。

1. 中央司法机构。元朝中央不设置大理寺，由刑部负责唐宋时期大理寺的大部分司法审判职能。刑部既是全国最高司法行政机关，也是最高的普通司法审判机构。但是，对于蒙古王公贵族以及京师地区蒙古人和色目人的案件，刑部无权管辖，而由新设立的大宗正府负责审理。大宗正府源于蒙古国初期的"札鲁忽赤"，即"断事官"[1]，由蒙古王公贵族直接控制，与刑部无隶属关系，也不受御史台的行政监察和司法监督。

御史台是中央最高行政监察机关，"掌纠察百官善恶、政治得失"[2]，包括对刑部及重大案件审理活动的司法监督。

枢密院是全国最高军政管理机构，"掌天下兵甲机密之务"。其下设断事官，"掌处决军府之狱讼"[3]，有权参与重要军政案件的审理活动。

宣政院是管理全国佛教和吐蕃地区政教事务的最高机构，"掌释教僧徒及吐蕃之境而隶治之"[4]，同时也是受理宗教僧侣及吐蕃地区重大案件或上诉案件的司法机构。地方审理的涉及僧侣及佛教事务的重要案件，也必须上报宣政院复核。

中政院作为"掌中宫财赋营造供给"[5]等事务的管理机构，可以审理宫廷内违法犯罪的一般案件。

2. 地方司法机构。元朝地方行政机构为行省、路、府（州）、县四级制，由各级行政长官兼理司法审判事务。行省即行中书省，原本属于中书省的临时派出机构，后来逐渐成为固定的地方常设行政机关，并且成为明清以后省级行政机构的渊源。行省长官为丞相，路以总管为长官，府设知府或府尹，州、县长官分别为州尹、县尹。路、府、州、县等各级地方机构均设达鲁花赤一人，凌驾于各级机构的行政长官之上，他们有权干预或直接参与审理案件、鞠问罪犯。各路、府设有推官之类的司法人员，协助长官"专治刑狱"[6]。普通民户之外的军人及军户案件，一般由管军官奥鲁审

---

[1]《元史》卷八十七《百官志三》，中华书局1976年版，第2187页。
[2]《元史》卷八十六《百官志二》，中华书局1976年版，第2177页。
[3]《元史》卷八十六《百官志二》，中华书局1976年版，第2155~2156页。
[4]《元史》卷八十七《百官志三》，中华书局1976年版，第2193页。
[5]《元史》卷八十八《百官志四》，中华书局1976年版，第2230页。
[6]《元史》卷九十一《百官志七》，中华书局1976年版，第2316页。

理，不在普通司法机构管辖范围之列。

（二）诉讼审判特点

元朝诉讼审判制度，在唐宋司法制度的基础上发生了一些重要变化，具有显著的时代特点。

1. 蒙古贵族垄断司法权。为了维护蒙古贵族集团的统治地位和各方面特权，保障民族歧视和民族压迫政策的实施，元朝不仅由蒙古贵族全面控制整个国家的管理权，而且也由他们完全垄断各级司法权。在中央的刑部、大宗正府、御史台等重要的司法机构和司法监督机构中，正印官一律由蒙古人垄断，汉人、南人只能担任下属职务。在地方各级行政机构中，蒙古人出任的达鲁花赤一职凌驾于各级行政长官之上，直接参与、干预或操纵司法审判活动。蒙古王公贵族或京师地区蒙古人违法犯罪，普通司法机构无权审理，而由大宗正府进行审断。各地蒙古人违法犯罪，一般也由各级地方机构中的达鲁花赤等蒙古官员进行裁决。这种旨在维护蒙古族司法特权的诉讼审判制度，使得元朝的司法审判活动带有极大的随意性和擅断性，严重地干扰了司法制度的正常发展。

2. 采用"约会"问案制度。在诉讼管辖和审判程序方面，元朝采用"约会"问案制度，对蒙汉、军民、僧俗等不同族群的双方当事人之间的诉讼案件，由各自主管机构共同约会审理。例如，案件"事关蒙古军者"，由普通司法机构"与管军官约会问"；"僧俗相争田土"，由各寺院住持与普通司法机构约会审问。[1]

3. 设立"诉讼"篇目内容。元朝以前的成文法典，没有专门的"诉讼"篇目。而在以《大元通制》为代表的元朝成文法律中，首次设立"诉讼"篇目，对诉讼程序、诉状格式、书写内容及书状人职责等做出了明确具体的规定，反映出程序法与实体法的开始分离。此外，对民事诉讼与刑事诉讼也进行了明确的区分。[2]

4. 实行诉讼代理制度。元朝出现了诉讼代理制度，主要适用于两类人。一类是老年人、幼年人和残疾人，另一类是退休致仕的官员。诉讼代理人仅限于男性近亲属，女性不具有诉讼代理资格，但寡妇且无具备代理条件的近亲属者除外。例如《诉讼》律规定："诸老废笃疾，事须争诉，止令同居亲属深知本末者代之"；"诸致

---

[1] 参见《元史》卷一百二《刑法志一》，中华书局1976年版，第2619~2620页。
[2] 分别参见《元史》卷一百二至一百五《刑法志》，中华书局1976年版，第2603~2692页。

仕得代官，不得已与齐民讼，许其亲属家人代诉，所司毋侵扰之。诸妇人辄代男子告辨争讼者，禁之。若果寡居，及虽有子男，为他故所妨，事须争讼者，不在禁例"[1]。

拓展阅读材料

1. 薛梅卿点校：《宋刑统》，法律出版社1999年版。

2. 戴建国点校：《庆元条法事类》，杨一凡、田涛主编：《中国珍稀法律典籍续编》第一册，黑龙江人民出版社2002年版。

3. 天一阁博物馆、中国社会科学院历史研究所天圣令整理课题组校正：《天一阁藏明钞本天圣令校正》，中华书局2006年版。

4. 中国社会科学院历史研究所宋辽金元研究室点校：《名公书判清明集》，中华书局1987年版。

5. 郭成伟点校：《大元通制条格》，法律出版社2000年版。

6. 《吏部条法·通制条格》，杨一凡、田涛主编：《中国珍稀法律典籍续编》第二册，黑龙江人民出版社2002年版。

7. 《宋史》卷一百九十九至二百一《刑法志》，中华书局1985年版。

8. 《元史》卷一百二至一百五《刑法志》，中华书局1976年版。

9. （清）沈家本：《历代刑法考》，中华书局1985年版。

---

[1]《元史》卷一百五《刑法志四》，中华书局1976年版，第2671页。

第七章 明代法律制度

（公元 1368 年~1644 年）

元顺帝至正二十八年（1368 年）正月，明朝建立，定都南京。七月，元朝灭亡。明成祖即位后，迁都北京。明朝政权继承并发展唐宋以来的立法成就，以"重典治国"和"明刑弼教"的法制指导思想为宗旨，进一步强化君主专制中央集权制度，不断完善礼法并用的法制体系，直接影响了清朝以及周边亚洲邻国的法制发展。

第一节 立法概况

一、立法指导思想

明太祖朱元璋出身贫寒，原是生活于社会最底层的普通百姓，目睹并亲身感受到元末法制败坏、吏治腐败和统治黑暗的严峻现实，也清醒地认识到元朝灭亡的深刻教训，因而提出了一整套立法指导思想，成为明朝法制建设的基本原则和重要纲领。

视频资料：
皇明祖训

（一）"先正纪纲"，"重典治国"

明朝建立之初，针对元朝后期法制败坏、政治动荡的"乱世"形势，朱元璋明确提出了"立国之初，当先正纪纲"[1]的立法指导思想，试图尽快恢复和稳定社会秩序。而要建立"纪纲"法制，首先就要拨乱反正。为此，朱元璋确立了"重典治国"的法制指导思想。这就是《明史·刑法志一》所说的："太祖惩元纵弛之后，刑用重典。"朱元璋本人也曾强调："吾治乱世，刑不得不重。"[2]这种"重典治国"的法制指导思想，表现为"重典治民"和"重典治吏"两个方面。

---

[1]《明史》卷一《太祖纪一》，中华书局 1974 年版，第 12 页。
[2]《明史》卷九十三《刑法志一》，中华书局 1974 年版，第 2283 页。

第一,明朝初年的社会问题非常严重,各种社会矛盾十分尖锐。为了维护新生政权的长治久安,朱元璋像以往许多专制统治者一样,决定推行"重典治民"的法制指导思想,"欲民畏而不犯","使知所趋避"[1]。

视频资料:
家国天下

第二,朱元璋直接投身于元末农民大起义,对于元朝灭亡的原因及其教训感同身受。他在建立明朝政权之后,曾于洪武二年(1369年)告诫群臣:"昔在民间时,见州县官吏多不恤民,往往贪财好色,饮酒废事,凡民间疾善视之漠然,心实怒之。故今严法禁,但遇官吏贪污蠹害吾民者,罪之不恕。"[2]正是基于自己的切身体验和清醒认识,为了巩固君主专制中央集权制度,朱元璋总结历代统治经验,在"重典治民"的同时,也形成了"重典治吏"的法制指导思想。

(二)"明刑弼教",礼刑并用

为了有效地实施"重典治国"的法制指导思想,朱元璋对汉武帝以来确立的"德主刑辅"思想进行改造,对德礼教化与刑罚制裁的关系加以调整,重新阐释了先秦时期形成的"明刑弼教"思想,认为不必机械地恪守"先教后刑"的儒家学说,而应根据统治者的需要和政治时势的变化,适当强化刑罚镇压手段,以严刑峻法来辅助和保障德礼教化的推行。

朱元璋强调"重典治国",强化刑罚手段,并非完全摒弃德礼教化。他曾在洪武三十年(1397年)颁布《大明律诰》的谕旨中明确规定:"朕做(仿)古为治,明礼以导民,定律以绳顽,刊著为令。"[3]由此可见,以德礼教化训导臣民,以严刑峻法惩罚犯罪,二者相辅相成,并行不悖,"重典治国"是以礼刑并用为基础的。

二、立法活动

明朝继承唐宋时期的立法成就,对法律体系进行了较大的调整。其立法活动以律、令、诰、例、典的制定为主要内容,形成了一套有别于唐宋的法律形式。

---

[1]《御制大明律序》,见怀效锋点校:《大明律》,法律出版社1999年版,第1页。

[2] 黄彰健校勘:《明实录·明太祖实录》卷三十九,台湾研究院历史语言研究所校印,1962年,第800页。

[3]《明史》卷九十三《刑法志一》,中华书局1974年版,第2284页。

第七章　明代法律制度

（一）《大明律》的制定与颁行

《大明律》是明朝最重要的国家基本法典，属于刑事普通法典性质。它的制定和修订，受到明太祖朱元璋的高度重视。从洪武元年（1368年）起，历时30年，前后数易其稿，最终于洪武三十年正式完成，并颁行全国。这就是《明史·刑法志一》所说的："太祖之于律令也，草创于吴元年，更定于洪武六年，整齐于二十二年，至三十年始颁示天下。日久而虑精，一代法始定。中外决狱，一准三十年所颁"法典。其间经历的四个阶段，也是《大明律》不断修订和完善的过程。

第一阶段是吴元年的"草创"时期。吴元年（1367年）即明朝建国前一年，朱元璋命左丞相李善长为律令总裁官，召集议律官20人编定律令，自己也亲身参与"讲论律义"。当年完成，随即颁行，包括律285条、令145条。为了便于百姓知晓遵行，朱元璋还命臣下编写《律令直解》，对部分律令进行解释。这部初次颁行的律令，成为明朝立法的开端，奠定《大明律》的雏形。

第二阶段是洪武六年的"更定"时期。洪武元年，明朝建立后，朱元璋下令"儒臣四人"会同刑部官员，每天讲解奏呈唐律20条，开始为制定明律作准备。至洪武六年，"诏刑部尚书刘惟谦详定《大明律》"，"每奏一篇"，朱元璋"亲加裁酌"，于洪武七年完成并首次颁行。其篇目参照《唐律》，仍为12篇30卷，只是把《名例律》放在最后，律文也增至606条。

第三阶段是洪武二十二年的"整齐"时期。洪武九年以后，《大明律》又曾多次进行局部修改。至洪武二十二年，朱元璋"遂命翰林院同刑部官"进行全面修订，开始改变《法经》以来历代成文法典的编撰原则，效仿《元典章》的篇目体例，按中央六部行政机关的名称及其执掌范围依次编排，将《大明律》分为名例律及吏律、户律、礼律、兵律、刑律、工律，共7篇460条，重新恢复《名例律》的首篇地位，使《大明律》的法典体例内容逐渐定型。

第四阶段是洪武三十年的最终完成。洪武二十二年以后，《大明律》又经过多次修订完善，最终于洪武三十年正式颁行。此后，"中外决狱，一准三十年所颁"，"历代相承，无敢轻改"。朱元璋"令子孙守之，群臣有稍议更改，即坐以变乱祖制之罪"。作为明朝最重要的"一代成法"，《大明律》的立法形式简于唐律，而立法精神严于宋律，正如《明史·刑法志》所说："大抵明律视唐简核,而宽厚不如宋。"

(二)《大诰》的制定

为了贯彻"重典治国"特别是"重典治吏"的立法指导思想,洪武十八年至二十年,在制定《大明律》的过程中,明太祖朱元璋"患民狃元习,徇私灭公","采辑官民过犯"[1]案件,仿照周公东征时对臣民颁定《大诰》的先例,亲自主持编纂了《大诰》四编,包括《御制大诰初编》74条、《御制大诰续编》87条、《御制大诰三编》43条、《大诰武臣》32条,共计236条。其主要内容是明朝初年严惩官民犯罪的156件典型案例,并附有60多种严刑"峻令"以及朱元璋对于臣民的一些"训诫"文告,集中体现了"明刑弼教"思想和严惩"奸民"的立法精神。

《大诰》属于刑事特别法性质,法律效力高于普通法典《大明律》。其突出特点是在《大明律》的法定罪名、刑名和定罪量刑原则之外,滥定罪名,滥施酷刑,无统一的定罪标准和量刑原则,其中绝大多数的案例属于轻罪重判。有的犯罪在《大明律》中已有明确规定,而《大诰》却直接或变相加重处罚,甚至不论罪刑轻重,不区分首犯与从犯、故意犯罪与过失犯罪,一概从重惩治,并且株连范围极广。例如:不按规定缴纳夏粮,《大明律》的规定为杖一百,《大诰》却凌迟处死;贪赃罪,《大明律》按赃物价值大小论罪定刑,《大诰》则一律处以死刑;违法滥置官吏,《大明律》仅杖一百、徒三年,《大诰》竟然以乱政罪判处族诛。不仅如此,《大诰》中还有许多犯罪和酷刑是《大明律》中没有规定的法外罪刑,如族诛、枭首、剥皮、断手、刖足、墨面文身、挑筋去膝盖、阉割为奴等等。

《大诰》的另一突出特点是充分体现"重典治吏"的立法指导思想,这也是朱元璋钦定编辑《大诰》的重要目的之一。在《大诰》四编236条规定中,专门整饬违法官吏和打击贪官污吏的内容有155条,约占全部条目的66%。[2]

朱元璋对于《大诰》的制定和实施极为重视,曾经采用各种强制手段广泛推行。例如,每户百姓家要持有《大诰》,私塾学校要教授《大诰》,乡民集会要宣讲《大诰》,科举考试要考《大诰》,甚至把有无《大诰》作为加刑或减刑的条件,从而使《大

---

[1] 以上引文及内容,参见《明史》卷九十三《刑法志一》,中华书局1974年版,第2283~2287页。
[2] 参见杨一凡:"明《大诰》的颁行时间、条目和语文渊源考释",载《中国法学》1989年第1期。

诰》的地位盛极一时。不过，由于《大诰》的定罪量刑带有很大的随意性，势必难以长久施行，至成祖以后即渐趋式微。但《大诰》的一些内容则为《大明律》等其他立法所吸收，其"重典治国"思想也被传承下去。

（三）明例的制定

明例主要是指明朝的条例，属于明律之外的刑事特别法。它一般是由司法机关根据典型案例拟定条文，经皇帝批准颁布，成为普遍适用的法律形式。例与律的关系是"律者万世之常法，例者一时之旨意"[1]，因而例具有相对较强的灵活性。

早在洪武二十二年（1389年）修订《大明律》时，针对"比年条例增损不一，以致断狱失当"的问题，朱元璋就曾经诏令翰林院会同刑部，"取比年所增者，以类附入"，对条例进行"编类颁行，俾中外知所遵守"[2]，作为《大明律》的补充。至洪武三十年（1397年），朱元璋又在正式颁布的《御制大明律序》中明确规定，对于"杂犯死罪并徒、流、迁徙、笞、杖等刑，悉照今定赎罪条例科断"[3]，进一步提高了条例的适用性。此后，条例与刑律的关系始终处于"例以辅律，非以破律"的阶段。

视频资料：
大诰三编

进入明朝中期，《大明律》的颁行已近百年，由于"用法者日弛"，出现了"法外遗奸"的问题。为了适应社会形势不断变化的需要，弥补律的立法不足，条例的数量迅速增多。自孝宗弘治五年（1492年）起，开始进行"删定《问刑条例》"的立法活动。至弘治十三年，鉴于"中外巧法吏或借便己私，律浸格不用"的问题，选取"历年问刑条例经久可行者二百九十七条"，首次完成《问刑条例》，下诏颁行，成为辅助《大明律》的刑事特别法规。"自是以后，律例并行。"武宗正德年间（1506~1521年），新增《问刑条例》44条。世宗嘉靖二十八年（1549年）重修《问刑条例》，删定为249条；三十四年，又增入9条。到神宗万历十三年（1585年），"刑部尚书舒化等乃辑嘉靖三十四年以后诏令及《宗藩军政条例》、《捕盗条格》、《漕运议单》与刑名相关"的刑事立法内容的条例，以"律为正文，例为附注"[4]的形式，将最终删修而成的

---

[1]《明史》卷九十三《刑法志一》，中华书局1974年版，第2288页。
[2]《明史》卷九十三《刑法志一》，中华书局1974年版，第2281页。
[3] 怀效锋点校：《大明律·御制大明律序》，法律出版社1999年版，第1页。
[4] 以上引文及内容，参见《明史》卷九十三《刑法志一》，中华书局1974年版，第2286~2287页。

《问刑条例》382条，附录于《大明律》之后合编刊印，完成了第一部律例合编性质的《大明律附例》，这一法典编纂形式也为后来的《大清律》所沿用。

（四）《大明会典》的制定

《大明会典》是仿照《唐六典》编修的关于明朝官制官规的典章制度汇编，前后历经五朝皇帝陆续完成。英宗正统（1436～1449年）年间，为了统一国家的行政管理体制，规范各级机构的行政职责，开始启动会典的编修活动。至孝宗弘治十五年（1502年）完成，共计180卷，并未颁行。此后，武宗、世宗、神宗三朝又先后进行续修增补，相继完成《正德会典》《嘉靖续纂会典》和《万历重修会典》，合称《大明会典》，共计228卷。其中的武宗朝《正德会典》和神宗朝《万历会典》曾下诏颁行，传世至今。

《大明会典》的体例，以六部等官制机构为纲，分别记录各级机构及其官职的设置、沿革、职掌以及相关法律规定。在每一机构和官职之下，分别收录有关的律令、事例等法制内容，属于明朝典章制度和法律政令的汇编。它取材于朝廷档案史籍文献，内容丰富，规范详备，是研究明朝国家政治体制和法律制度的重要资料。它所创立的编纂体例，也成为清朝编修《大清会典》的重要范本。

第二节 法律的基本内容

一、刑事法律

（一）刑罚制度

明朝仍以隋唐以来确立的五刑体系为基本刑罚制度，但对徒刑、流刑和死刑进行了较大的调整，其刑罚执行方式出现加重趋势。根据《大明律》的规定，徒刑五等分别附加杖六十至杖一百，流刑三等分别附加杖一百；死刑虽然在《名例律》的规定中仍为绞、斩两等，但在《大明律》各篇的律文中却对13项罪名使用凌迟刑，主要针对弑君、弑父母、叛乱、谋反或者煽动暴乱之类的重罪。

除了法定五刑制度之外，明朝还新增了充军、枷号等酷刑，并在《大诰》的规定和具体司法实践中恢复了一些肉刑。

充军刑源于五代后晋时期的刺配刑，是对罪犯施加杖刑、刺字，并发配边远蛮荒地区充当军户，强制其为官府服苦役，是一种轻于死刑而重于流刑的酷刑。"充军者，明初唯边方屯种"，只是把犯人送往边疆屯种，并无法定的等级之分。明朝中期以后，逐渐"定制，分极边、烟瘴、边远、边卫、沿海、附近"六等，按远近里程，"以千里为附近，二千五百里为边卫，三千里外为边远，其极边、烟瘴以四千里外为率"，并且分为"终身"充军与"永远"充军两种期限。"终身"充军是罪犯本人充当军户，直至身死；"永远者，罚及子孙"，即罪犯子孙世代充当军户，直至"丁尽户绝"。明朝充军刑的使用有不断扩大的趋势。明初太祖洪武年间，充军刑的规定，仅《大明律》有46条，《诸司职掌》有22条。到明朝中期嘉靖二十九年（1550年）以后，仅充军刑的条例就有213条之多。为此，明朝还专门制定有《充军条例》。由此可见，除死刑重罪外，"明制充军之律最严，犯者亦最苦"[1]。

枷号是强制罪犯在监狱外或官衙前戴大枷示众，对其进行羞辱折磨的一种刑罚，始于唐末，宋元以后广泛使用。木枷作为一种束缚囚犯的械具，"本以羁狱囚。明代《问刑条例》，于本罪外或加以枷号，示戮辱也"[2]。明朝枷号分为五等，即一、二、三、六个月及永远，大枷重十几斤至数十斤不等。枷号原本只是用来处罚轻微犯罪的一种方式，后来则经常被滥用。例如，武宗正德（1506~1521年）时的太监刘瑾，为了对付政敌，竟然制作150斤重的大枷，将人活活折磨致死。

（二）刑罚适用原则的变化

1. "轻其轻罪，重其重罪"。清朝著名法律家、刑部尚书薛允升在《唐明律合编》中，对明律与唐律进行比较研究后，指出了明律的刑罚适用原则有一个重要变化："大抵事关典礼及风俗教化等事，唐律均较明律为重；贼盗及有关帑项钱粮等事，明律则又较唐律为重。"[3] 这一特点可以概括为"轻其轻罪，重其重罪"。

所谓"轻其轻罪"，是指对于"典礼及风俗教化"之类的相对较轻的犯罪，明律比唐律的量刑有所减轻。例如，"闻父母丧，匿不举哀"，唐律判处流二千里的重刑，明律只处杖六十、徒一年；祖父母、父母健在，子孙别籍异财，唐律处徒三年刑，明律仅杖一

---

[1]《明史》卷九十三《刑法志一》，中华书局1974年版，第2282页、2301页、2302页。
[2]《清史稿》卷一百四十三《刑法志二》，中华书局1977年版，第4196页。
[3]（清）薛允升：《唐明律合编》卷九《职制上·祭享》，怀效锋、李鸣点校，法律出版社1999年版，第170页。

百。明律的量刑显然轻于唐律。

所谓"重其重罪",是指对于谋反、谋大逆等直接威胁君主专制集权统治或危害国家赋税财政经济秩序的严重犯罪,明律比唐律的处刑大大加重。例如,唐律区分不同犯罪情节,对于谋反及大逆罪,本人处斩刑,其父及十六岁以上之子处绞刑,十五岁以下之子以及母女、妻妾、祖孙、兄弟、姊妹籍没为官府奴婢,伯叔父、兄弟之子流三千里;对于"词理不能动众,威力不足以率人者",本人处斩刑,其父子、母女、妻妾等流三千里;"诸口陈欲反之言,心无真实之计,而无状可寻者,流二千里。"[1]明律则不区分犯罪情节,一律采取重罪加重原则:凡谋反及大逆罪,只要是参与共谋者,"不分首从,皆凌迟处死。祖父、父、子、孙、兄弟及同居之人,不分异姓,及伯叔父兄弟之子,不限籍之同异,年十六以上,不论笃疾、废疾,皆斩。其十五以下及母女、妻妾、姊妹若子之妻妾,给付功臣之家为奴"[2]。明律的处刑显然重于唐律。

再如强盗罪,唐律既区分是否得财及赃数多少,又区别是否持械或有无杀伤人,分别处以不同刑罚:不得财者徒二年,得财价值十匹以上或者伤人者处绞刑,杀人者处斩刑;持杖者,不得财流三千里,得财五匹以上处绞刑,伤人者处斩刑。明律则规定,凡犯强盗罪,"不得财者,皆杖一百、流三千里;但得财者,不分首从,皆斩"[3]。

2. "断罪依新颁律"。汉唐以来一般恪守法不溯及既往的刑罚适用原则,同时坚持从轻主义的刑事立法精神。汉令明确规定:"犯法者各以法时律令论之。"据颜师古注:"法时,谓始犯法之时也。"[4]对于违法犯罪行为的论处,以该行为发生之时的律令规定为定罪量刑依据。唐朝《狱官令》进一步规定:"凡有罪未发及已发未断而逢格改者,若格重,则依旧条;轻,从轻法。"[5]对于新法更改之前发生的犯罪行为,采取从旧兼从轻的刑罚适用原则;若新法重于旧法,采取从旧主义原则,仍然适用旧法规定;若新法轻于旧法,则采取从轻主义原则,适用轻法规定。

《大明律·名例律》新增"断罪依新颁律"条款,完全改变了

---

[1] 刘俊文点校:《唐律疏议》卷十七《贼盗》,法律出版社1999年版,第352页。
[2] 怀效锋点校:《大明律》卷十八《刑律一·贼盗·谋反大逆》,法律出版社1999年版,第134页。
[3] 怀效锋点校:《大明律》卷十八《刑律一·贼盗·强盗》,法律出版社1999年版,第140页。
[4] 参见《汉书》卷八十一《匡张孔马传》及注,中华书局1962年版,第3355~3356页。
[5] 陈仲夫点校:《唐六典》卷六《尚书刑部》引,中华书局1992年版,第191页。

汉唐以来法不溯及既往的刑罚适用原则，明确规定："凡律自颁降日为始，若犯在已前者，并依新律拟断。"这一规定赋予明朝法律有溯及既往的追诉效力，即使在新颁法律之前发生的犯罪，也要适用新颁法律作为定罪量刑依据，显然具有从新从重主义的刑罚性质，可谓明朝"重典治国"立法指导思想的直接反映。

3. "断罪无正条"。中国古代法律早就有关于"断罪无正条"的规定。西周《吕刑》的"上下比罪"，汉律的"决事比"，就是在"断罪无正条"的前提下，允许适用判例或者法律类推的规定。《唐律疏议·名例》更是直接规定了法律类推的具体适用原则："诸断罪而无正条，其应出罪者，则举重以明轻；其应入罪者，则举轻以明重。"这种法律类推原则，实际是一种依据法定原则审理案件的方式。

《大明律·名例律》的"断罪无正条"条款改变了汉唐以来的法律类推原则，明文规定："凡律令该载不尽事理，若断罪而无正条者，引律比附。应加应减，定拟罪名，转达刑部，议定奏闻。若辄断决，致罪有出入者，以故失论。"这一规定在"引律比附"进行类推时，要求将初步拟议的处理意见上报刑部决定，最后奏请皇帝审批，显然强化了司法官的自由裁量权和专制君主的司法裁决权，削弱了法定原则的适用。

4. "化外人有犯"。《唐律疏议·名例》对于"化外人相犯"案件，采取属地主义与属人主义相结合的原则。《大明律·名例律》关于"化外人有犯"的规定则改为"凡化外人犯罪者，并依律拟断"的属地原则，一律依据《大明律》进行审理裁断，统一了明朝的司法管辖权。

（三）罪名的变化

1. 严禁"奸党"交结。朱元璋建立明朝政权后，为了巩固君主专制中央集权统治，防止朝政大权旁落，曾在宫中竖立铁牌，严禁内臣干政，违者处斩。洪武五年（1372年），又颁布《铁榜》九条，告诫功臣不准营私谋利，官军不得为公侯私家服务。洪武三十年颁布的《大明律·吏律一·职制》系统地规定了严禁"奸党"交结的各种内容：

第一，新增"奸党"罪，严禁官吏"交结朋党"，徇私枉法，"紊乱朝政"。《大明律》规定："凡奸邪进谗言，左使杀人者，斩。若犯罪律该处死，其大臣小官巧言谏免，暗邀人心者，亦斩。若在朝官员交结朋党，紊乱朝政者，皆斩。妻子为奴，财产入官。若刑部及大小各

视频资料：
胡惟庸案

衙门官吏不执法律，听从上司主使出入人罪者，罪亦如之。"

第二，规定"交结近侍官员"罪，严禁与宫廷内侍人员私下交往，互相勾结，影响朝廷安全及其统治秩序。《大明律》规定："凡诸衙门官吏，若与内官及近侍人员互相交结，漏泄事情，夤缘作弊，而符同奏启者，皆斩；妻子流二千里安置。"《问刑条例·吏律一·职制》也有"交结近侍官员条例"的规定："罢闲官吏，在京潜住，有擅出入禁门交结的，各门官仔细盘诘，拿送锦衣卫，着实打一百，发烟瘴地面永远充军。"[1]

第三，规定上言大臣德政罪，严禁对朝廷执政大臣歌功颂德，结党营私。"凡诸衙门官吏及士庶人等，若有上言宰执大臣美政才德者，即是奸党；务要鞠问穷究来历明白，犯人处斩，妻子为奴，财产入官。若宰执大臣知情，与同罪。"

明朝统治者以"重典治吏"的立法指导思想为宗旨，高度强化君主专制中央集权，严惩"奸党"交结乱政活动，不惜罗织罪名，严刑处治，甚至广泛株连大量无辜人员。洪武年间，朱元璋亲自查办的左丞相胡惟庸谋反案和凉国公蓝玉谋反案，遭受追查株连被杀的各级官吏多达四五万人。明成祖即位后，也曾以"奸党"罪大肆屠杀建文帝的朝廷近臣。而后继的明朝君主，以"奸党"罪诛杀大臣几乎成为惯例。

2. 严惩贪赃枉法。官吏贪赃枉法是历代法律严厉打击的职务犯罪，也是明朝"重典治吏"的主要内容，《大明律》和《大诰》都有严惩贪赃枉法的规定。《大明律》将六种非法占有官私财物的犯罪合称为"六赃"，并按定罪量刑的轻重等级绘成"六赃图"，置于法典篇首，作为仅次于"十恶"的重罪予以惩处。"六赃"的罪名来源于唐律的规定，《大明律》将其内容改为监守盗、常人盗、枉法、窃盗、不枉法、坐赃等六种罪名，其中的监守盗、枉法、不枉法、坐赃等四种罪名都涉及官吏贪赃行为。

《大明律》关于严惩官吏贪污、受贿、盗窃等罪的条文比唐律大大增多，其定罪量刑的规定也更加严厉和全面。《大明律·刑律六》专门制定"受赃"一卷，规定了 11 条关于官吏受财犯赃之类的内容，其量刑明显重于唐、宋、元等各朝法律。以监守盗罪为例，《大明律》不分首犯从犯，累计所有赃值合并论罪，一贯以下

---

[1]《问刑条例·吏律一》，见怀效锋点校：《大明律》附录，法律出版社 1999 年版，第 367 页。

杖八十，并于右小臂刺字，40贯处斩刑；而唐宋法律规定为30匹处绞刑，元朝法律为300贯处死。再如官员受财枉法罪，《大明律》规定，一贯以下杖七十，80贯处绞刑；而唐律规定15匹处绞刑，元朝法律为100贯杖一百零七。至于监察官犯索贿受贿等赃罪，《大明律》规定比其他官吏加重二等量刑。

《大诰》关于严惩贪官污吏的规定更加严厉，惩贪条文在四编中多达一半以上。其中有的案例，依据《大明律》的规定并非死刑，而《大诰》则改处凌迟，并且家财没官，家人迁往"化外"之地。例如，《大明律》规定，官吏犯赃罪，计赃论罪科刑，不枉法者无死刑；而《大诰》中的案例，许多赃官并未枉法，却被凌迟或枭首。对于官吏犯赃案件，朱元璋还要求层层追查。例如，《大诰》初编记载，洪武十八年（1385年）户部侍郎郭桓等人贪污巨额官粮案，中央六部侍郎以下数百官员株连处死，其他官吏及豪绅也有数万人被下狱治罪。

明朝法律严惩贪官污吏，往往不只是处罚案犯本人，而是要杀一儆百。朱元璋曾经使用"剥皮实草"的酷刑，在有些衙门旁边设立"皮场庙"，将赃满60两银以上的贪官剥皮装草，树立于公堂之上，用以警示和震慑继任官员。《大明律》还规定，官吏征派赋役时作弊或贪赃枉法，允许百姓捉拿贪官，并向官府告状；官府如拒绝受理，依法追究刑事责任。此外，《大诰》也规定，贪官违旨下乡，枉法扰民，允许百姓捉拿贪官，赴京控告。

二、民事法律

（一）有关所有权的立法

1. 土地所有权的立法。明朝土地所有权包括国有与私有两种形式，其中以各级官僚贵族地主的土地私有权为主要形式。明初洪武年间（1368～1398年），为了尽快恢复农耕生产，朱元璋多次下诏规定，元末战乱抛荒土地，归开垦者先占所有，国家确认其拥有土地所有权，并且给予一定期限的免税和减税的奖励。这使一部分农民获得了土地所有权，同时也为贵族官僚地主兼并侵占农民土地提供了条件。到明朝中期的孝宗弘治年间（1488～1505年），皇室土地和皇族、贵戚、宦官的庄田已占全国土地的七分之一以上。

为了保护所有权人对土地的占有、使用、收益、处分等权利，《大明律·户律二·田宅》明确规定："凡盗卖、换易及冒认，若虚钱实契典买及侵占他人田宅者，田一亩、屋一间以下笞五十，每田五亩、屋三间加一等，罪止杖八十、徒二年"；"若强占官民山场、湖泊、茶园、芦荡及金银铜场、铁冶者，杖一百、流三千里。若将互争及他人田产妄作己业，朦胧投献官豪势要之人，与者、受者各杖一百、徒三年。"可见，明朝法律对于侵犯土地所有权的处罚相当严厉。

2. 遗失物与埋藏物的立法。《大明律·户律六·钱债》有"得遗失物"条，分别规定了遗失物与埋藏物的归属权。"凡得遗失之物，限五日内送官。官物还官，私物召人识认，于内一半给与得物人充赏，一半给还失物人。如三十日内无人识认者，全给。限外不送官者，官物坐赃论，私物减二等，其物一半入官，一半给主。"据此，拾得遗失物，必须在五日内送交官府；逾期不交，以坐赃罪论处，区分官物或私物分别量刑。失主在30天内认领遗失物者，一半分给拾得人；逾期无人认领者，遗失物归拾得人所有。

关于埋藏物的归属权，"得遗失物"条规定："若于官私地内掘得埋藏之物者，并听收用。若有古器、钟鼎、符印、异常之物，限三十日内送官。违者，杖八十，其物入官。"按照这一规定，不论在国有土地或私有土地，一般埋藏物归发现者所有，特殊器物必须在30天内送交官府；逾期不交，处刑杖八十，并没收该器物。

（二）有关债权的立法

1. 借贷制度的规定。明朝法律规定，借贷钱物必须订立契约，写明借贷双方的姓名、籍贯，借贷的原因、数量、日期、利率及保证条款等内容，由借贷双方及中间人一并签字画押。根据《大明律·户律六·钱债》的"违禁取利"条规定，借贷利息不得超过月息3%，利息累计总额不得超过本金，违者笞四十。债务人"负欠私债，违约不还者，五贯以上，违三月"即追究刑事责任，最高处刑杖六十，"并追本利给主"。明朝法律还禁止债权人强行占有债务人财产抵偿债务，违者杖八十。

2. 典卖制度的规定。明朝法律规定，典卖田宅应当具备四个要件：一是订立契约，并向官府缴纳契税，由官府加盖官印。《大明律·户律二·田宅》规定："凡典买田宅不税契者，笞五十，仍追田宅价钱一半入官。"二是过割赋税，防止"产去税存"。《大明令·户令》规定："凡典卖田土，过割税粮，各州、县置簿附写，正官提调收掌，随即推收，年终通行造册解府，毋令产去税存。"[1]逾期恶意拖延,不交割的,"一亩至五亩笞四十,每五亩加一等,罪止杖一百,其田入官"。三是一物不得两典,"若已典卖与人田宅,朦胧重复典卖者,以所得价钱计赃,准窃盗论",并撤销重复典卖行为,"田宅从元(原)典卖主为业"。四是规定回赎期限,"年限已满,业主备价取赎,若典主托故不肯放赎者,笞四十"[2]。

(三)有关婚姻、家庭、继承方面的立法

1. 婚姻制度的变化。明朝婚姻制度基本沿袭唐宋法律的有关规定,但在缔结婚姻的条件和违法婚姻的处罚方面略有调整变化:

第一,严格规定定婚的条件和具体程序。《大明律·户律三·婚姻》规定:"凡男女定婚之初,如有疾残、老幼、庶出、过房、乞养者,务要两家明白通知,各从所愿,写立婚书,依礼聘嫁。若许嫁女已报婚书及有私约"或"虽无婚书但曾受聘财"而擅自悔婚者,笞五十。"若再许他人,未成婚者杖七十,已成婚者杖八十"。若后定婚的男家知情,与女家同罪,"彩礼入官"没收;男家不知情者不坐罪,并且"追还彩礼,女归前夫";前夫不愿迎娶该女者,女家加倍返还前夫家彩礼,"其女仍从后夫"。男家擅自悔婚者,同样处罚,且不追还彩礼。女家如有虚假欺骗行为,"杖八十,追还彩礼";男家有虚假欺骗行为,罪加一等处罚,且不追还彩礼。"未成婚者,仍依原定;已成婚者,离异"[3]。此外,禁止指腹为婚。《大明令·户令》规定:"凡男女婚姻,各有其时。或有指腹割衫襟为亲者,并行禁止。"

第二,对违律为婚、嫁娶违律以及婚姻违约的处罚,明律贯彻"轻其轻罪"的原则,比唐宋律的规定明显减轻。例如:"同姓为婚",唐宋律规定双方各徒二年,明律仅各杖六十;"有妻更娶妻",唐宋律规定徒一年,明律仅杖九十;女家擅自悔婚,唐宋律规定杖六十,明律为笞五十;男家自愿悔婚,唐宋律不追究责任,仅是"不追聘财",明律则规定与女家悔婚同罪;女家定婚或成婚的虚假欺骗行为,唐宋律规定徒一年,明律仅杖八十。

2. 继承制度的变化。明朝基本沿用汉唐以来的传统继承制度,

---

[1] 怀效锋点校:《大明律》附录,法律出版社1999年版,第244页。

[2] 怀效锋点校:《大明律》卷五《户律二·田宅》,法律出版社1999年版,第56页。

[3] 怀效锋点校:《大明律》卷六《户律三·婚姻·男女婚姻》,法律出版社1999年版,第59~60页。

身份继承仍然实行嫡长子继承制,财产继承在实行诸子均分制的同时,也有一些新的发展变化:

第一,规定了奸生子或私生子的财产继承权。《大明令·户令》规定:"凡嫡庶子男,除有官荫袭,先尽嫡长子孙,其分析家财田产,不问妻、妾、婢生,止依子数均分;奸生之子,依子数量与半分。如别无子,立应继之人为嗣,与奸生子均分;无应继之人,方许承绍全分。"根据这一法律规定,奸生子或私生子获得诸子均分制人均继承份额一半的财产继承权,与立继为嗣的继承人有同等财产继承权,二者均分应分财产。如果没有其他继承人,则由奸生子或私生子继承全部财产。

第二,调整了户绝财产的继承权。第一种情况是由女儿全额继承。《大明令·户令》规定:"凡户绝财产,果无同宗应继者,所生亲女承分;无女者,入官。"第二种情况是由守志不嫁的寡妻代位继承,改嫁则丧失在夫家的所有财产权。《户令》规定,"凡妇人夫亡无子,守志者,合承老分";"其改嫁者,夫家财产及原有妆奁,并听前夫之家为主"。第三种情况是按规定程序立嗣,由拟制的继子继承财产。《户令》规定:"凡无子者,许令同宗昭穆相当之侄承继,先尽同父周亲,次及大功、小功、缌麻。如俱无,方许择立远房及同姓为嗣。若立嗣之后却生亲子,其家产与元立子均分,并不许乞养异姓为嗣,以乱宗族。立同姓者,亦不得尊卑失序,以乱昭穆。"[1]

三、社会经济法规

(一) 产品规范化与度量衡标准化的立法

1. 产品规范化的规定。明朝加强手工业生产的管理控制,严格要求制作产品规范化,禁止生产和销售不符合国家规定制作标准的产品。《大明律·户律七·市廛》明确规定:"凡造器用之物不牢固真实及绢布之属纰薄短狭而卖者,各笞五十,其物入官。"[2]《大明律·工律一·营造》进一步规定:"凡造作不如法者,笞四十。若成造军器不如法及织造缎匹粗糙纰薄者,各笞五十。若不堪

---

[1] 以上《大明令·户令》引文,见怀效锋点校:《大明律》附录,法律出版社1999年版,第244页、第241~242页。

[2] 怀效锋点校:《大明律》卷十《户律七·市廛·器用布绢不如法》,法律出版社1999年版,第86页。

用及应改造者,各并计所损财物及所费雇工钱,重者坐赃论。"[1]加强产品规范化的管理,有助于提高产品质量,统一产品的规格标准,提升手工业生产技术水平,促进商品流通,推动商品经济的发展。

2. 度量衡标准化的规定。为了维护社会经济秩序,保障物资正常流通,维护工商贸易活动的顺利进行,明朝立法严格制定了度量衡标准化的有关内容,严惩违法制造、违规使用不符合规定标准的度量衡等行为。各管理机构负有依法定期校验和发行度量衡的责任,失职渎职者将受到法律追究。《大明令·户令》明文规定了度量衡的制造、校验及发行程序:凡斛、斗、秤、尺等度量衡,先由司农司遵照中书省颁发的铁斗、铁升标准制造出样品,发给直隶府、州和交由中书省发往地方各省,依照样品进行制造并校验,然后派发下属各府、州。各府主官及提调官再按本省派发的样品统一制造并校验后,发给"各州、县仓库收支行用。其牙行市铺之家,须要赴官印烙",作为官方校验标记。"乡村人民所用斛斗秤尺,与官降相同,许令行使。"[2]《大明律·户律七·市廛》严格规定了违法违规者的刑事责任:"凡私造斛斗秤尺不平,在市行使,及将官降斛斗秤尺作弊增减者,杖六十;工匠同罪。若官降不如法者,杖七十。提调官失于较勘者,减一等;知情,与同罪。其在市行使斛斗秤尺虽平,而不经官司较勘印烙者,笞四十。若仓库官吏私自增减官降斛斗秤尺,收支官物,而不平者,杖一百。"[3] 关于度量衡标准化的规定,对于物资的正常流通、产品的等价交换及商品的公平交易,起到了一定的法律保障作用。

(二) 官营专卖制度

明朝继续强化唐宋以来的官营专卖制度,通过制定律令、条例等各种法律形式,巩固国家对于工商业的垄断地位。在盐、茶等官营专卖商品的生产与销售方面,《大明律·户律五·课程》以国家基本法典的形式,首次规定"盐法"和"私茶"专条内容;《问刑条例·户律五·课程》作为《大明律》的补充,也专门制定《盐法条例》和《私茶条例》。根据明朝法律规定,商人必须取得官府

---

[1] 怀效锋点校:《大明律》卷二十九《工律一·营造·造作不如法》,法律出版社1999年版,第226页。
[2] 怀效锋点校:《大明律》附录《大明令》,法律出版社1999年版,第244页。
[3] 怀效锋点校:《大明律》卷十《户律七·市廛·私造斛斗秤尺》,法律出版社1999年版,第85页。

颁发的"盐引""茶引"等专卖许可凭证，在指定地区销售盐、茶等国家专卖商品，不得私自生产、销售、购买"私盐""私茶"或伪造"盐引"，违者则被处以重刑。

《大明律》"盐法"规定，"凡犯私盐者，杖一百、徒三年。若有军器者，加一等"，"拒捕者，斩"；"凡买食私盐者，杖一百；因而货卖者，杖一百、徒三年"。同时，它还鼓励百姓告发私盐犯，甚至"将所获私盐给付告人充赏"。"凡客商贩卖官盐，不许盐、引相离；违者，同私盐法。"[1]《盐法条例》进而规定，"凡伪造盐引、印信"之类的专卖许可凭证，"转卖诓骗财物，为首者依律处斩外，其为从并经纪、牙行、运司吏书，一应知情人等，但计赃满贯者，不拘曾否支盐出场，俱发边卫充军"[2]。

《大明律》"私茶"条规定："凡犯私茶者，同私盐法论罪。"[3]《私茶条例》进一步规定了严惩"与番夷交易私茶"的行为："凡兴贩私茶，潜住边境，与番夷交易及在腹里贩卖与进贡，回还夷人者，不拘斤数，连知情歇家、牙保，俱发烟瘴地面充军。其在西宁，甘肃河州、洮州，四川雅州贩卖者，虽不入番，一百斤以上发附近，三百斤以上发边卫，各充军。不及前数者，依律拟断，仍枷号两个月。"[4]

明朝官营专卖制度的规定，强化了国家对工商经济的管理，有利于增加财政收入，但严重阻碍了商品经济以及民间工商业的正常发展。

（三）市场管理制度

明朝法律重视市场管理制度的建设，通过国家有关立法严格控制、调整市场交易活动及其经营秩序，处理市场纠纷。

第一，《大明律·户律七·市廛》"私充牙行埠头"条规定了市场经营者的从业资格、登记凭证、审验规则以及违法者的处罚内容："凡城市乡村诸色牙行及船埠头，并选有抵业人户充应，官给印信文簿，附写客商、船户住贯、姓名、路引字号、物货数目，每月赴官查照"审验备案。凡是违反有关规定而私自违法经营者，"杖六十，所得牙钱入官"。官办牙行、埠头容留或隐瞒违法行为者，笞五十，并革去当事人的经营资格。

---

[1] 怀效锋点校：《大明律》卷八《户律五·课程·盐法》，法律出版社1999年版，第77~79页。
[2] 怀效锋点校：《大明律》附录《问刑条例》，法律出版社1999年版，第382~383页。
[3] 怀效锋点校：《大明律》卷八《户律五·课程·私茶》，法律出版社1999年版，第80页。
[4] 怀效锋点校：《大明律》附录《问刑条例》，法律出版社1999年版，第383页。

第二，《大明律·户律七·市廛》"市司评物价"条规定了市场物价评估机构的法律责任："评估物价或贵或贱，令价不平者，计所增减之价，坐赃论。入己者，准窃盗论。"

第三，《大明律·户律七·市廛》"把持行市"条规定了对于欺行霸市、操纵物价、破坏市场经营秩序等违法犯罪行为的处罚内容：凡买卖交易人员"把持行市，专取其利"，强买强卖，或暗中勾结，"通同牙行，共为奸计，卖物以贱为贵，买物以贵为贱"，破坏自愿公平交易规则者，杖八十。"若见人有所买卖，在傍（旁）高下比价，以相惑乱而取利"，影响市场交易活动者，笞四十。"若已得利物，计赃重者，准窃盗论。"[1]《问刑条例·户律七·市廛》也有"把持行市条例"的有关规定："各处客商辐辏去处，若牙行及无籍之徒用强邀截客货者，不论有无诓赊货物，问罪，俱枷号一个月。如有诓赊货物，仍监追完足，发落。若监追久远，无从赔还"，性质或后果严重者，最重发配充军。[2]

（四）货币制度

明朝商业活动比较活跃，商品经济有所发展，货币流通量不断增大，货币作为支付手段被广泛使用。为了规范货币制度，保障货币的正常使用流通，维护国家财政金融秩序，《大明律·户律四·仓库》制定"钱法"和"钞法"专条，明确规定了铜钱和宝钞（纸币）的制造和流通方面的法律内容；《大明律·刑律七·诈伪》规定了"私铸铜钱"和"伪造宝钞"罪的量刑内容；《问刑条例·刑律七·诈伪》也有《私铸铜钱条例》，进一步规定了定罪量刑的有关内容。

根据《大明律》"钱法"的规定，"凡钱法设立宝源等局，鼓铸'洪武通宝'铜钱，与'大中通宝'及历代铜钱相兼行使"，按法定比价进行折算流通。"民间金银、米麦、布帛诸物价钱，并依时值，听从民便。若阻滞不即行使者，杖六十"。为了防止"军民之家"私自铸造伪钱，官府强制收购、统一赎买民间"废铜"之类的物品，"除镜子、军器及寺观庵院钟磬铙钹外，其余应有废铜，并听赴官中卖，每斤给价铜钱一百五十文。若私相买卖及收匿在

---

[1] 以上各条律文内容，见怀效锋点校：《大明律》卷十《户律七·市廛》，法律出版社1999年版，第84~85页。

[2] 参见怀效锋点校：《大明律》附录《问刑条例》，法律出版社1999年版，第387页。

家，不赴官中卖者，各笞四十"[1]。而根据《大明律》"私铸铜钱"条的规定，"凡私铸铜钱者，绞；匠人罪同。为从及知情买、使者，各减一等"。如有告发或捕获者，"官给赏银五十两"。里长知情不举告者，杖一百。[2]《问刑条例·私铸铜钱条例》进一步规定："私铸铜钱，为从者问罪，用一百斤枷，枷号一个月。民匠、舍余发附近充军。"[3]

根据《大明律》"钞法"的规定，"凡印造宝钞，与洪武、大中通宝及历代铜钱相兼行使"，实行钱、钞并用复本位制。"民间买卖诸物"或缴纳"茶、盐、商税，诸色课程，并听收受；违者杖一百"。官府各衙门严禁"收受伪钞"，"民间关市交易"也严禁使用伪钞，违者杖一百，并加倍追偿钞贯数额。[4] 而据《大明律》"伪造宝钞"条的规定，"凡伪造宝钞，不分首从及窝主，若知情行使者，皆斩，财产并入官"。如有告发或捕获者，"官给赏银二百五十两"，并将犯人财产赏给"告捕者"。"里长知而不首者，杖一百"。"其巡捕、守把官军知情故纵者"，与伪造者同罪；"若搜获伪钞，隐匿入己，不解官者，杖一百、流三千里。失于巡捕及透漏者，杖八十，仍依强盗责限跟捕。"[5]

第三节 司法制度

明朝强化君主专制中央集权统治，司法制度发生了一些重要变化，其中最突出的表现是专制君主及其中央司法机关对司法审判权的控制进一步加强。

一、司法机构及管辖制度

(一) 中央司法机构

明朝中央司法机构为刑部、大理寺和都察院，合称"三法

---

[1] 怀效锋点校：《大明律》卷七《户律四·仓库·钱法》，法律出版社1999年版，第68页。
[2] 参见怀效锋点校：《大明律》卷二十四《刑律七·诈伪·私铸铜钱》，法律出版社1999年版，第193页。
[3] 怀效锋点校：《大明律》附录《问刑条例》，法律出版社1999年版，第431页。
[4] 参见怀效锋点校：《大明律》卷七《户律四·仓库·钞法》，法律出版社1999年版，第67页。
[5] 参见怀效锋点校：《大明律》卷二十四《刑律七·诈伪·伪造宝钞》，法律出版社1999年版，第193页。

司"。但与唐宋时期相比，其职责分工发生了重大调整变化，改为"刑部受天下刑名，都察院纠察，大理寺驳正"[1]。

刑部为中央司法行政机构，掌管全国最高司法行政事务，同时又是中央最高司法审判机构，主要职责是审理中央直属的朝廷百官和京师地区的重要案件，受理皇帝指定的诏狱案件。刑部以尚书、右侍郎各一人为正副长官，下设十三清吏司，"各掌其分省及兼领所分京府、直隶之刑名"[2]，主要负责审理所对应的地方各省的上诉案件，审核全国各地上报的重大案件。

真题 2014

大理寺由唐宋时期的中央最高司法审判机构改为"慎刑"机构，设置大理寺卿一人、左右少卿各一人为正副长官，"掌审谳、平反刑狱之政令"，主要是复核或复审中央及地方判决的徒刑以上重大案件。明朝前期，"凡刑部、都察院、五军断事官所推问狱讼，皆移案牍，引囚徒，诣寺详谳……各随其所辖而复审之"。"弘治以后，止阅案卷，囚徒俱不到寺。"[3]经过复审或复核，对于原审判决，"情词不明或失出入者，大理寺驳回改正"[4]，或者移交刑部重审改判。

真题 2020

都察院由明朝初年的御史台改制而来，属于中央最高行政监察机构，设置左、右都御史为正副长官，"职专纠劾百司，辩明冤枉，提督各道，为天子耳目风纪之司"。都察院设置十三道监察御史，分管地方十三省的行政监察和司法监督事务，"主察纠内外百司之官邪"，当奉诏"在外巡按"时，"必先审录罪囚"[5]，检察地方办案情况。作为行政监察和司法监督机构，都察院有权监察、监督刑部和大理寺的司法审判活动，并且奉诏直接参与重大案件的会审。

真题 2021

（二）地方司法机构

明朝地方分为省、府（直隶州）、县（州）三级行政机构，同时也是三级司法机构。府（州）、县（州）两级仍由行政长官知府（知州）或知县（知州）兼理司法，并于各府设置推官一职，"职专理狱"[6]，协助知府专门处理诉讼审判事务。各省分别设置三大机构，承宣布政使司为行政管理机构，提刑按察使司为行政监察和

---

[1]《明史》卷九十四《刑法志二》，中华书局1974年版，第2305页。
[2]《明史》卷七十二《职官志一》，中华书局1974年版，第1755页。
[3]《明史》卷七十三《职官志二》，中华书局1974年版，第1783页。
[4]《明史》卷九十四《刑法志二》，中华书局1974年版，第2306页。
[5]《明史》卷七十三《职官志二》，中华书局1974年版，第1783页。
[6]《大明令·刑令》，见怀效锋点校：《大明律》附录，法律出版社1999年版，第261页。

司法审判机构，都指挥使司为军事管理机构，合称"三司"。其中的提刑按察使司，专门负责各省的刑事诉讼及其司法审判事务。

（三）申明亭制度

太祖洪武五年（1372年），开始在全国各地基层乡里广泛设置申明亭，主要用于张贴朝廷文告或悬挂板榜，公布本地犯有罪错者的姓名及行为，对品行不端者给予责罚。同时，《大明律·刑律九·杂犯》规定了重刑惩处破坏申明亭设施功能的行为："凡拆毁申明亭房屋及毁板榜者，杖一百、流三千里。"[1]

在申明亭的制度建设中，地方基层乡里组织推举本地德行威望较高的年长乡绅，主持调处民间纠纷或轻微刑事案件，带有地方基层调解组织的性质。申明亭的设立及其制度建设，体现了"明刑弼教"的法制指导思想，具有申明教化、劝善惩恶、稳定社会秩序的作用。

视频资料：
教民榜文

二、普通诉讼审判制度

（一）起诉制度

明朝的起诉制度，基本与唐宋时期相同。起诉的方式仍然分为两种：一种是由当事人或亲属直接向官府提出起诉或控告，相当于现在的自诉；另一种是由官府的有关官员对于违法犯罪提起的纠举或弹劾，相当于现在的公诉。

关于起诉程序的规定，也与此前大体相同。

第一，逐级告诉，不得越诉。明朝初年规定："凡军民词讼，皆须自下而上陈告。若越本管官司，辄赴上司称诉者，笞五十。"[2]但是，"叛、逆、机密等项重事，许其赴京奏告"[3]，不受越诉的限制。如有重大冤屈，可以通过"迎车驾"或"击登闻鼓"等直诉朝廷的形式进行申诉，也不受越诉的限制。不过，"若迎车驾及击登闻鼓申诉而不实者，杖一百"[4]。明朝中期以后，由于"越诉者日多，乃用重法，戍之边"。宣德（1426～1435年）年

---

[1] 怀效锋点校：《大明律》卷二十六《刑律九·杂犯·拆毁申明亭》，法律出版社1999年版，第201页。

[2] 怀效锋点校：《大明律》卷二十二《刑律五·诉讼·越诉》，法律出版社1999年版，第174页。

[3] 《问刑条例·刑律五·诉讼·越讼条例》，见怀效锋点校：《大明律》附录，法律出版社1999年版，第424页。

[4] 怀效锋点校：《大明律》卷二十二《刑律五·诉讼·越诉》，法律出版社1999年版，第174页。

间规定:"越诉得实者免罪,不实仍戍边。"至景泰(1450~1456年)年间,一度改为越诉"不问虚实,皆发口外充军"[1]。

第二,严禁匿名控告。"凡投隐匿姓名文书告言人罪者,绞。见者,即便烧毁。若将送入官司者,杖八十;官司受而为理者,杖一百。"这也是自秦汉以来始终沿用的一项重要法律规定。

第三,严惩诬告,加重处罚。《大明律》改变秦汉以来刑法规定的诬告反坐原则,实行加重处罚。"凡诬告人笞罪者,加所诬罪二等;流、徒、杖罪,加所诬罪三等";最高刑为杖一百、流三千里;"至死罪,所诬之人已决者,反坐以死;未决者,杖一百、流三千里、加役三年"。

第四,禁止卑幼控告尊长,违者以"干名犯义"罪论处。但是,"告谋反大逆、谋叛、窝藏奸细,及嫡母、继母、慈母、所生母杀其父,若所养父母杀其所生父母,及被期亲以下尊长侵夺财产或殴伤其身,应自理诉者,并听告,不在干名犯义之限"。

此外,限制某些特定人群起诉或控告他人的权利。例如,"凡被囚禁,不得告举他事",只能控告"其为狱官、狱卒非理凌虐"的行为;"其年八十以上、十岁以下及笃疾者,若妇人,除谋反、逆叛、子孙不孝或已身及同居之内为人盗诈、侵夺财产及杀伤之类听告,余并不得告"[2]。

(二)管辖制度

明朝的管辖制度,主要有级别管辖、地域管辖以及特别管辖等形式。

1. 级别管辖,是指不同审级的上下级司法机构之间的案件管辖制度。明朝的司法审级,从地方到中央分为四级。

各县或不下设县的州为第一审级,有权判决笞刑案件;杖刑以上案件,经初步审理后上报府或州。

各府或下设县的直隶州为第二审级,有权判决杖刑案件,同时受理所辖属县的上诉及上报案件;徒刑以上案件,经审理后上报省。根据明朝初年《大明令·刑令》的规定:"洪武初决狱,笞五十者县决之,杖八十者州决之,一百者府决之,徒以上具狱送行省。"[3]

---

[1] 《明史》卷九十四《刑法志二》,中华书局1974年版,第2313页。

[2] 以上引文,见怀效锋点校:《大明律》卷二十二《刑律五·诉讼》,法律出版社1999年版,第174~180页。

[3] 《明史》卷九十四《刑法志二》,中华书局1974年版,第2306页。

各省提刑按察使司为第三审级,主要受理本省各府、县的上诉及上报案件,有权判决徒刑以下刑事案件;徒刑及以上案件的判决,必须报送刑部审批。各省承宣布政使司设有理问所,有权处理本省的民事纠纷案件;都指挥使司设有断事司,"以理军官、军人词讼"[1],有权判决涉及军人的民事案件,并参与处理军人或军事方面的刑事案件。

刑部为第四审级,有权判决徒刑以上重大案件,但判决结果必须"移大理寺复审,以期平允"[2],否则其判决不得生效执行;而死刑或诏狱案件,必须奏请皇帝审核批复。

2. 地域管辖,是指不同地域的同级司法机构之间的案件管辖制度,一般采取"原告就被告"的管辖原则。《大明律·刑律五·诉讼》明文规定:"若词讼原告、被论在两处州县者,听原告就被论官司告理归结。"原告与被告不属同一州县,原告应向被告所属州县起诉或控告,案件由被告州县管辖。

3. 特别管辖,是指法律规定的特定主体或有关机构指定的特定案件的管辖制度。例如,明朝军人单独编入军户,有别于普通民户。军户、军人之间及军民之间有关案件的审理管辖,也与普通案件有所不同。根据《大明律·刑律五·诉讼》的规定,凡军官、军人犯人命杀伤之类的重大刑事案件,必须通过"管军衙门约会有司检验归问",一道会同审理;军民之间发生的"奸盗、诈伪、户婚、田土、斗殴"之类案件,也必须由双方各自管辖机构"一体约问",会同审理;如是军人及军户之间发生此类案件,只需"从本管军职衙门自行追问"。凡有违反以上管辖权限者,"首领、官吏各笞五十。若管军官越分辄受民讼者,罪亦如之"。《问刑条例·刑律五·诉讼》编入的《军民约会词讼条例》进一步规定:"在外军民词讼,除叛逆、机密重事许镇守总兵、参将、守备等官受理外,其余不许滥受,辄行军卫、有司问理。"

(三) 会审制度

明朝加强皇帝对司法审判权的监督控制,在普通审判程序之外建立了一系列特别审判程序,对某些重大案件、疑难案件等进行会同审理,形成了圆审、三司会审、朝审、大审、热审等各种会审制度。

---

[1]《明史》卷七十六《职官志五》,中华书局1974年版,第1872页。
[2]《明史》卷七十二《职官志一》,中华书局1974年版,第1758页。

1. 圆审，又称九卿会审，由三法司长官即刑部尚书、大理寺卿、都察院左都御史，会同刑部以外的其他五部尚书和通政使等，九个中央重要部门的高级长官即"九卿"共同参加，主要会审"二次翻异不服"即二次翻供的死刑案件或特别重大案件。这项制度源于秦汉以来一直沿用的"古者断狱，必讯于三公九卿"的慎刑传统。

2. 三司会审，源于唐朝的"三司推事"，由刑部、大理寺、都察院等三法司长官共同参加，主要会审皇帝指定或批转的重大案件或疑难案件。

真题2010-1、2018

3. 朝审，每年霜降后，由三法司长官会同公、侯、伯等贵族以及六部尚书、六科给事中、通政使等重要官员，对死刑等重罪囚犯进行会审复核。始于英宗天顺三年（1459年），此后"历朝遂遵行之"，成为清朝秋审、朝审制度的渊源。

4. 大审，宪宗成化十七年（1481年），"命司礼太监一员会同三法司堂上官，于大理寺审录"，"自此定例，每五年辄大审"，成为明朝特有的皇帝指派宦官参与的会审重囚制度。

5. 热审，自成祖永乐二年（1404年）起，因盛夏"炎暑"季节将至，为防止"狱中多疫"，"每年热审自小满后十余日，司礼监传旨下刑部，即会同都察院、锦衣卫题请"[1]，对在押的徒、流刑以下轻罪囚犯，尽快审结或从轻发落，以减轻狱满为患的压力。

明朝各种会审制度的建立和实施，虽然是皇帝干预和控制司法审判权的一种方式，但对慎重处理重大案件、疑难案件，监督司法机关的司法审判活动，发现和处理冤假错案以及积压旧案，是有一定的帮助的。

（四）御史监察制度

明朝行政监察制度有较大变化，行政监察权分别由都察院和六科给事中共同行使。都察院由御史台改建而来，号称"风宪衙门"及"天子耳目"，其正副长官为左、右都御史，下置左、右副都御史和左、右佥都御史各一人。都察院内设十三道监察御史110人，每年轮流出京巡察各省，监察纠举地方官员的违法犯罪行为。御史出巡一般被称为"巡按御史"，号称"代天子巡狩"，相当于皇帝的特派员，位尊权重，"大事奏裁，小事立断"[2]。御史的选任必须为科举考

---

[1] 以上引文，见《明史》卷九十四《刑法志二》，中华书局1974年版，第2306~2309页。
[2] 《明史》卷七十三《职官志二》，中华书局1974年版，第1768页。

试出身，虽然官阶仅为正七品，基本与地方知县级别相同，但出巡各省时却与省级三司长官平起平坐，而府、州以下官员必须跪拜迎送。

中央六部各置都给事中一人及左、右给事中各一人为正副监察官，合称六科给事中，与都察院并列，直接向皇帝负责。其主要职责是"稽察六部、百司之事"，监察朝廷官员的违法犯罪。"凡大事廷议，大臣廷推，大狱廷鞠"[1]，六科都给事中均亲自参预。

为了加强中央对地方的监察控制，明朝还经常派出一些监察官员"巡抚"各地。至明朝中期形成定制，巡抚逐渐成为每省一员的行政长官，执掌一省行政、民政、司法等各项政务。其后又有"巡抚兼军务者加提督，有总兵地方加赞理或参赞，所辖多、事重者加总督"等变化。到明朝后期，巡抚、总督开始成为地方各省的最高行政长官，并为清朝所继承。

三、廷杖制度与厂卫干预司法

（一）廷杖制度

真题 2010-2

为了强化专制皇权对文武大臣的严密控制，明朝皇帝发明了滥施君主淫威的廷杖制度。所谓廷杖，并不属于法定刑罚制度，而是由皇帝颁降诏旨，司礼监太监指挥并监刑，锦衣卫执行刑杖，于朝堂之上当廷杖责违抗皇帝旨意的朝廷大臣。廷杖的执行并无统一规格，杖数多少亦无定制，轻者致伤致残，重者当场致死，成为皇帝震慑文武群臣、贯彻个人意志的强制手段，就连专职负责进谏的言官也不例外。

视频资料：
廷杖案之谜

视频资料：
天子罪臣

明朝的廷杖制度创立于明太祖洪武十四年（1381年），朱元璋曾经把永嘉侯朱亮祖父子以及工部尚书薛祥杖死于朝堂。从此以后，廷杖便作为一种祖制而被经常滥用。其中比较极端的典型案例，在历史文献中有过两次明确记载，均发生于明朝中后期。一次是武宗正德十四年（1519年），因群臣"谏止南巡"而触怒皇上，下诏廷杖舒芬、黄巩等146人，死者11人；另一次是世宗嘉靖三年（1524年），因"群臣争大礼"违背皇帝意志，下诏廷杖丰熙等134人，死者16人，史称"公卿之辱，前此未有"。明朝滥用廷杖制度，是君主专制主义独裁体制畸形发展的恶性结果，破坏了正常的朝廷议事程序和国家决策机制，致使朝廷大臣斯文扫地，国家官员人人自危，严重败坏了政治生态和社会秩序。

---

[1] 《明史》卷七十四《职官志三》，中华书局1974年版，第1806页。

第七章　明代法律制度

（二）厂卫干预司法

厂卫干预司法是明朝独创的皇帝干预司法、强化君主专制的重要表现。厂是先后设立的东缉事厂、西缉事厂和内行厂的统称，由宦官太监系统掌管。卫指禁军十二卫中皇帝最亲近的锦衣卫，属于朝廷警卫系统。"厂与卫相倚，故言者并称厂卫"，成为普通司法机构之外，由皇帝直接控制的特殊司法机构，凌驾于普通司法机关之上。正如古人所评论的那样："刑法有创之自明，不衷古制者，廷杖、东西厂、锦衣卫、镇抚司狱是已。是数者，杀人至惨，而不丽于法。踵而行之，至末造而极。"[1]

锦衣卫是护卫皇帝的近侍亲军，担负着宫廷安全警卫的职责重任，"掌侍卫、缉捕、刑狱之事"。其下设有镇抚司，原本只是"掌本卫刑名，兼理军匠"，主要负责处理锦衣卫内部案件。洪武十五年（1382年），朱元璋为了严密监控各级官吏和普通百姓，开始赋予锦衣卫执掌侦查、逮捕、审讯等司法权，并且专门附设锦衣卫狱，关押重要案犯。洪武二十年，因"治锦衣卫者多非法凌虐"，朱元璋一度禁止锦衣卫干预司法，并焚毁刑具，裁撤锦衣卫狱，将羁押的囚犯全部移"送刑部审录"。明成祖即位后，又恢复了锦衣卫的司法职能，将原镇抚司改制为南镇抚司，新增北镇抚司，"专治诏狱"，其司法活动直接向皇帝负责，刑部、大理寺等普通司法机构无权过问。此后，北镇抚司的司法权不断强化，甚至连锦衣卫的长官"亦不得干预"[2]，以致出现"朝廷专任一镇抚，法司可以空曹，刑官为冗员"的局面。

东厂的设立，始于成祖永乐十八年（1420年）。早在起兵夺权前的准备时期，他就为了"刺探宫中事，多以建文帝左右为耳目"，暗中培植宦官亲信势力；即位后更是"专倚宦官"，遂在东安门北设立东缉事厂，亦称东厂，作为"缉访谋逆、妖言、大奸恶"等政治行为的专门机构。此后，在"与锦衣卫均权势"的争夺过程中，东厂人数迅速增多，实力日益增强，成为一个以京师为中心、触角伸向全国的法外司法机构。它不仅侦办朝廷文武大臣和民间各色百姓的有关案件，而且连锦衣卫也被纳入监督和查办范围之列，是明朝太监掌控的存续时间最长、影响最大的案件侦办组织。

---

〔1〕　以上引文，见《明史》卷九十五《刑法志三》，中华书局1974年版，第2329~2331页。
〔2〕　《明史》卷七十六《职官志五》，中华书局1974年版，第1863页。

西缉事厂，亦称西厂，是宪宗成化十三年（1477年）因东厂和锦衣卫仍然不能满足朝廷侦缉案件的需要而设立的，由太监汪直亲自"提督"指挥，所统领的"缇骑"人数及权力迅速超越东厂。他们疯狂刺探官民各界的政治反叛行为，致使"冤死者相属"，"人心惊惶"，甚至连王府也不放过，引起朝野强烈反对，仅仅五年后即于成化十八年被迫废止。武宗正德元年（1506年），司礼监太监刘瑾专权，重新恢复西厂。直至正德五年刘瑾以谋反被杀，西厂被再次撤销。

内行厂创立于武宗正德三年，因东、西"两厂争用事"，各自"遣逻卒刺事四方"，致使"无赖子乘机为奸"，"密行贿赂"，造成监控混乱，太监刘瑾遂又增设内行厂，并亲自统领。它权倾一时，"虽东西厂皆在伺察中"[1]，直至正德五年才被废止。

厂卫干预司法，是君主专制集权制度和宦官专权现象畸形发展的结果，严重破坏了明朝的法制建设，加剧了明朝中后期的政治腐败和社会黑暗，也加速了明朝统治的衰败和政权的覆亡。

拓展阅读材料

1. 怀效锋点校：《大明律》，法律出版社1999年版。

2. （清）薛允升：《唐明律合编》，怀效锋、李鸣点校，法律出版社1999年版。

3. （清）薛允升：《唐明清三律汇编》，杨一凡、田涛主编：《中国珍稀法律典籍续编》第八册，黑龙江人民出版社2002年版。

4. 《明代法律文献》（上下两册），杨一凡、田涛主编：《中国珍稀法律典籍续编》第三、四册，黑龙江人民出版社2002年版。

5. 《明史》卷九十三至九十五《刑法志》，中华书局1974年版。

6. （清）沈家本：《历代刑法考》，中华书局1985年版。

---

[1] 以上引文及内容，参见《明史》卷九十五《刑法志三》，中华书局1974年版，经2332~2333页。

第八章 清代前期法律制度

（公元 1644 年～1840 年）

清朝是中国历史上最后一个君主专制中央集权制朝代，也是继元朝之后又一个由少数民族建立的多民族统一国家。自从女真贵族在关外地区建立后金政权以来，就开始确立"参汉酌金"[1]的立法指导思想。在保留本民族习惯法传统的基础上，选择性地吸收和借鉴明朝法制建设的部分成就，逐步形成了一整套政治体制和法律制度。1840年鸦片战争爆发后，西方列强用武力打开了天朝的国门。在不断传入中国的西方近代法律思想、法律制度的巨大影响和强烈冲击下，通过清末的预备立宪、修订法律和改良司法等"变法"活动，清朝固有的中国传统法律制度开始走向解体。

第一节 立法概况

一、清初"详译明律，参以国制"的立法指导思想

清朝入关前，处于习惯法向成文法过渡时期。由于受到明朝后期法制的不断影响，统治集团内的一些有识之士，开始认识到学习和吸收汉族政权法制建设成就的重要性，并且得到了最高统治者清太宗皇太极的首肯，形成了"参汉酌金"的立法指导思想。于是，整理修订后金政权原有的本民族习惯法以及一些旧法令，同时积极地选择和吸收明朝政权的法律制度，成为清朝入关前的主要立法内容。

---

〔1〕 罗振玉编：《史料丛刊初编·天聪朝臣工奏议》卷中《宁完我请变通明会典设六部通事奏》，收入于浩主编：《明清史料丛书八种》，北京图书馆出版社2008年版；转引自旗人与国家制度工作坊编著：《"参汉酌金"的再思考》，文史哲出版社2016年版，第285页。

清朝入关后，面临尖锐的民族矛盾和复杂的社会问题。为了有效地管理人数众多的以汉族居民为主体的各族民众，维护君主专制集权统治及其社会秩序，清廷提出了"详译明律，参以国制"[1]的立法指导思想，认真分析，详细探究明律的立法内容，吸收借鉴其立法成果，使之与本民族传统及其习惯法有机结合，以适应清朝立法及其统治的需要。

二、清入关后的主要立法

（一）《大清律例》的制定与颁行

清朝最先进行的立法，也是最为重要的立法，是大清律的制定与修订。这部国家基本法典，从最初起草到最终完成，经过了三个立法阶段，前后历时近百年。

第一个阶段是顺治时期法典的初步奠基阶段，首次制定并颁布了《大清律集解附例》。清廷入关之初，由于"新制未定"，先行"暂用明律"。顺治二年（1645年）设置律例馆，在"问刑衙门准依明律治罪"的同时，以"详绎明律，参酌时宜，集议允当"为立法宗旨，开始制定大清律。顺治三年完成，顺治四年下诏颁行，名为《大清律集解附例》。这是清朝第一部通行全国的成文法典，共有律文459条，附例430余条。其中，除对个别条文规定略作增删外，体例结构和法律内容基本是《大明律》的翻版，立法变化并不大。

第二个阶段是康熙、雍正时期法典的逐步定型阶段，修订完成并颁行了《大清律集解》。康熙帝在位期间，刑部奏请重新校正律文及条例，以解决律例二者定罪量刑不一致的问题，同时将刑部遵旨编成的《现行则例》附入大清律内，并在律条"每篇正文后增用总注，疏解律义"[2]，但始终未正式颁布。雍正帝即位后，命大学士朱轼等为总裁，遵循"或析异而归同，或删繁而就约"[3]的宗旨，对大清律进行修订，于雍正三年（1725年）完成，雍正五年颁布，更名为《大清律集解》。这是清朝第二部通行全国的成文法典，分为7篇30卷436条，附例增至824条。至此，大清律的法

---

[1] "世祖章皇帝御制大清律原序"，见田涛、郑秦点校：《大清律例》，法律出版社1999年版，第1页。
[2] 以上引文，见《清史稿》卷一百四十二《刑法志一》，中华书局1977年版，第4183页。
[3] "世宗宪皇帝御制大清律集解序"，见田涛、郑秦点校：《大清律例》，法律出版社1999年版，第3页。

第八章 清代前期法律制度

典体例结构和律条内容基本定型,"自时厥后,虽屡经纂修,然仅续增附律之条例,而律文未之或改"[1]。

第三个阶段是乾隆时期法典的正式完成阶段,再次修订并最终颁行了《大清律例》。乾隆帝即位后,"简命大臣,取律文及递年奏定成例,详悉参定,重加编辑"[2],再次对大清律及其附例进行修订,于乾隆五年(1740 年)完成并颁行,定名为《大清律例》。这是清朝前期通行全国的最完备的一部成文法典,共有 7 篇 30 门 47 卷,仍为 436 条,附例增至 1049 条。

(二)清代的条例及其作用

清朝继承并发展明朝中期以后律例合编的法典体例,条例作为律文之后的附例,成为刑律的重要补充。尤其从雍正和乾隆两朝起,律文部分的篇目内容基本定型,律后附例的定期修订成为修律活动的主要内容。

清朝的条例与明朝的《问刑条例》基本相同,属于刑事特别法性质。它主要是由刑部等机构针对某些典型案例或司法问题提出立法建议,经由皇帝批准而编成条例,附于大清律的相关条文之后。

顺治四年(1647 年)《大清律集解附例》收入的 430 多条附例,基本属于《大明律》所附明朝以来的旧例。康熙帝即位后,对顺治以来产生的清朝现行新例进行整理选编,完成《现行则例》,随后附入大清律中。到雍正朝制定《大清律集解》时,对新旧条例进行分类整理,将康熙以前的 321 条"累朝旧例"定为"原例",康熙朝新近编定的 290 条"现行例"定为"增例",雍正朝依据"上谕及臣工条奏"制颁的 204 条例称为"钦定例",三者共计 815 条,附于律文之后。"自乾隆元年,刑部奏准三年修例一次。十一年,内阁等衙门议改五年一修",整个"乾隆一朝纂修八九次,删'原例'、'增例'诸名目,而改变旧例及因案增设者为独多"[3]。此后,定期修订附例成为定制,"五年汇辑为小修,十年重编为大修"[4],条例的数量逐年增加。到同治九年(1870 年)

---

[1]《清史稿》卷一百四十二《刑法志一》,中华书局 1977 年版,第 4185 页。
[2]"御制大清律例序",见田涛、郑秦点校:《大清律例》,法律出版社 1999 年版,第 4 页。
[3]《清史稿》卷一百四十二《刑法志一》,中华书局 1977 年版,第 4185~4186 页。
[4]《清史稿》卷一百十四《职官志一·刑部》,中华书局 1977 年版,第 3289 页。

修订后，条例已增至1892条。[1]

条例具有灵活性和针对性强的特点，有助于及时调整立法内容，弥补律的立法不足，同时也能更直接地贯彻统治者的意志，因而越来越受到统治者的重视。随着条例数量的不断增多，其作用和地位迅速提升，难免会对律产生较大冲击，对于法律的稳定性也有一定影响。这就是《清史稿·刑法志一》所说的："清代定例，一如宋时之编敕，有例不用律，律既多成虚文，而例遂愈滋繁碎。其间前后牴触，或律外加重，或因例破律，或一事设一例，或一省一地方专一例，甚且因此例而生彼例，不惟与他部则例参差，即一例分载各门者，亦不无歧异。"

（三）《大清会典》的编纂及特点

为了加强君主专制中央集权统治，规范国家各级机构及其各级官吏的行政活动，有效地提高国家行政管理的各项职能，康熙、雍正、乾隆、嘉庆、光绪等五朝，分别将国家政治制度、各种法律规范以及相关事例等加以汇编，陆续完成了"五朝会典"，统称《大清会典》。

真题 2013

真题 2011-1

《大清会典》的体例，基本仿效《大明会典》，但涉及的内容更加广泛，包括会典、各部院机构则例以及有关事例等。康熙二十三年（1684年），首次谕令内阁开馆编辑《康熙会典》。康熙二十九年，完成《康熙会典》162卷，主要汇编康熙二十六年以前的本朝内容。雍正二年（1724年），再次谕令内阁开馆续修。雍正十年，完成《雍正会典》250卷，续编康熙二十六年至雍正五年的有关内容。康熙、雍正两朝会典，采取会典与则例合编的形式。乾隆以后各朝，由于则例不断增多，改用会典与则例分编的形式，相继编成《乾隆会典》100卷和《乾隆会典则例》180卷、《嘉庆会典》80卷和《嘉庆会典事例》920卷、《光绪会典》100卷和《光绪会典事例》1220卷。至此，经过五朝的不断编纂续修，《大清会典》全部完成。它继承《唐六典》和《大明会典》的立法传统，内容包括国家机关的设置、各级官吏的职掌及其行政活动的准则等，是清朝各种重要法律规范以及相关事例的综合汇编。

---

[1] 参见《清史稿》卷一百四十二《刑法志一》，中华书局1977年版，第4186页。

（四）各部院则例及其作用

为了规范中央各部院的行政职责和办事规程，调整各部门的政务活动以及各部门之间的相互关系，清朝的中央六部、都察院、理藩院、八旗、国子监、内务府等重要机构都分别制定有则例，作为各部门行政管理活动的法律规范和办事规则。

各部院则例分为一般则例、特别则例和专门则例。一般则例针对各部门的一般行政职责及其相关事项而制定，如《刑部现行则例》《理藩院则例》等。特别则例针对某些部门的特定职能或特定事项而制定，如《钦定八旗则例》《兵部督捕则例》等。专门则例针对某些部门内部的某项具体事务、规程或细则而制定，如《六部处罚则例》《吏部处分则例》等。

各部院则例是清朝首创的行政立法的重要法律形式之一，是清朝重视和加强行政管理规范的具体体现，是构成清朝国家行政法律体系的主要内容。其中的《刑部现行则例》作为司法机构的刑事法律规范，也是《大清律例》中附例的重要来源和立法补充。

（五）少数民族政策与立法

为了不断巩固和有效管理幅员辽阔、人口众多的多民族统一国家，清朝统治者在大量颁行全国普遍适用的普通法律法规的同时，针对周边各少数民族地区的特殊情况，分别制订了各种单独适用于该地区的具有民族特色的专门政策与特别立法。其中有代表性的立法有：北方蒙古族地区适用的《蒙古律例》；新疆地区各族适用的《回疆则例》；西藏以及藏民地区适用的《钦定西藏章程》等；青海、甘肃等地区少数民族适用的《西宁青海番夷成例》等；西南地区各族适用的《苗疆事宜》等。

真题 2011-2

针对少数民族地区事务的日常管理活动，中央专门还设置理藩院，并且制定《理藩院则例》，作为民族地区和民族事务的专门管理机构及其行政法律规范。对于少数民族地区的上报案件或上诉案件，理藩院也有权进行审理或审查。

清朝的少数民族政策与立法，是在通行全国的普通法律法规的基础上，依据各少数民族地区的传统规制和风俗习惯制订的，既符合清朝统一集权国家的基本政策和立法精神，又兼顾不同民族之间的历史文化差异，具有较强的针对性、灵活性和适用性，为统治和管理多民族统一国家提供了一定的立法经验，为巩固和发展多民族统一国家也有一定的积极作用和借鉴意义。

第二节 清律的基本内容

一、实行政治专制与思想高压

清朝入关后，为了有力地统治人数众多的以汉族居民为首的全国各族民众，有效地控制和利用汉族官僚士大夫，严密防范和严厉镇压各地的反清思想及反抗活动，从政治、思想、文化等各个方面不断加强专制野蛮的高压控制。

（一）严惩谋反、谋大逆、谋叛等"十恶"重罪

谋反、谋大逆、谋叛等"十恶"重罪，直接威胁专制君主的安全、尊严、权威、地位及其所代表的政权的统治，是历代法律严加防范和严厉制裁的严重犯罪。《大明律》贯彻"重其重罪"的刑事原则，进一步加重了此类重罪的刑罚。清朝出于民族歧视和民族压迫的特殊需要，在《大清律例》中不仅继续援用《大明律》有关律条的重罪规定，而且通过新增条例的方式，再度扩大了定罪量刑的范围，变本加厉地强化防范和镇压的打击力度。

第一，《大清律例·刑律·贼盗》的"谋反大逆"条，在直接照搬《大明律》有关重刑律条的同时，又通过律后所附条例扩大了株连的范围，规定"凡反逆案内，干连流犯妻子，俱流徙乌喇地方"；同卷的"谋叛"条也在照搬《大明律》重刑条文之后，新增条例扩大了株连范围，做出"叛案内干连流犯，流徙乌喇地方"的同类规定。这两个条例都把连坐范围扩大到了依律判处流刑者的妻与子。

第二，"谋叛"新增条例还把定罪量刑范围扩大到歃血结拜的行为，明确规定："凡异姓人歃血订盟，焚表结拜弟兄，不分人数多寡，照谋叛未行律，为首者拟绞监候。其无歃血盟誓焚表事情，止结拜弟兄，为首者杖一百，为从者各减一等。"

此外，同卷的"造妖书妖言"条，在沿用《大明律》律条内容的同时，也新增条例扩大了定罪量刑范围，进一步规定："凡妄布邪言，书写张贴，煽惑人心，为首者斩立决，为从者皆斩监候。"

（二）重刑镇压强盗罪之类的暴力行为

强盗罪之类的暴力行为，严重破坏君主专制集权统治秩序及其

社会安定，也是历代法律严惩不贷的重罪。《大明律》将强盗罪等暴力行为列为"重其重罪"原则的适用对象，定罪量刑大大重于唐宋律："凡强盗已行而不得财者，皆杖一百、流三千里；但得财者，不分首从，皆斩。"[1]《大清律例·刑律·贼盗》继续沿用《大明律》"强盗"条的刑律内容，同时又在律条之后新增20多条附例，进一步规定了强盗罪及其各种相关行为的具体处罚条款。例如，强盗打劫牢狱、仓库及攻击城池、衙门，达到百人以上者，不论是否得财，都按强盗得财的律条规定，不区分首从，一律处斩，然后还要枭首示众；强盗持有弓箭兵器拦路抢劫者，不论人数多少或是否伤人，一概依律处决，并于行劫之处枭首示众；衙役捕快参与强盗等暴力活动，不论本人是否造意为首，一律按造意首犯斩立决；如果与强盗交结往来，或走漏缉捕消息，不论是否得财，一概按强盗本犯之罪定罪；该管界官员及其上司失察，交付刑部议罪处刑；受命缉办强盗类案件，若有分赃或通敌行为，与盗贼同罪；若知情故纵，以窝藏罪论处；强盗同居共财之父、兄、伯、叔、弟等近亲，知情而又分赃者，比本犯减一等处罚；等等。

(三) 加强思想文化领域的高压控制

清朝入关后，为了维护和巩固以满族贵族为核心的专制集权统治，进一步加强思想文化领域的高压控制，特别是严防明朝末年以来反对专制集权制度的启蒙思想，疯狂镇压以汉族士人为首的反抗满族贵族集团压迫的反清意识，人为制造了大量的文字狱。其中以康熙、雍正、乾隆三朝达到高峰，仅文献记载的重要案件就有一百多起。这些案件大都是以汉族官僚士大夫的某些言论、文字或思想意识为罪状，人为编织的莫须有的罪名或冤案，很多文字狱被清廷视为触及了他们所忌讳的一些"禁区"。因此，对于文字狱的处理也非常严酷，大多是以谋大逆之类的重罪滥杀无辜，不仅用刑极重，并且株连甚广，充分暴露出清朝专制残暴统治及其严刑峻法的本质。这种大兴文字狱的结果，粗暴地扼杀了思想、文化、学术、教育等各个领域的健康发育，严重地阻碍了社会的发展进步。

二、维护满族特权地位

为了保障满族贵族专制集权的统治地位，清朝法律规定了一整

---

[1] 怀效锋点校：《大明律》卷十八《刑律一·贼盗》，法律出版社1999年版，第140页。

套维护满族政治、经济和司法等各方面特权地位的内容。

(一) 政治特权地位

在政治特权地位方面，主要表现为确保满族贵族在各级政权机构中的绝对支配地位。清朝标榜实行"满汉一体"[1]的行政管理体制，中央六部以及许多机构的长官同时设置满汉复职，但是实际权力则操控于满族长官手中，满官品级地位高于汉官。清朝专门设立有不同族类的选任补缺制度，"凡内、外官分满洲缺、蒙古缺、汉军缺、汉缺"[2]，不同序列的官职及其空缺只能由本族类的人出任或补缺。从中央到地方的所有要害部门的重要职位，例如中央机构中的理藩院、宗人府以及掌握钱粮、火药、兵器等重要物资的府库等，地方各省的驻防将军、都统、参赞大臣以及盛京五部侍郎等基本是满洲缺，原则上只能由满人或部分蒙古人担任及补缺。地方的总督、巡抚、司道、总兵、提督等要职，虽然名义上允许满汉兼用，但京师近畿地区或重要关隘要地一般只任用满人。以各省长官总督、巡抚的任职为例，清朝前期的康熙（1662～1722年）年间，由汉人出任者不超过十分之二三。至清朝中期的乾隆（1736～1795年）年间，各省巡抚的任职虽然大体满汉各占一半，而出任总督的却大多是满人。直到清朝后期的咸丰（1851～1861年）以后，一些汉族军阀势力在镇压太平天国的过程中乘机壮大起来，特别是随着北洋军阀集团的逐渐形成，汉族官员才在各省总督、巡抚的任职中占据多数。

(二) 经济特权地位

在经济特权地位方面，主要表现为通过律例法令限制旗地"与民交易"，以保护旗人财产所有权，保障其经济生活条件的稳定。清朝入关之初，为了安置大批的满洲贵族及八旗官兵，自顺治元年（1644年）起，先后三次颁布圈地令，大肆圈占京畿地区和直隶一带的汉人土地，作为分配给旗人占有和使用的旗地旗产。但是，"旗人不习耕种"，短期内难以适应农耕生产方式，康熙年间不断有人将旗地私自典当或转卖给汉民耕种。针对这种"私有质鬻"致使旗地旗产流失的现象，雍正即位后开始"清理旗地"，禁止违法典当或买卖，并且由官府出资强行"赎回"已被典卖的旗地。

---

[1] 《清史稿》卷一百八《选举志三》，中华书局1977年版，第3161页。

[2] 《清史稿》卷一百十《选举志五》，中华书局1977年版，第3205页。

乾隆时期又先后四次颁布禁例，继续限制旗人与汉民之间的田产典卖交易，同时强制赎回以往典卖的旗地旗产。此后直至咸丰（1851~1861年）初年，仍然反复重申这一禁令，并且进一步规定："若典鬻旗地，从盗卖官地律。"严厉追究买卖双方的刑事责任。进入光绪年间（1875~1908年），再度颁布禁令规定："无论旧圈自置，概不准售与民人。"[1]禁止旗民之间的旗地旗产交易，是为了保护旗人占有旗地的财产所有权制度，保障旗人的切身利益和生活稳定，维护旗人的经济特权地位。实际情况却是屡禁不止，旗民之间的田产交易始终无法杜绝，旗地旗产的私有化和不断流失成为大势所趋。

（三）司法特权地位

在司法特权地位方面，主要表现为旗人与非旗人犯罪同罪异罚，并且享有免刑、减等或换刑之类的特殊优待。《大清律例·名例律上》专门增加了"犯罪免发遣"条的规定："凡旗人犯罪，笞、杖各照数鞭责。军、流、徒免发遣，分别枷号。"这一规定将旗人的笞、杖刑改为鞭责，实际是变相减等换刑；充军或流、徒刑则以最低20日、最高90日的枷号，分别替代最低徒一年的监押服役、最高数千里的流放或发配充军。究其"原立法之意，亦以旗人生则入档，壮则充兵，巩卫本根，未便离远，有犯徒、流等罪，直以枷号代刑，强干之意则然"[2]。此外，旗人犯有窃盗之类的侵犯财产罪，一般可以免于刺字；即使犯重罪必须刺字，也只是刺臂而不刺面。对于旗人案件的审理，一般由专门的特殊司法机关管辖；其案犯的监禁，由特殊的监牢狱所单独关押。总之，无论是定罪量刑，还是司法审判或刑罚执行，旗人都享有不同于其他人的特权地位。

三、限制民间商事活动的发展

（一）海禁政策与对外贸易立法

清朝初年，为了阻止东南沿海地区与台湾抗清势力的联系，曾经粗暴地实行海禁政策，频繁地颁布禁海令和迁海令。顺治十二年（1655年），首次颁布禁海令，寸板不许下水，渔民不准出海捕捞，

---

[1]《清史稿》卷一百二十《食货志一》，中华书局1977年版，第3496页。
[2]《清史稿》卷一百四十三《刑法志二》，中华书局1977年版，第4196页。

违者以通敌罪论处。此后,顺治十八年、康熙元年(1662年)和康熙十七年又先后三次颁布迁海令,强制闽、广、苏、浙一带的沿海居民向内地迁徙50里,越界立即处斩,将东南沿海地区四千余里的海岸线变成人烟绝迹的无人区,致使海外贸易活动遭到彻底禁绝。

康熙二十二年统一台湾后,第二年开始解除海禁,允许商民出洋贸易,海外贸易活动逐渐恢复起来。自康熙二十四年起,相继在江苏云山、宁波、漳州、澳门设立了江、浙、闽、粤四个海关,专门负责征收关税,管理海外贸易事务,并且不断制订和修订过一些"海税则例"之类的海外贸易及税收管理法规。[1]

康熙五十六年,因商民私自将稻米偷运出海,导致内地米价大幅上涨,决定再度颁布禁海令,停止与南洋的海外贸易,严禁向外国人出售船只和出口粮食,并且下令地方官员对于外国商船严加防范,违者严刑处治。

视频资料:
康熙闭关之谜

乾隆二十二年(1757年),为了加强对外国商船及其海外贸易的管理,决定实行"一口通商",外国商船只准在广州港停泊交易,由粤海关征收船舶税和货物税,合称关税。而在广州进行的中外贸易,必须经由官方指定的垄断代理商"十三行"统一进行。它既是外商在华贸易活动的代理者和担保者,也是清朝官府与外国商人之间的中介机构。十三行还在广州城外开设商馆,作为外商来华贸易的办事处及其住所。

对于出口货物的种类和数量,清朝法律有严格限制。根据《大清律例·兵律·关津》的规定,"凡将马牛、军需铁货、铜钱、缎匹、绸绢、丝绢、丝绵私出外境货卖及下海者,杖一百",没收其货物及车船;"若将人口、军器出境及下海者,绞;因而走泄事情者,斩"。《大清律例》附例也有近30条有关规定。

清朝的海禁政策与海外贸易立法,限制了民间海外贸易和商业活动的顺利开展,阻碍了对外贸易和商品经济的正常进行,影响了沿海地区工商业以及整个社会经济的健康发展。

(二)限制私营工商业的发展

1. 限制民间矿业发展。明朝长期实行官营垄断矿业制度,严密控制并限制民间私营矿冶生产活动,阻碍了矿冶业以及手工业的

---

[1] 参见《清史稿》卷一百二十五《食货志六》,中华书局1977年版,第3675页。

第八章　清代前期法律制度

正常发展。清朝入关后，一度放宽民间私营矿业开采经营活动，"听民采取，输税于官"[1]，通过在官府登记备案和征收矿税的方式进行监管。但是，矿产资源关系国计民生的发展，矿冶业又是利润丰厚的产业，官府不可能听任民间私营矿业恣意扩张，也绝不会长期坐视矿产收益任意流失。更重要的是矿冶生产大多地处穷乡僻壤，原本就难于监管，加之从业矿徒又大多是青壮年苦力或服役刑徒，他们聚集在一起极易反抗闹事。基于经济和政治等多种原因，自康熙四十年以后，多次颁布谕令，开始禁止民间开采矿冶活动："开矿事情，甚无益于地方。嗣后有请开采者，俱不准行。"[2] 雍正帝曾经直言道出朝廷的担忧，"开采一事"，"人数众多，为害甚巨。从来矿徒，率皆五方匪类"。因此，必须控制和限制民间私营矿冶的发展，禁绝"匪类乌合于深山穷谷之中"[3]的聚集土壤。

2. 厉行禁榷专卖制度。清朝沿袭传统的重农抑商政策，进一步厉行禁榷专卖制度，对盐、茶、矾等重要商品实行官府垄断经营。《大清律例》继续沿用《大明律》的立法内容，也制定了"盐法"、"私茶"与"私矾"等专门条款，严惩违法生产和经营国家禁榷专卖商品。其中的律条部分，基本照搬《大明律》的内容；而律条之后所附条例，则在继承明朝《问刑条例》规定的基础上又有扩充。《问刑条例》中的《盐法条例》和《私茶条例》分别为7条和4条，而《大清律例》中的"盐法"和"私茶"所附条例增加为15条和6条。这些禁榷专卖制度的律例规定，严重制约了民间工商业的扩大再生产，违背了社会经济发展的客观规律，也极大地影响了人们的日常生活。

四、刑罚制度的变化

（一）五刑体系的变化

清朝刑罚制度仍以五刑体系为基本刑名，同时对刑罚执行方式做出了一些改变。对于徒刑和流刑两种刑罚，清朝继续沿袭明朝定制，对五等徒刑分别附加杖六十至杖一百，对三等流刑都附加杖一

---

[1]《清史稿》卷一百二十四《食货志五·矿政》，中华书局1977年版，第3664页。

[2]（清）俞正燮：《癸巳存稿》卷九，转引自张晋藩：《中华法制文明史（古代卷）》，法律出版社2013年版，第649页。

[3]《清世宗实录》卷二十四，转引自张晋藩：《中华法制文明史（古代卷）》，法律出版社2013年版，第649页。

百。对于死刑,清朝将绞、斩两种刑罚分别分为监候和立决两等。绞、斩立决属于决不待时,必须立即执行,主要用于性质严重、情节恶劣、危害较大的犯罪。绞、斩监候一般是将罪犯先行审理,拘押于牢狱监候,留待秋审或朝审复核后,再决定是否执行死刑或是否给予减刑处置。此外,清朝不仅继续沿用明朝的凌迟刑,作为重于绞、斩的法定死刑,而且比明朝凌迟刑的适用范围进一步扩大,所适用的罪名大大超过明朝,主要"用之十恶中不道以上诸重罪"[1],即针对"十恶"中谋反、谋大逆、谋叛、恶逆、不道等五类重罪,大有不断加重的趋势。

(二) 其他酷刑的增多

在法定五刑制度之外,清朝还使用一些其他刑罚,其中不乏带有肉刑性质的酷刑,主要有:①发遣,将罪犯发配到边疆地区,给八旗等驻防官兵当差为奴,是清朝首创的仅次于死刑的一种重刑;②充军,始于明朝,清朝废止永远充军,只保留罪犯本人终身充军,并将其分为附近(二千里)、近边(二千五百里)、边远(三千里)、极边(四千里)、烟瘴(四千里)五等,俗称"五军",它轻于发遣而重于流刑;③迁徙,源于唐朝的"杀人移乡",清朝定为把罪犯及其亲属迁出千里之外安置,轻于充军和流刑。但它使用并不太多,主要用于对西南少数民族及其土司犯罪的处罚,"土蛮、瑶、僮、苗人仇杀劫掳及改土为流之土司有犯,将家口实行迁徙";④刺字,起初主要适用于"贼盗"或逃亡等罪犯,后来使用越来越广泛,有关条例的规定也不断增多,"刺缘坐,刺凶犯,刺逃军、逃流,刺外遣、改遣、改发。有刺事由者,有刺地方者,并有分刺满、汉文字者。初刺右臂,次刺左臂,次刺右面、左面。大抵律多刺臂,例多刺面",实际成为清朝广泛使用的一种肉刑;⑤枷号,始于明朝,"本以羁狱囚。明代《问刑条例》,于本罪外或加以枷号,示戮辱也"。清朝使用逐渐增多,根据轻重分为不同期限,"其数初不过一月、二月、三月,后竟有论年或永远枷号者"。乾隆五年(1740 年),曾经对木枷重量进行规范,"改定应枷人犯俱重二十五斤,然例尚有用百斤重枷者"。

除了以上常用酷刑,清朝还滥用一些野蛮残酷的法外死刑,主要有:①枭首,即斩首后将罪犯头颅高悬示众,是自先秦以来即已

---

[1] 《清史稿》卷一百四十三《刑法志二》,中华书局 1977 年版,第 4198 页。

出现的一种酷刑，明朝使用开始增多，清朝又不断扩大其适用的罪名范围，主要以适用"强盗居多"；②戮尸，对未及行刑而死亡的人砍斫其尸体，以惩罚和屠辱其生前的犯罪。明朝万历十六年（1588年）制定专门条例，开始对谋杀祖父母、父母者使用戮尸。清朝沿用明制，并扩大适用范围，"所以待恶逆及强盗应枭诸犯之监故者"[1]，即用于"十恶"中谋反、谋大逆、谋叛、恶逆等罪及强盗应处枭首而行刑前死亡者。

第三节 司法制度

一、司法机关

（一）中央司法机关

清朝普通司法机关的设置，基本沿袭明朝体制，中央仍以刑部、大理寺和都察院为"三法司，刑部受天下刑名，都察院纠察，大理寺驳正"[2]，分工明确，各自分别行使职权，构成相互牵制关系。

刑部是全国最高司法审判机关，"掌折狱审刑，简核法律，各省谳疑，处当具报，以肃邦纪"，主要负责核拟死刑案件，并上报皇帝审批裁定；批结全国充军及流刑类案件，审理京师地区笞杖刑以上现审案件和中央所属官吏犯罪案件，同时负责司法行政事务。刑部下设十七清吏司，"各掌其分省所属刑名"[3]案件。

真题 2012 –1

大理寺是全国最高审判复核机关，"掌平反重辟，以贰邦刑"[4]，主要负责复核刑部拟判的死刑案件，对于定拟不当的案件，有权驳回刑部重审；同时参与秋审、朝审案件的会审，主持热审案件的会审。

都察院是全国最高行政监察和司法监督机关，号称"风宪衙门"，"掌察核官常，参维纲纪"[5]，有权检察、监督司法审判及刑

---

[1] 以上引文及内容，参见《清史稿》卷一百四十三《刑法志二》，中华书局1977年版，第4195～4198页。

[2] 《清史稿》卷一百四十四《刑法志三》，中华书局1977年版，第4206页。

[3] 以上引文见《清史稿》卷一百十四《职官志一·刑部》，中华书局1977年版，第3288页。

[4] 《清史稿》卷一百十五《职官志二·大理寺》，中华书局1977年版，第3308页。

[5] 《清史稿》卷一百十五《职官志二·都察院》，中华书局1977年版，第3302页。

罚执行，参与秋审、朝审等重大案件的会审，受理冤情申诉、登闻鼓直诉等京控案件。各省死刑案件上报刑部核拟后，须经都察院签署意见，再报送大理寺复核无误，然后由刑部办理题奏，报请皇帝裁决。

（二）地方司法机关

清朝地方仍然实行司法与行政合一体制，各级司法审判事务由同级行政机关兼理，一般不设置专门的司法机关。清朝地方行政机关分为省、府（直隶厅、州）、县（厅、州）三级，各省以总督、巡抚为行政长官，同时兼掌本省司法审判职能；其下设置按察司，为一省的行政监察与司法审判的专门机关。各省之下，由府、县两级行政长官分别兼理所辖同级司法审判事务。

（三）特殊司法机关

清朝特殊司法机关，是普通司法机关体系之外，专门管辖旗人案件和少数民族案件的两类司法机关。

在京师地区，主要由宗人府管辖满族宗室贵族案件，"若宗室有犯，宗人府会刑部审理。觉罗，刑部会宗人府审理。所犯笞、杖、枷号，照例折罚责打；犯徒，宗人府拘禁"[1]；户部现审处有权管辖"八旗户口田房诤讼"[2]类民事经济案件；步军统领衙门可以管辖"内城"旗人"笞、杖及无关罪名词讼"的轻刑或非刑事案件。在盛京地区，主要由"盛京刑部掌谳盛京旗人及边外蒙古之狱"。而其他外省地区，在"旗营驻防省分，额设理事、同知。旗人狱讼，同知会同州县审理"[3]。

清朝中央设有理藩院，"掌内外藩蒙古、回部及诸番部"等各少数民族事务。其中所设理刑司，主要"掌蒙古、番、回刑狱诤讼"[4]等少数民族地区上报或上诉案件的复审与复核；至于"死罪由盟长核报理藩院，会同三法司奏当"[5]，最终将会同审理结果报经皇帝裁定。

---

[1]《清史稿》卷一百四十四《刑法志三》，中华书局1977年版，第4212页。

[2]《清史稿》卷一百十四《职官志一·户部》，中华书局1977年版，第3276页。

[3]《清史稿》卷一百四十四《刑法志三》，中华书局1977年版，第4212~4213页。

[4]《清史稿》卷一百十五《职官志二·理藩院》，中华书局1977年版，第3298~3299页。

[5]《清史稿》卷一百四十四《刑法志三》，中华书局1977年版，第4213页。

第八章 清代前期法律制度

二、诉讼审判制度

（一）诉讼制度

清朝诉讼程序及其限制，与明朝以前基本相同。例如：逐级告诉，禁止越诉；冤案中诉，允许直诉朝廷；一般性犯罪，禁止卑幼控告尊长；严禁诬告，诬告者加重反坐之刑；等等。

根据级别管辖制度的规定，清朝地方诉讼审判分为县（厅、州）、府（直隶厅、州）、省按察使及总督、巡抚四个审级。

县（厅、州）为第一审级，"各省户、婚、田土及笞、杖轻罪，由州县完结，例称'自理'"[1]。县级司法机构有权审判土地、房产、婚姻、继承、斗殴等适用笞、杖刑以下的轻微案件；对于人命、强盗等适用徒刑以上的重罪案件，在受理立案并经过初审后，必须将案卷连同案犯一并解送本府进行审理。

府（直隶厅、州）为第二审级，主要审理下属各州、县移送上报的徒刑以上案件和不服州、县判决的上诉或申诉案件；徒刑以上案件，必须将所做判决上报本省按察司进行复核。

省按察司为第三审级，复核下属各府（直隶厅、州）上报的徒刑案件，复审充军、流刑、死刑案件及其案犯；经过复核或复审后，若无异议，可签署意见上报本省总督或巡抚批复；如果发现问题，可驳回下属原审机关或改发其他指定府、州、县进行重审。

总督、巡抚为第四审级，批复经按察司复核后而无异议的徒刑案件；复核按察司上报的充军、流刑案件，如无异议，咨报刑部听候批复；对于死刑案件，必须亲自复审被告，如无疑义，可签署意见，专案奏报皇帝，并将副本咨送大理寺和都察院。

（二）会审制度的发展

清朝的会审制度，除继承明朝三司会审、九卿会审及热审等会审制度外，最重要的发展是对明朝的朝审制度加以完善，建立起一套比较系统的秋审、朝审制度。清朝基于"人命至重，死者不可复生，其所矜慎，尤在实、缓"，故"朝审秋决，系刑狱重典"的认识，对各省报送朝廷的死刑监候案件和刑部在押的京师死刑"现审案件"，分别采用秋审和朝审的复核会审程序。

每年秋审以前，各省先对死刑监候案件逐级审理、复核，再

真题 2012-2

---

[1]《清史稿》卷一百四十四《刑法志三》，中华书局 1977 年版，第 4207 页。

"将人犯提解省城",当堂审录"会勘",分别提出"情实""缓决""可矜""留养承祀"等初步定拟意见,按距离京城远近先后顺序,在限定的上报截止日期前,将本省结案"题本",经由内阁票拟,进呈皇帝"具题请旨",同时将副本"揭帖"咨送刑部。皇帝颁旨"三法司核拟具奏",把案件批到刑部,由刑部"主稿",拟定案件批语,分别抄送大理寺和都察院审核,并签署通过后,刑部尚书领衔,将"三法司核拟"结果奏报皇帝。经皇帝御览批复,再由"刑部将原案及法司、督抚各勘语刊刷招册,送九卿、詹事、科道各一分",即提前把秋审案犯名册及相关批语意见,分送参加秋审的各个衙门。

农历八月的秋审之日,在天安门前金水桥西朝房,由三法司、九卿、詹事、科道官及军机大臣、内阁大学士等三品以上重要官员,对此前定拟的地方各省和京师地区的死刑监候案件进行会审。首日先对京师案犯进行朝审,"刑部将监内应死人犯提至当堂,命吏朗诵罪状及定拟"意见;"次日秋审,凭招册审核"地方各省监候案件,最后由刑部领衔,以全体会审官员名义,将"会同详核"结果具题,奏报皇帝进行裁决。

真题2017

真题2021

秋审和朝审后的处理方式有"情实""缓决""可矜""可疑""留养承祀"等五种。奉旨定为"情实"者,根据具体案情,大多经皇帝勾决后,择日执行死刑;偶尔也有免予勾决者,仍然打回监候,来年再审。"入缓决者,得旨后,刑部将戏杀、误杀、擅杀之犯,奏减杖一百、流三千里;窃赃满贯、三犯窃赃至五十两以上之犯,奏减云、贵、两广极边、烟瘴充军;其余仍旧监固,俟秋审三次后查办";一般经过三次列入"缓决"者,大多减为流刑或发遣。"入可矜者,或减流,或减徒",大都以"情有可原"之由减刑改判。"留养承祀"[1]源于北魏律确立的"留养其亲",即"祖父母、父母年七十已上,无成人子孙,旁无期亲者"[2],并且所"犯死罪非常赦不原"[3]的"十恶"之类重罪,经皇帝批准,"将该犯枷号两月,责四十板释放"。而"可疑"一项,"疑狱不经见"[4],清朝

---

[1] 以上引文及内容见《清史稿》卷一百四十四《刑法志三》,中华书局1977年版,第4207~4209页。

[2] 《魏书》卷一百一十一《刑罚志》引《后魏律·法例律》,中华书局1974年版,第2885页。

[3] 田涛、郑秦点校:《大清律例》卷四《名例律上·犯罪存留养亲》,法律出版社1999年版,第99页。

[4] 《清史稿》卷一百四十四《刑法志三》,中华书局1977年版,第4209页、4207页。

从未使用过。

拓展阅读材料

1. 田涛、郑秦点校：《大清律例》，法律出版社 1999 年版。

2. 《大清会典》，中华书局 1987 年版。

3. 《大清律集解附例》，杨一凡、田涛主编：《中国珍稀法律典籍续编》第五册，黑龙江人民出版社 2002 年版。

4. 《清代宫廷法规六种》，杨一凡、田涛主编：《中国珍稀法律典籍续编》第六册，黑龙江人民出版社 2002 年版。

5. （清）薛允升：《唐明清三律汇编》，杨一凡、田涛主编：《中国珍稀法律典籍续编》第八册，黑龙江人民出版社 2002 年版。

6. 《少数民族法典法规与习惯法》（上、下），杨一凡、田涛主编：《中国珍稀法律典籍续编》第九、十册，黑龙江人民出版社 2002 年版。

7. 《清史稿》卷一百四十二至一百四十四《刑法志》，中华书局 1977 年版。

8. （清）沈家本：《历代刑法考》，中华书局 1985 年版。

第九章 清末法律制度的变革

（公元 1840 年~1912 年）

视频资料：
虎门销烟

清末法律制度的变革，是中国近代历史上的一次重大变法改良运动，主要是通过预备立宪、修订法律和改良司法等一系列活动进行的。虽然清廷从主观上是要通过变法改良来挽救自己的统治危机，但在客观上却加速了君主专制集权制度的衰亡进程，推动了中国社会的近代转型，为中国法律制度的近代化奠定了基础。

第一节 清末预备立宪

一、预备立宪的背景与政治目的

视频资料：
清十二帝疑案
之光绪

视频资料：
初兴洋务

自 1840 年爆发的鸦片战争失败后，西方列强纷纷入侵中国，民族矛盾和民族危机日益加深。洋务派首先意识到中国因现代军事技术落后而遭遇野蛮侵凌的现实，试图通过洋务运动达到"师夷长技以制夷"的目的。然而，黑暗腐败的君主专制制度还是导致了中日甲午战争的惨败。这一屈辱促使立宪派开始宣传和推动变法改良，主张以君主立宪取代君主专制。尽管光绪二十四年（1898 年）的戊戌变法遭到了以慈禧太后为代表的顽固守旧势力的疯狂镇压，但日益加剧的内忧外患压力，特别是在八国联军入侵下被迫流亡西安的耻辱和窘困，终于迫使清廷意识到："惟有变法自强为国家安危之命脉，亦即中国生民之转机。"[1]光绪二十六年十二月（1901 年 1 月），清廷下诏决定实行"变法"，推行"新政"，希望以此来缓和西方列强入侵引发的民族危机，回应立宪派要求变法改良的政治主张，从而寻求一条挽救清廷灭亡命运的自救出路。

---

〔1〕 上海商务印书馆编译所编纂：《大清新法令（1901~1911）》第一卷，商务印书馆 2010 年版，第 11 页。

二、预备立宪的主要活动

(一)五大臣出洋考察政治

光绪三十一年六月(1905年7月),清廷决定派载泽、戴鸿慈、徐世昌、端方、绍英等五大臣前往"东西洋各国考察政治"。十月(11月),"置考察政治馆,择各国政法宜于中国治体者,斟酌损益,纂订成书,取旨裁定"[1],以便确定立宪政体。

五大臣于当年十一月(12月)离京,分两批从上海乘船出洋,先后考察了欧美、日本等14个国家,第二年七月(8月)回国。历时半年多的考察,使他们开拓了政治视野,认识到西方"各国之所以富强者,实由于实行宪法",而中国"国势不振"[2]的原因也正在于此。载泽在《奏请宣布立宪密折》中明确指出,实行君主立宪政体有"三大利",即"皇位永固""外患渐轻"和"内乱可弭"[3],而不会损害清廷的利益。端方、戴鸿慈等人也主张改行立宪制度,认为这是中国学习西方国家走向富强的根本。这些主张消除了慈禧担心立宪会剥夺自身权力的顾虑,促使清廷决定实行预备立宪。

视频资料:
战败的结局

视频资料:
戊戌年的那些事

(二)颁布"仿行宪政"上谕

光绪三十二年七月十三日(1906年9月1日),清廷采纳五大臣的立宪主张,颁布"详晰甄核,仿行宪政,大权统于朝廷,庶政公诸舆论,以立国家万年有道之基"的上谕,同时以"目前规制未备,民智未开"为由,决定先从官制改革入手,"并将各项法律详慎厘订,而又广兴教育,清理财政,整顿武备,普设巡警,使绅民明晰国政,以预备立宪基础";"俟数年后规模初具,参用各国成法,妥议立宪实行期限,再行宣布天下"。

这道上谕明确宣示了"大权统于朝廷,庶政公诸舆论"的立宪指导原则,确立了清廷主导立宪大权的支配地位,开始启动预备立宪活动。但是,它并未明示预备立宪的具体期限及其时间安排,

视频资料:
血染帝都的政变

视频资料:
母子西逃记

---

[1]《清史稿》卷二十四《德宗本纪二》,中华书局1977年版,第953页。

[2] 上海商务印书馆编译所编纂:《大清新法令(1901~1911)》第一卷,商务印书馆2010年版,第37页。

[3] 故宫博物院明清档案部汇编:《清末筹备立宪档案史料》上册,中华书局1979年版,第174~175页。

而是要"视进步之迟速,定期限之远近"[1]。

(三) 改革官制

清末预备立宪的启动是从改革官制开始的,这也是为了适应立宪政体的需要而对政府体制进行的必要调整。自清廷流亡期间宣布实行"变法"、推行"新政"起,开始对部分中央官制陆续进行调整。光绪二十七年(1901年)将总理各国事务衙门改为外务部,二十九年设立商部,三十一年又设立巡警部和学部。[2]

光绪三十二年七月(1906年9月)颁布"仿行宪政"上谕后,次日即以载泽等人为编纂大臣,庆亲王奕劻等3人"总司核定",正式着手起草官制改革方案。九月(11月),清廷发布"先行厘定官制"的上谕,否决了奕劻等人主张裁撤军机处及旧内阁而改并为西方近代责任内阁的方案,随后颁布了修订后的中央官制改革方案,在保留军机处、旧内阁、宗人府、翰林院等机构的前提下,设置外务部、吏部、民政部、度支部、礼部、学部、陆军部、法部、农工商部、邮传部、理藩部等11个部。各部设置尚书一人、左右侍郎各一人为正副长官,其委派"不分满汉"[3]。但是,各部的主要权力实际操控于满洲官员之手,特别是外务部、陆军部、度支部、农工商部等重要部门完全由满人掌控,其结果是满洲贵族在中央各部中占据绝对优势,汉族官僚受到了排挤和压制,进一步强化了以满洲贵族为核心的君主专制中央集权制度及其统治地位。

光绪三十三年(1907年),继中央官制改革后,清廷又批准奕劻等人上奏的《各省官制通则》,公布地方官制改革方案,决定以东三省及条件比较优越的直隶、江苏两省为先行试点。[4]随后将张之洞、袁世凯等位高权重的汉族督抚调入中央担任军机大臣,逐步剪除地方封疆大吏特别是汉族官僚的军政实权。这次官制改革,虽然加强了满洲贵族的权力,却加剧了满汉官僚集团之间的矛盾,以致在后来立宪派掀起的四次国会请愿中,各省许多督抚也纷纷参与或表示支持。

---

[1] 以上上谕内容,见上海商务印书馆编译所编纂:《大清新法令(1901~1911)》第一卷,商务印书馆2010年版,第37页。

[2] 参见《清史稿》卷二十四《德宗本纪二》,中华书局1977年版,第953页。

[3] 以上内容,参见上海商务印书馆编译所编纂:《大清新法令(1901~1911)》第一卷,商务印书馆2010年版,第38~39、673~689页。

[4] 参见上海商务印书馆编译所编纂:《大清新法令(1901~1911)》第一卷,商务印书馆2010年版,第42页;同书第二卷,商务印书馆2011年版,第168~175页。

第九章 清末法律制度的变革

宣统即位后,又对中央官制进行调整,于宣统二年(1910年)增设海军部,三年裁撤吏部,改礼部为典礼院,将中央各部调整为10个。[1]

(四)颁布《钦定宪法大纲》

清廷毫无诚意的官制改革,否定责任内阁方案,乘机强化满洲贵族权势地位,引起立宪派的强烈不满,逐渐形成了一股要求速开国会的请愿高潮。光绪三十三年七月(1907年8月),清廷迫于各方压力,将考察政治馆改为宪政编查馆,责成办理宪政专项事宜,并于当月批准了《宪政编查馆办事章程》。[2]三十四年六月(1908年7月),清廷谕令宪政编查馆会同资政院,遵循"甄采列邦之良规,折衷本国之成宪"的立宪宗旨,迅速议定并奏呈宪法大纲。八月,正式批准并颁布宪政编查馆和资政院制订的《钦定宪法大纲》以及《议院未开以前逐年应行筹备事宜》,确定此后第九年(1916年)颁布正式宪法和召集议院。[3]

《钦定宪法大纲》是清末预备立宪活动中颁布的第一部宪法性法律,共两部分23条。其正文部分是"君上大权"14条,另附"臣民权利义务"9条。

"君上大权"开篇第一条明确规定:"大清皇帝统治大清帝国,万世一系,永永尊戴。"第二条进一步强调:"君上神圣尊严不可侵犯。"基于这一根本精神,"宪法大纲"以国家基本大法的形式,通过其他各条规定,全面赋予皇帝管理国家的各项大权。

"臣民权利义务"的内容,重在规定臣民的纳税、服兵役和遵守法律等义务,而对权利和自由的规定则附加了一些限制性条件。例如:"臣民中有合于法律、命令所定资格者,得为文武官吏及议员";"臣民于法律范围以内,所有言论、著作、出版及集会、结社等事,均准其自由";"臣民非按照法律所定,不加以逮捕、监禁、处罚"[4];等等。

---

[1] 参见《清史稿》卷二十五《宣统皇帝本纪》,中华书局1977年版,第994页。
[2] 参见上海商务印书馆编译所编纂:《大清新法令(1901~1911)》第一卷,商务印书馆2010年版,第43页;同书第二卷,商务印书馆2011年版,第9~12页。
[3] 参见上海商务印书馆编译所编纂:《大清新法令(1901~1911)》第一卷,商务印书馆2010年版,第58~60页。
[4] 以上大纲内容,见上海商务印书馆编译所编纂:《大清新法令(1901~1911)》第一卷,商务印书馆2010年版,第118~120页。

《钦定宪法大纲》基本依据明治维新时颁行的《大日本帝国宪法》制定而成,全面抄袭了关于君主权力的各项规定,同时新增了议会闭会期间君主筹措经费等项权力,但却删除了日本宪法所规定的臣民迁徙、宗教信仰、通信、请愿等自由,并对其他政治自由及其权利加以限制,因而遭到了强烈的反对和抨击。从本质上说,它实际是以国家根本法的形式,继续维护君主专制统治,其结果是皇帝专权而人民无权。

当然,作为中国历史上第一部宪法性法律,我们也应充分认识到《钦定宪法大纲》的开创性作用和历史性意义。它首次建立中国近代君主立宪政体,在一定程度上限制了两千多年来漫无边际的君主权力。例如:它规定君主应当服从宪法的约束,接受议院的制约,不干扰司法机关的审判活动等,这些都是历代君主专制制度从来没有的。同时,它也首次以国家根本法的形式规定了臣民的自由、权利和义务,尽管它附加了一些限制性条件,但与以往的君主专制政权相比,毕竟是一种历史性的进步。

真题 2010-1

真题 2017

(五) 设立资政院和各省咨议局

资政院和各省咨议局是清末预备立宪过程中正式议会成立之前的一种临时议事机构,分别代行中央议院和地方各省议会的职责。

1. 资政院。光绪三十三年八月(1907 年 9 月),清廷颁布上谕,"设资政院,以立议院基础。著派溥伦、孙家鼐充该院总裁,所有详细院章,由该总裁会同军机大臣妥慎拟订,请旨施行"[1]。宣统元年七月(1909 年 8 月),清廷批准并公布《资政院院章》,内容共 10 章。根据它的规定,资政院的"职掌"主要是议决"国家岁出入预算"与"决算事件"、"税法及公债事件"、"新定法典及嗣后修改事件,但宪法不在此限"以及"其余奉特旨交议事件"。对于"资政院议决事件,若军机大臣或各部行政大臣不以为然",可咨请资政院复议;资政院"若仍执前议",则由双方"分别具奏,各陈所见,恭候圣裁"。

资政院议员,以钦选和互选两种方式产生,任期三年。钦选议员 100 人,由皇帝在年满三十岁的宗室王公、贵族世爵、中央各部

---

[1] 上海商务印书馆编译所编纂:《大清新法令(1901~1911)》第一卷,商务印书馆 2010 年版,第 43 页。

第九章　清末法律制度的变革

院四至七品官员（审、检、警官除外）、硕学通儒及纳税多额者等七种人中钦定，各类分别限定名额；互选议员100人，由各省咨议局议员互选产生候选人，再"由该省督抚覆加选定"[1]。

资政院于宣统二年八月（1910年9月）宣告成立，九月一日（10月3日）举行"开院礼"暨第一次常年会，历时三个月零十天，先后通过二十多项议案，但多数未得到清廷的重视和采纳。第二年九月一日（1911年10月22日），资政院举行第二次常年会，又通过一系列重大议案。[2]但此时辛亥革命已爆发，清廷不久即被推翻。

真题2013-1

真题2020

2. 咨议局。在筹建资政院的同时，清廷又于光绪三十三年九月（1907年10月）颁布上谕，"著各省督抚均在省会速设咨议局"，作为各省"采取舆论之地"，以便"指陈通省利病，筹计地方治安，并为资政院储材"[3]做准备。第二年六月（1908年7月），颁布宪政编查馆奏定的《咨议局章程》12章和《咨议局议员选举章程》8章。前者第一条开宗明义，再度重申："咨议局钦遵谕旨，为各省采取舆论之地，以指陈通省利病、筹计地方治安为宗旨。"其"职任权限"主要是议决本省范围内的有关事件，申复资政院或督抚咨询事件，选举资政院议员等。

各省咨议局议员"用复选举法选任之"，任期3年，"连任以一次为限"。初选以基层各厅、州、县为选区，当选者再集中于府或直隶厅、州进行复选。凡本省籍贯年满25岁男子，具备该章程规定的学识、资历、名位、5000元以上营业资本或不动产等条件者；非本省籍贯年满25岁男子，寄居本省满10年以上，并在寄居地有万元以上营业资本或不动产者，均有选举议员之权。凡本省籍贯或寄居本省满10年以上、年满30岁男子，有被选举为议员之权。"品行悖谬"、有犯罪前科、"营业不正"、在财产方面缺失信用、"吸食鸦片"、有心理疾患、"身家不清白"、不识字者等8种人不得有选举权及被选举权。凡本省官吏、军人、巡警、宗教、学

---

[1] 以上院章内容，见上海商务印书馆编译所编纂：《大清新法令（1901~1911）》第六卷，商务印书馆2011年版，第89~98页。

[2] 参见《清史稿》卷二十五《宣统皇帝本纪》，中华书局1977年版，第997页。

[3] 参见上海商务印书馆编译所编纂：《大清新法令（1901~1911）》第一卷，商务印书馆2010年版，第47页。

生等5种人,暂时停止选举权及被选举权。[1]这些选举资格的规定,实际保障了少数有财产、地位、学历等人的选举权和被选举权,剥夺或限制了妇女及大多数民众的选举权及被选举权。

宣统元年二月(1909年3月),各省相继启动咨议局议员选举议程,各地立宪派人士积极参加竞选,其重要人物大都进入咨议局,并担任议长或副议长职务。到九月一日(10月14日),除新疆之外,全国21个行省都成立了咨议局。虽然咨议局并非正式的地方议会,基本属于各省的一种咨询性机构,但它毕竟为各地立宪派提供了一个舆论宣传和政治活动的场所。此后,各地立宪派及各省咨议局曾经多次发动国会请愿,对于推动预备立宪进程发挥了很大作用。

(六) 改组内阁

各省咨议局成立后,立宪派获得了合法活动的场所,在宣统元年十二月(1910年1月)至宣统二年十一月(1910年12月)的一年中曾经发动四次请愿活动,要求清廷速开国会,建立责任内阁。特别是第三次请愿活动获得了许多地方督抚的支持,他们联名上奏,吁请清廷加快立宪进程。宣统二年十月,清廷下诏将原定9年的预备立宪期限缩短3年,改为宣统五年(1913年)召开国会,开设议院。[2]十一月,谕令宪政编查馆修订预备立宪筹备方案,并草拟内阁官制。宣统三年四月(1911年5月),颁布宪政编查馆与会议政务处拟定的《内阁官制》19条和《内阁办事暂行章程》14条,裁撤军机处,将旧内阁改组为责任内阁,由13名国务大臣组成,设总理大臣1人、协理大臣2人、各部大臣10人。[3]但在这届内阁成员中,汉族官僚仅有4名,而满洲贵族则有9名,其中的皇族宗室竟有7名之多,因而被称为"皇族内阁"。不过,裁撤军机处和成立责任内阁,毕竟对朝廷的权力有所削弱,有助于将皇帝专权向责任内阁过渡。

(七) 公布《宪法重大信条十九条》(简称"十九信条")

清末的预备立宪虽然取得了一些成果,但清廷缺乏诚意的消极

---

[1] 以上章程内容,见上海商务印书馆编译所编纂:《大清新法令(1901~1911)》第一卷,商务印书馆2010年版,第77~113页。

[2] 参见《清史稿》卷二十五《宣统皇帝本纪》,中华书局1977年版,第986页。

[3] 参见上海商务印书馆编译所编纂:《大清新法令(1901~1911)》第十一卷,商务印书馆2010年版,第191~198页。

态度,根本无法解决不断加剧的社会问题,也无助于挽救日益严峻的统治危机。宣统三年八月十九日(1911年10月10日),终于爆发了辛亥革命。武昌起义的首义成功,迅速影响到南方各省,它们纷纷宣布独立,相继成立各省都督府,脱离宣统王朝的控制,清廷处于分崩离析的极度危险之中。一些立宪派和督抚军阀相继上奏,敦促清廷立即公布宪法和召开国会。在内外交困的严峻形势下,清廷立即下令资政院,仅用三天便制定并通过了《宪法重大信条十九条》,于九月十三日(11月3日)由摄政王载沣公布,简称"十九信条"。

视频资料:
宪法的诞生
与发展

"十九信条"是在革命形势高涨时期,清廷面临内外压力的不利局面时制定的,因而较之于《钦定宪法大纲》有一些重要变化。其中最根本的变化是转而改用英国式的君主立宪制和责任内阁制,对皇权、皇位继承制度以及皇族参政等方面作出了明确的限制,而对国会的权力有所扩大。例如,"皇帝之权,以宪法所规定者为限";"皇位继承顺序,于宪法规定之";"宪法由资政院起草议决,由皇帝颁布之";"宪法修改提案权属于国会";"皇族不得为总理大臣及其他国务大臣并各省行政长官";军队"对内使用时,应依国会议决之特别条件,此外不得调遣";"不得以命令代法律";"国际条约,非经国会议决,不得缔结";"官制官规,以法律定之";"皇室经费之制定及增减,由国会议决";"皇室大典不得与宪法相抵触";等等。在国会正式成立之前,暂由资政院代行国会的权力。[1]可见,"十九信条"的制定和颁布,代表了清末预备立宪的最高成就。但是,它毕竟来得太晚了,随着不久的清帝退位,它也成为一纸空文。

第二节 清末修律的重要活动与影响

一、修律的宗旨

1840年鸦片战争以来,随着西方列强的蜂拥而至和资本主义制度的持续影响,中国社会的政治经济结构发生了巨大变化,而传

---

〔1〕 参见故宫博物院明清档案部汇编:《清末筹备立宪档案史料》上册,中华书局1979年版,第102~103页。

统的法律制度完全不能适应这一社会变化。因此,全面修订法律体系及其立法内容,以反映民族资产阶级、立宪派乃至西方入侵者等朝野各界的利益诉求,同时缓和清廷的政治危机,成为清末进行变法改良的必然选择和根本原因。

另一方面,西方列强来到中国,不愿受到清朝的法律约束和司法管辖,声称中国的法律野蛮、司法腐败、监狱黑暗,因而强迫清廷签订一系列不平等条约,强行攫取了各种法外特权,严重破坏了中国的领土和主权完整。光绪二十八年(1902年),通商大臣张之洞与外国代表修订商约时,英、日、美、葡等国曾经提出许诺,只要清廷改良立法和司法现状后,他们可以放弃领事裁判权。清朝统治者轻信了这一有条件放弃领事裁判权的许诺,希望通过修订法律和改良司法而收回领事裁判权,也成为清廷决定修律的又一重要原因。

光绪二十八年,袁世凯、刘坤一、张之洞等督抚"会保刑部左侍郎沈家本、出使美国大臣伍廷芳修订法律,兼取中西"[1],得到清廷允准,遂颁布上谕,决定筹建修订法律馆,开始启动修律活动:"现在通商交涉事益繁多,著派沈家本、伍廷芳将一切现行律例,按照交涉情形,参酌各国法律,悉心考订,妥为拟议,务期中外通行,有裨治理。"[2]这道上谕明确规定了"中外通行,有裨治理"的修律宗旨,强调修律既要"参酌各国法律,妥为拟议",又要遵循中国传统伦理纲常的根本精神,兼顾中外双方的共同需要。

宣统元年(1909年),在修律活动迅速推进,修律争议相持不下之际,清廷再度颁布上谕,进一步强调:"中国素重纲常,故于干犯名义之条,立法特为严重。良以三纲五常阐自唐虞,圣帝明王兢兢保守,实为数千年相传之国粹,立国之大本。今寰海大通,国际每多交涉,故不宜墨守故常,致失通变宜民之意,但只可采彼所长,益我所短。凡我旧律义关伦常诸条,不可率行变革,庶以维天理民彝于不敝。该大臣等务本此意,以为修改宗旨,是为至要。"[3]这道上谕再次重申和具体阐释了修律宗旨,既要"采彼所

---

[1]《清史稿》卷一百四十二《刑法志一》,中华书局1977年版,第4187页。
[2] 上海商务印书馆编译所编纂:《大清新法令(1901～1911)》第一卷,商务印书馆2010年版,第16页。
[3] 上海商务印书馆编译所编纂:《大清新法令(1901～1911)》第五卷,商务印书馆2010年版,第2页。

长，益我所短"，吸收国际通行的西方近代法律制度，又要维护"三纲五常"之传统"国粹"，而决不能动摇"素重纲常"的"立国之大本"。

二、修律的重要活动

（一）刑法典的修订

1.《大清现行刑律》。由修订法律大臣沈家本等人对《大清律例》进行全面删改而成的一部"旧刑律"，属于"新刑律"即后来的《钦定大清刑律》正式颁布之前的一部过渡性法典。光绪三十一年三月（1905年4月），沈家本等人遵照清廷修订"现行律例"的谕旨，奏请"先将律例内重刑变通酌改"，获准对《大清律例》进行全面删改。[1]宣统元年八月（1909年10月），修订法律馆完成《大清现行刑律》的编订，由清廷发交"宪政编查馆核议"。宣统二年四月（1910年5月），经反复修订后下诏颁行，并且确定"此项刑律为改用新律之预备"[2]。

真题 2012－1

真题 2019－1

《大清现行刑律》共36卷389条，附例1327条，后附《禁烟条例》12条、《秋审条款》165条。在法典形式和法律内容方面，它对《大清律例》进行了以下一些重要的删改和修订：

第一，在体例形式方面，调整明清律以来的法典结构，取消吏律、户律、礼律、兵律、刑律、工律等按六部分类的篇目，改为从"名例"到"河防"分为30门。

第二，在刑罚体系方面，改进隋唐以来的笞、杖、徒、流、死等五刑制度，确立罚金、徒、流、遣、死等五刑制度，删除凌迟、枭首、戮尸、缘坐、刺字等酷刑；将五等充军刑中的附近、近边、边远三等并入流刑三等，极边、烟瘴两等改为遣刑；禁止刑讯，废止枷号；等等。[3]

---

〔1〕 参见上海商务印书馆编译所编纂：《大清新法令（1901～1911）》第一卷，商务印书馆2010年版，第30页。

〔2〕《清史稿》卷二十五《宣统皇帝本纪》，中华书局1977年版，第982页。

〔3〕 参见《清史稿》卷一百四十三《刑法志二》，中华书局1977年版，第4202页。"五刑"的具体规定是：罚金十等，用以替代原来的笞、杖刑，从一等罚至十等罚，依次罚银五钱至十五两；徒刑五等，仍为一年至三年；流刑三等，仍为二千里至三千里；遣刑二等，"极边照四千里和烟瘴地方安置，曰新疆当差"；死刑两等，仍为绞、斩。对徒、流、遣刑不再附加杖刑，分别收入本地或流、遣地习艺所"工作"或"习艺"。

第三，在民事内容方面，对涉及田宅、钱债、析产、婚姻、继承等带有民事性质的违法行为，大多改为经济处罚类的罚刑，而不再处以身体刑或劳役刑。但是，对于抢夺、强占、欺诈、骗取婚姻财产等情节严重的违法犯罪行为，仍然处以徒刑以上重刑。

第四，在主体身份方面，改变良贱之间同罪异罚原则，删除"良贱相殴""良贱相奸"及"良贱为婚姻"等不符合"时事推移及新章递嬗"需要的过时内容；取消奴婢的不平等地位，废止"奴婢"称谓，改称为"雇工人"等。[1]

第五，在罪名规定方面，适应社会发展和经济结构变化，增加毁坏铁路、电讯及私铸银元、妨害国交等一些新罪名。

第六，在纲常礼教方面，继续坚持传统法律的基本精神和立法宗旨，仍然保留"十恶"的有关规定，并且以重刑予以严惩。

2.《钦定大清刑律》（俗称大清"新刑律"）。这是在沈家本主持下，聘请日本法学家冈田朝太郎等人起草的一部新刑法典，故正式颁布前一直被称为"新刑律"。由于光绪三十三年（1907年）该刑律草案完成后，遭到一部分坚持中国传统礼教的守旧势力的强烈反对，直到宣统二年十二月（1911年1月）才经修订后正式颁布，共53章411条，另附《暂行章程》5条。它采用西方国家的近代刑法原则、刑法体例及刑法内容，是中国历史上制定并颁布的第一部具有近代意义的专门刑法典，具有重要的立法成就和突出特点：

第一，采用西方国家通用的近代刑法体例，把法典分为总则和分则两编，总则17章主要规定犯罪构成的基本要素和刑法适用的基本原则，分则36章分别规定各种具体罪名及其定罪量刑内容。

第二，采用西方国家常用的近代刑罚体系，把刑制分为主刑和从刑两类刑名，主刑包括死刑、无期徒刑、有期徒刑、拘役、罚金等五种，从刑包括褫夺公权和没收等两种。关于死刑执行方式，明确规定使用绞刑，"于狱内执行之"。同时大量废除旧刑法规定，并把《大清律例》规定的840多条死罪减少到40条左右。

第三，吸收西方国家罪刑法定主义的近代刑法原则和正当防卫、缓刑、假释、时效等近代刑法制度及其法律用语。例如，总则第十条明确规定："法律无正条者，不问何种行为，不为罪。"第十五条规定："对于现在不正之侵害而出于防卫自己或他人权利之

---

[1] 参见《清史稿》卷一百四十二《刑法志一》，中华书局1977年版，第4188页。

行为，不为罪。"[1]

第四，适应社会发展的新变化，调整或增加了一些关于选举、交通、通讯、卫生、名誉信用安全及秘密等方面的新罪名。

第五，删除长期沿用的八议、请、减、赎、十恶、存留养亲等中国传统刑法的内容。[2]

由于该法典比较系统地吸收和采纳了西方国家普遍适用的一些刑法原则、刑法内容及刑法体例，因而"新刑律"草案遭到一部分守旧势力的反对和抵制，进而引发了"礼教派"与以修订法律大臣沈家本为代表的"法理派"的激烈争论，最终结果是在法典之后附加了《暂行章程》5条的特别规定，继续保留了一些维护君主专制统治和传统礼教精神的刑法内容。例如：对侵犯皇室罪、内乱罪、外患罪、杀伤尊亲属罪等死刑重罪仍然使用斩刑；对无夫妇女的通奸行为仍旧做入罪规定；对尊亲属不适用正当防卫制度；对卑幼伤害尊长、妻子伤害丈夫等行为加重刑罚，对尊长伤害卑幼、丈夫伤害妻子等行为减轻刑罚；等等。

真题 2013 - 2

真题 2011、2020

（二）民商法律的修订

清末采用民商分立的立法原则，民法与商法分别构成两个独立的部门法，民法以《大清民律草案》为突出代表，商法则以未完成的商法典及单行商事法规为主要立法内容。

1.《大清民律草案》。光绪三十三年（1907年），在民政大臣善耆和宪政编查馆大臣奕劻的奏请下，清廷开始起草《大清民律草案》，并且聘请日本法学家参与，宣统三年八月（1911年9月）完成。它基本采取1900年德国民法典的体例结构，分为总则、债权、物权、亲属、继承等五编，共36章1569条。这是中国历史上第一部民法典草案，虽然未能正式颁布实施，但对后来中华民国民法的制订产生了直接而深远的影响。

《大清民律草案》前三编由日本法学家松冈义正等参与起草，主要以"模范列强"为指导思想，参照德、日等国民法典的体例和内容草成，大量吸纳西方近代资产阶级民法的基本理论、重要原则和立法内容。例如：第一编"总则"首次引入西方近代国家普

---

[1] 参见上海商务印书馆编译所编纂：《大清新法令（1901～1911）》第十卷，商务印书馆2011年版，第250～265页。

[2] 参见上海商务印书馆编译所编纂：《大清新法令（1901～1911）》第一卷，商务印书馆2010年版，第522～672页。

遍采用的一些民法原则，明确规定了自然人、法人之类的民事法律概念及其法律关系；第二编"债权"主要规定了世界通行的关于债权的相关内容、债的各种形式以及有关当事人的权利义务；第三编"物权"全面规定了各种形式的财产权及其法律保护；等等，将近代民法的理论体系移植过来，开启了中国民事法律近代化的立法进程。

后两编由修订法律馆会同礼学馆起草，坚持"固守国粹"的立法宗旨，保留了中国传统法律以及民事习惯的许多内容，体现了注重本国、本民族数千年相沿之"礼教民情"的传统特色。例如：第四编"亲属"主要规定了家庭制度、婚姻制度、亲属关系、亲属监护、亲属间扶养等内容，表现出维护传统婚姻家庭制度及其家长制原则的立法精神；第五编"继承"主要规定了自然继承、遗嘱继承、遗产处理以及债权人和受遗人的保护等有关内容，也明显具有注重家族传承观念的立法思想。

总之，前三编与后两编的立法精神及法律内容有较大差异，体现出截然不同的立法特点，反映了洋务运动以来"中学为体，西学为用"的指导思想，同时也是清末变法修律过程中"礼法之争"的直接产物。

真题2019-2

2. 主要商事立法。清末的商事立法活动，大致可以分为两个阶段。第一阶段从光绪二十九年（1903年）至三十三年，由官制改革前成立的商部为主导，陆续制定了包括商法典在内的一系列商事法规。

光绪二十九年三月（1903年4月），清廷允准载振关于设立商部的奏请，决定"派载振、袁世凯、伍廷芳先订商律，作为则例。俟商律编成奏定后，即行特简大员开办商部"。七月（1903年8月），为"振兴商务"所需，正式设立商部，委派载振为尚书、伍廷芳为左侍郎、陈璧为右侍郎，开始制订商律及各种商事法规。[1]

光绪二十九年十二月（1904年1月），颁布商部制定的《钦定大清商律》。这是中国历史上第一部商法典，但它并不具备一部商法典的完整结构和内容，只制订了《商人通例》和《公司律》两

---

[1] 参见上海商务印书馆编译所编纂：《大清新法令（1901~1911）》第一卷，商务印书馆2010年版，第20~21页。

第九章　清末法律制度的变革

部分。前者9条，带有总则性质；后者11节131条，是中国近代第一部公司法。[1]

光绪三十年五月（1904年6月），颁布商部制定的《公司注册试办章程》18条。六月（1904年7月），颁布商部制定的《商标注册试办章程》28条。[2]

光绪三十二年四月（1906年5月），颁布商部和修订法律馆共同起草的《破产律》。这是中国历史上第一部破产法，内容包括呈报破产、选举董事、债主会议、清算账目、处分财产、有心倒骗、清偿展限、呈请销案、附则等9节69条。[3]

第二阶段从光绪三十三年（1907年）至宣统三年（1911年），主要是先后由修订法律馆再度起草商律草案，农工商部重新修订商律草案。

《大清商律草案》由修订法律馆聘请日本法学家志田钾太郎起草，俗称"志田案"，光绪三十四年十二月（1909年1月）完成，因批评意见较多而未提交审议颁行。这是中国近代第一部比较系统完备的商法典草案，内容包括总则、商行为、公司法、票据法、海船法等5编1008条。其中的"公司法"6编依据《公司律》修订而成；"票据法"3编以海牙统一票据规则为依据，参酌德、日等国票据法制订。

由于《大清商律草案》的内容遭受非议，农工商部奉旨重新分编修订。宣统二年十一月（1911年1月），将《改订大清商律草案》提交资政院进行审议，后因辛亥革命爆发而未能进入审议程序。该草案只有总则和公司两编，前者包括商人、商人能力、商业注册、商号、商业账簿、商业使用人、代理商等7章86条，后者包括总纲、无限公司、两合公司、股份有限公司、股份两合公司、罚例等6章281条。这部商法草案虽未审议施行，但对北洋政府的商事立法影响极大，它成为1914年制定《商人通例》和《公司条例》的蓝本。

真题2021

---

[1] 参见上海商务印书馆编译所编纂：《大清新法令（1901~1911）》第四卷，商务印书馆2011年版，第171~188页。

[2] 参见上海商务印书馆编译所编纂：《大清新法令（1901~1911）》第四卷，商务印书馆2011年版，第203~218页。

[3] 参见上海商务印书馆编译所编纂：《大清新法令（1901~1911）》第四卷，商务印书馆2011年版，第191~202页。

(三) 诉讼法的修订

中国历代传统法律体系中，对于实体法与程序法并无明确的界定和严格的区分。关于诉讼法的有关内容，一般是与刑事、民事、行政等实体法一并纳入综合性的法律规章中，而无独立的诉讼法典或专门法规。在清末修订法律的过程中，诉讼法的重要性质和立法地位开始受到重视。修订法律大臣沈家本在进呈诉讼法的奏折中曾经明确指出："法律一道，因时制宜。大致以刑法为体，以诉讼法为用。体不全，无以标立法之宗旨；用不备，无以收行法之实功。二者相因，不容偏废。"[1]在这一立法思想的指导下，由修订法律馆先后制订了三部诉讼法典草案。

1. 《大清刑事民事诉讼法草案》。光绪三十二年（1906年），修订法律馆首次完成《大清刑事民事诉讼法草案》。这是中国历史上第一部独立的诉讼法典草案，包括总纲、刑事规则、民事规则、刑事民事通用规则、中外交涉案件等5章260条，另附颁行例3条。它明确区分刑事案件与民事案件，采用西方近代的诉讼审判程序和公开审判、陪审制度、证据制度、辩护制度、律师制度等规定，废除了刑讯逼供制度等诉讼审判方式，但是仍然保留了领事裁判权的有关内容。[2]由于该草案的许多内容与中国传统诉讼审判制度存在较大差异，引发了各地督抚的反对和抵制，清廷将草案交付刑部进行复核，始终未再提交审议。

2. 《大清刑事诉讼律草案》。在首部诉讼法典草案遭到非议而审议程序被迫中断之际，根据预备立宪《逐年筹备事宜缮具清单》的修律议程，修订法律馆聘请日本法学家冈田朝太郎参与起草了《大清刑事诉讼律草案》，于宣统二年十二月（1911年1月）完成，但未能审议颁行。它直接参考1890年日本刑事诉讼法制定而成，是中国历史上第一部专门的刑事诉讼法典草案，包括总则、第一审、上诉、再理、特别诉讼程序和裁判之执行等6编15章515条。

3. 《大清民事诉讼律草案》。在起草《大清刑事诉讼律草案》的同时，修订法律馆还聘请日本法学家松冈义正参与起草了《大清

---

[1] 上海商务印书馆编译所编纂：《大清新法令（1901～1911）》第一卷，商务印书馆2010年版，第418页。

[2] 参见上海商务印书馆编译所编纂：《大清新法令（1901～1911）》第一卷，商务印书馆2010年版，第418～456页。

民事诉讼律草案》，但也未能审议颁行。它直接参考1890年日本民事诉讼法制定而成，是中国历史上第一部专门的民事诉讼法典草案，共有审判衙门、当事人、通常诉讼程序和特别诉讼程序等4编22章800条。

（四）法院编制法的修订

中国古代司法与行政不分，司法机构长期处于行政管理体制之中，司法权受到行政权的干预和控制，司法审判职能始终不具备独立行使的条件。清末预备立宪过程中，通过改革官制，确定法部为最高司法行政机关，大理院为最高司法审判机关，地方设立各级审判厅，并在修律活动中陆续制定和颁行了一些法院编制法，改变了司法与行政不分的传统，推动了司法体制和审判制度的变革。

1. 《大理院审判编制法》。光绪三十二年十月（1906年12月），清廷颁行法部拟订的《大理院审判编制法》，包括总纲、大理院、京师高等审判厅、城内外地方审判厅、城谳局等5节45条。作为中国历史上第一部近代法院性质的审判机关编制法，它首次吸收西方近代的司法独立原则。如第6条明确规定："自大理院以下及本院直辖各审判厅局，关于司法裁判，全不受行政衙门干涉，以重国家司法独立大权而保人民身体财产。"同时规定了京师地区四级三审制、审判合议制、审检合署制等各项制度。如第9条规定："大理院京师高等审判厅、城内外地方审判厅均为合议审判，以数人审判官充之。"第12条规定："凡大理院以下审判厅局，均须设有检察官；其检察局附属该衙署之内。"[1]

2. 《各级审判厅试办章程》。光绪三十三年五月（1907年7月），清廷公布地方官制改革方案。按照《各省官制通则》第34条关于"各省应就地方情形，分期设立高等审判厅、地方审判厅、初级审判厅，分别管理各项诉讼及上控事件。其细则另以法院编制法定之"[2]的规定，"各省审判厅开办在即"，法部奉旨编纂《各级审判厅试办章程》，于十月奏请交付宪政编查馆核议，并在议决

---

[1] 参见上海商务印书馆编译所编纂：《大清新法令（1901～1911）》第一卷，商务印书馆2010年版，第380～385页。

[2] 上海商务印书馆编译所编纂：《大清新法令（1901～1911）》第二卷，商务印书馆2011年版，第175页。

之前"暂由各厅先行试办"[1]。宣统元年七月（1909年8月），经法部"补订"后，它与《各省城商埠各级审判厅检察厅编制大纲》12条及《各省城商埠各级审判厅筹办事宜》一并奏准颁行。[2]这是一部关于地方审判机关编制以及民事、刑事诉讼的综合法律，在民事、刑事诉讼法颁布以前，可以作为临时诉讼法适用。

该章程共有总纲、审判通则、诉讼、各级检察厅通则、附则等5章120条。第一章"总纲"主要规定了民事案件与刑事案件的区分以及案件的登记等内容；第二章"审判通则"包括审级、管辖、回避、厅票、预审、公判、判决之执行、协助等8节；第三章"诉讼"包括起诉、上诉、证人鉴定人、管收、保释、讼费等6节；第四章"各级检察厅通则"主要规定了各级检察厅的设置、职责等内容；第五章"附则"主要规定了本章程的时间效力及未尽事宜的处理等内容。[3]

3.《法院编制法》。光绪三十三年八月（1907年9月），由修订法律馆拟定草成，提交宪政编查馆审核议定。宣统元年十二月（1910年2月），经过反复修订后，连同新增的《法官考试任用暂行章程》14条、《司法区域分划暂行章程》10条、《初级暨地方审判厅管辖案件暂行章程》12条等三个"暂行章程"附件一起颁行。这部《法院编制法》依据日本《裁判所构成法》制定，是中国历史上第一部比较系统完备的法院编制法，共有16章164条。

第一，它规定审判独立原则，各级审判机关及其审判官独立办案，任何机关或官员不得越权干涉。例如第35条规定："大理院卿有统一解释法令必应处置之权，但不得指挥审判官所掌理各案件之审判。"第95条规定："检察官不问情形如何，不得干涉推事之审判或掌理审判事务。"第125条规定："法部对于推事及检察官，不得有勒令调任、借补、停职、免职及减俸等事。"而在宪政编查馆奏请颁行该法的奏折中，更是进一步强调："自此次法院编制法颁行以后，即应各专责成……其属于最高审判暨统一解释法令事务，

---

[1] 参见上海商务印书馆编译所编纂：《大清新法令（1901～1911）》第一卷，商务印书馆2010年版，第388～389页。

[2] 参见上海商务印书馆编译所编纂：《大清新法令（1901～1911）》第六卷，商务印书馆2011年版，第102～108页。

[3] 参见上海商务印书馆编译所编纂：《大清新法令（1901～1911）》第一卷，商务印书馆2010年版，第389～405页。

即由大理院钦遵国家法律办理。所有该院现审死罪案件，毋庸咨送法部复核，以重审判独立之权。凡京外已设审判厅地方，无论何项衙门，按照本法无审判权者，概不得违法收受民刑诉讼案件。"

第二，它规定四级三审制原则，全国各地自下而上分别设立初级审判厅、地方审判厅、高等审判厅，中央设立大理院，按照各自的管辖权限审理民刑案件。

第三，它规定审检合署制度，各级检察厅设在同级审判厅内，独立行使检察监督权。例如第 94 条规定："检察厅对于审判衙门应独立行使其职务。"

此外，它还规定了审判公开、合议、陪审、回避、辩护等各项制度。[1]

真题 2010 - 2

（五）司法体制的变化

清末司法体制的变化，是从预备立宪时的官制改革开始的。光绪三十二年九月（1906 年 11 月），清廷发布"厘定官制谕"，对中央官制进行改革。其中成就最大的一项改革，就是对司法体制的重大调整。该上谕规定的"刑部著改为法部，专任司法；大理寺著改为大理院，专掌审判"[2]，结束了中国历代数千年来司法与行政不分的传统体制，为确立西方近代司法独立原则奠定了基础。此后，通过制定一系列各级审判机关编制法，司法体制得到进一步调整和改革。

1. 司法行政机关。光绪三十二年的中央官制改革，将刑部改置为法部，并责成其制订《法部官制》，规定了法部的机构设置及其职责。作为中央最高司法行政机关，"法部管理全国民事、刑事、监狱及一切司法行政事务"，监督各级审判机关及"调查检察事务"[3]，并对大理院和高等审判厅判决的死刑案件进行复核，对秋审和朝审案件及其案犯进行核定和收押。[4] 第二年，地方官制的改

---

〔1〕 参见上海商务印书馆编译所编纂：《大清新法令（1901～1911）》第七卷，商务印书馆 2010 年版，第 319～350 页。

〔2〕 上海商务印书馆编译所编纂：《大清新法令（1901～1911）》第一卷，商务印书馆 2010 年版，第 39 页。

〔3〕 上海商务印书馆编译所编纂：《大清新法令（1901～1911）》第二卷，商务印书馆 2011 年版，第 108 页。

〔4〕 上海商务印书馆编译所编纂：《大清新法令（1901～1911）》第一卷，商务印书馆 2010 年版，第 368～376 页。

革,将各省提刑按察使改为提法司,作为各省的司法行政机关,负责"管理该省司法上之行政事务,监督各审判厅并调度检察事务"[1]等职责。

2. 司法审判机关。清廷通过官制改革,将大理寺改为大理院,作为全国最高司法审判机关,同时制定《大理院审判编制法》《各级审判厅试办章程》《法院编制法》以及《司法区域分划暂行章程》《初级暨地方审判厅管辖案件暂行章程》等法律法规,规定了各级司法审判机关的设置、编制、审级、职责以及地域管辖、级别管辖等制度。中央设大理院,京师和地方各省设高等审判厅,京师、直隶府和直隶州设地方审判厅,基层各县设初级审判厅,实行四级三审制。

3. 检察机关。根据《法院编制法》第十一章"检察厅"的规定,地方各级审判厅内设立同级检察厅,大理院内设立总检察厅,实行审检合署制。其中,初级检察厅设检察官,地方检察厅及高等检察厅设检察长和检察官,总检察厅设厅丞和检察官。各级检察厅独立行使职权,对刑事案件实行"搜查、处分、提起公诉、实行公诉",并对审判活动进行监督;同时作为民事案件的"诉讼当事人或公益代表人,实行特定事宜"[2]。

(六)改革诉讼及狱政制度

清末诉讼制度及狱政制度的改革,主要是吸收和引进西方近代司法制度,推动中国古代传统司法体制的近代转型。

1. 区分民事诉讼与刑事诉讼。《大理院审判编制法》首先把案件分为民事诉讼与刑事诉讼两类,其第3条规定:"自大理院以下,各审判厅局均分民事、刑事二类为审判事。"《各级审判厅试办章程》进而把刑事案件与民事案件做出明确界定和区分,按照第1条的规定,"凡因诉讼而审定罪之有无者属刑事案件","凡因诉讼而审定理之曲直者属民事案件"[3]。这种界定和区分,结束了中国古代诉讼审判制度往往民刑不分的传统,有助于中国近代司法制度的

---

[1] 上海商务印书馆编译所编纂:《大清新法令(1901~1911)》第二卷,商务印书馆2011年版,第172页。

[2] 上海商务印书馆编译所编纂:《大清新法令(1901~1911)》第七卷,商务印书馆2010年版,第325~351页。

[3] 上海商务印书馆编译所编纂:《大清新法令(1901~1911)》第一卷,商务印书馆2010年版,第380、390页。

建立和转化。

2. 规定近代诉讼审判制度。清末变法修律过程中，通过制定诉讼法和法院编制法等一系列立法活动，比较系统地引入了西方近代的诉讼审判制度，例如审判公开、合议、陪审、回避、证据、辩护等各项制度。[1]

3. 规定法官及检察官考试任用制度。《法院编制法》第十二章"推事及检察官之任用"全面规定了法官及检察官考试任用的有关内容，根据第106条的规定："推事及检察官应照法官考试任用章程，经二次考试合格者始准任用。"同时公布的《法官考试任用暂行章程》具体规定了考试任用的资格、方式、程序、科目等内容。[2]

4. 建立律师制度。《大清刑事民事诉讼法草案》首次规定了律师制度，其中的第四章"刑事民事通用规则"第一节"律师"专门规定了8条有关内容。这些律师制度的规定，涉及律师代理诉讼的资格、责任、纪律等各个方面。例如，第199条规定："凡律师俱准在各公堂为人辩案。"第54条规定："承审官应准被告或所延律师，得向原告当堂对诘。"第58条规定："被告或所延律师，均准向原告各证人对诘。"第64条规定："原告或所延律师亦准向被告各证人对诘。"[3]《法院编制法》也规定了律师制度的有关内容。例如，第64条规定："律师在法庭代理诉讼或辩护案件，其言语举动如有不当，审判长得禁止其代理辩护。"第68条规定：律师出庭时，"应服一定制服"[4]。

5. 改良监狱及狱政管理制度。改良监狱及狱政管理制度，是清末变法改革的重要内容之一，包括改良旧式监狱、建立新式"模范监狱"和制定近代监狱法等三个方面。

改良旧式监狱，始于罪犯习艺所的设立。光绪二十八年（1902

---

[1] 参见上海商务印书馆编译所编纂：《大清新法令（1901～1911）》第一卷，第418～456页；第七卷第319～350页，商务印书馆2010年版。

[2] 参见上海商务印书馆编译所编纂：《大清新法令（1901～1911）》第七卷，商务印书馆2010年版，第338～340、345～347页。

[3] 上海商务印书馆编译所编纂：《大清新法令（1901～1911）》第一卷，商务印书馆2010年版，第429、448～450页。

[4] 上海商务印书馆编译所编纂：《大清新法令（1901～1911）》第七卷，商务印书馆2010年版，第333页。

年),护理山西巡抚赵尔巽奏请在各省设立罪犯习艺所,就地收容发遣、充军、流、徒刑的罪犯入所服刑习艺,由教习官、教诲师、技师、看守等进行管理,而不再发配或流放。第二年,经刑部议定和清廷批准,颁布《各省通设罪犯习艺所章程》,各省陆续设立习艺所,开始对旧式监狱及其刑罚执行制度进行改良。

建立新式"模范监狱",是仿效西方资本主义国家,建立中国近代新型监狱的开端。自光绪三十一年(1905年)起,开始在湖北、奉天、京师等各省筹建"模范监狱"。这种新式监狱大都采用扇形建筑布局,分别建有监狱办公楼、杂居监、分房监、工场、女监、病监等设施,改变了监管方式,改善了囚犯待遇。到宣统三年(1911年),从中央到地方各省先后建成一批"模范监狱",开始建立中国近代新型监狱制度。

制定近代监狱法,是清末最重要的监狱立法成果。在西方近代教育刑理论的影响下,沈家本以"设狱之宗旨,非以苦人、辱人,将以感化人"[1]的思想为指导,组织留学生和熟悉中外法律的人,翻译了大量外国监狱法和监狱理论著作,为制定监狱法提供了理论基础。光绪三十四年(1908年),修订法律馆聘请日本著名监狱学家小河滋次郎担任狱务顾问,开始起草《大清监狱律草案》以及《监狱官制》《监狱处务规则》等监狱法律法规,于宣统二年(1910年)完成。作为中国历史上第一部近代监狱法典草案,《大清监狱律草案》大量吸收西方近代监狱法内容,分为总则、分则两编,共14章241条。[2]虽然该草案并未颁行,但它成为北洋政府制定《中华民国监狱规则》的蓝本,对中国近代监狱立法及监狱制度建设具有奠基性质。

三、变法修律的特点与影响

(一) 变法修律的主要特点

在指导思想上,预备立宪坚持"大权统于朝廷,庶政公诸舆论"[3]的根本原则,其目的是通过变法改良,挽救清廷的统治危

---

[1] (清)沈家本:《寄簃文存》卷六《监狱访问录序》,参见沈家本:《历代刑法考》第四册,中华书局1985年版,第2237页。

[2] 参见薛梅卿等编:《清末民初监狱法制辑录》,中国政法大学出版社2017年版,第171~290页。

[3] 上海商务印书馆编译所编纂:《大清新法令(1901~1911)》第一卷,商务印书馆2010年版,第37页。

机,其本质是建立"主权在君"的所谓"开明专制"体制,而并非"主权在民"的宪政制度。修律活动坚持"中外通行,有裨治理"[1]的原则,是在确保"不戾乎我国历世相沿之礼教民情"[2]的前提下,有选择地"参酌各国法律悉心考订"[3],有条件地修订现行律例体系,以适应清廷统治和社会变革的需要。

真题2008-1

在法律内容上,虽然修律注意"折衷各国大同之良规,兼采近世最新之学说"[4],但由于中国"素重纲常",以三纲五常为核心的传统礼教,"实为数千年相传之国粹,立国之大本"。因此,清廷确定的"凡我旧律义关伦常诸条,不可率行变革"[5]的修律宗旨,使世界通行的近代先进法律形式,与中国固有的传统礼教保守内容,同时并存于法律制度之中。

真题2012-2

在法律体系上,改变中国历代法律制度重刑事轻民商、实体法与程序法混编、司法与行政不分的传统体例,全面采用西方近代大陆法系的结构体系,首次制定宪法性文件,确立国家基本法的地位,同时分别起草刑法、民法、商法、诉讼法、法院编制法、监狱法等各部门法典或法规,初步建立起中国近代法律体系。

(二)修律的影响与评价

清末的变法修律,是20世纪初由清廷主导的一场自上而下的重大改革活动,也是中国历史上前所未有的一次具有划时代意义的法制变革和社会转型。尽管清廷进行变法修律的主观意图是为了调整统治方式,缓和社会矛盾,挽救政治危机,其预备立宪缺少实现宪政的真正诚意,修律活动也受到传统礼教保守势力的一再阻挠,而且绝大部分立法未能颁布实施,但它毕竟揭开了君主专制传统向近代立宪体制转型的序幕,客观上推动了中国法律制度近代化的发展进程,对于中国近代法制建设和社会进步产生了深远的影响。

---

[1] 上海商务印书馆编译所编纂:《大清新法令(1901~1911)》第一卷,商务印书馆2010年版,第16页。

[2] 上海商务印书馆编译所编纂:《大清新法令(1901~1911)》第一卷,商务印书馆2010年版,第521页。

[3] 上海商务印书馆编译所编纂:《大清新法令(1901~1911)》第一卷,商务印书馆2010年版,第16页。

[4] 上海商务印书馆编译所编纂:《大清新法令(1901~1911)》第一卷,商务印书馆2010年版,第521页。

[5] 上海商务印书馆编译所编纂:《大清新法令(1901~1911)》第五卷,商务印书馆2010年版,第2页。

第一，推进并加速了中国古代传统法律制度的解体，为中国近代法律体系的建立奠定了基础。在清朝统治的最后十年间，通过预备立宪和修律活动，参照西方大陆法系资本主义国家的成文法体系及其立法原则，相继制定了两部宪法性文件和各部门法的法律法规，初步建立起一套全新的近代法律体系，推进并加速了中国古代传统法律制度的解体，为中国近代法律制度的形成创造了条件。

第二，引进和传播了代表世界进步潮流的近代政治法律思想、学说、理论、制度，特别是在预备立宪的政治改良和修律活动的立法实践中得到一定程度的吸纳借鉴和推广普及，逐步改变着中国传统上层建筑领域的思想意识形态，对于广大民众具有重要的启蒙教育作用，有助于中国社会和中国人民尽快融入世界文明发展的历史进程之中。

视频资料：
法治的旋律

第三，推动了中国近代民族工商业和民族资产阶级的不断生长，促进了资本主义制度的发展和传统经济制度的衰亡，为中国近代社会结构的转型和民主共和制度的诞生开辟了道路。

第三节　外国在华领事裁判权制度

外国在华领事裁判权，是指外国在中国的侨民，因违法犯罪而成为民事或刑事诉讼的被告时，不受中国法律的制裁，中国司法机关也无权进行管辖，而由该被告本国的领事，按其本国的法律进行管辖及其裁判的权利。外国在华领事裁判权制度，是鸦片战争后清朝对外丧失司法主权的重要标志，它严重破坏了中国司法制度的独立性和完整性。

视频资料：
城下之盟

一、外国在华领事裁判权的确立

外国在华领事裁判权的确立，开始于道光二十三年六月二十五日（1843年7月22日）中英两国代表在香港达成并先行公布的中英《五口通商章程：海关税则》。该章程共15款，其中第13款"英人华民交涉词讼一款"明确规定，在广州、福州、厦门、宁波、上海等五个通商口岸，英国人与中国人"倘遇有交涉词讼"，"其英人如何科罪，由英国议定章程、法律发给管事官照办。华民

第九章 清末法律制度的变革

如何科罪，应治以中国之法"[1]。这一规定首次赋予英国人在中国五个通商口岸享有领事裁判权，英国成为第一个获得外国在华领事裁判权的国家。

同年八月十五日（10月8日），中英两国代表又在虎门签订《五口通商附粘善后条款》，又称《虎门条约》，并将先期签订的中英《五口通商章程》作为其附件予以实施。《虎门条约》共17款，其中第6款进一步规定，英国人在五个通商口岸"不可妄到乡间任意游行，更不可远入内地贸易"。"倘有英人违背此条禁约，擅到内地远游者"，"即听该地方民人捉拿，交英国管事官依情处罪。但该民人不得擅自殴打伤害，致伤和好"。这一规定实际是把领事裁判权的适用范围，由五个通商口岸扩大到内地其他区域。尤其是《虎门条约》第8款还规定了一个所谓"最惠国待遇"的特别条款："将来大皇帝有新恩施及各国，亦应准英人一体均沾用示平允。"[2]这一规定为英国以及其他各国谋求各种利益开启了恶劣的先例。

继英国首次获得外国在华领事裁判权之后，美国和法国立刻紧随其后，也要求中国给予它们与英国同等的"最惠国待遇"。道光二十四年五月十八日（1844年7月3日），中美两国代表在澳门望厦村签订中美《五口通商章程：海关税则》，又称《望厦条约》。该条约共34款，其中第21款同样规定："嗣后中国民人与合众国民人有争斗、词讼、交涉事件，中国民人由中国地方官捉拿审讯，照中国例治罪；合众国民人由领事等官捉拿审讯，照本国例治罪。"第25款进而规定："合众国民人在中国各港口，自因财产涉讼，由本国领事等官讯明办理。若合众国民人在中国与别国贸易之人因事争论者，应听两造查照各本国所立条约办理，中国官员均不得过问。"[3]这一规定进一步把领事裁判权的适用范围扩大到"中国各港口"及中国境内其他地区，并且排除了中国司法机关对于美国人与其他国家商民之间诉讼纠纷的案件管辖权。美国成为第二个获得外国在华领事裁判权的国家。

同年九月十三日（10月24日），法国代表也迫使中国代表，

---

[1] 王铁崖编：《中外旧约章汇编》第一册，生活·读书·新知三联书店1957年版，第42页。
[2] 王铁崖编：《中外旧约章汇编》第一册，生活·读书·新知三联书店1957年版，第35页、第36页。
[3] 王铁崖编：《中外旧约章汇编》第一册，生活·读书·新知三联书店1957年版，第54～55页。

在停泊于广州黄埔的一艘法国军舰上签订了中法《五口贸易章程：海关税则》，又称《黄埔条约》。该条约共36款，基本沿袭了英、美两国有关领事裁判权的内容。例如，第27款规定，若中国人与法国人发生争斗，有人死亡的，依死者国籍不同分别处理，"系中国人，由中国官严拿审明，照中国例治罪；系佛兰西人，由领事官设法拘拿，迅速讯明，照佛兰西例治罪，其应如何治罪之处，将来佛兰西议定例款"。第28款规定："佛兰西人在五口地方，如有不协争执事件，均归佛兰西官办理。遇有佛兰西人与外国人有争执情事，中国官不必过问。"第23款规定："凡佛兰西人在五口地方居住或往来"，"不得越领事官与地方官议定界址"；"如有犯此例禁，或越界，或远入内地，听凭中国官查拿，但应解送近口佛兰西领事官收管，中国官民均不得殴打、伤害、虐待所获佛兰西人，以伤两国和好"[1]。根据这些条约规定，法国成为第三个获得外国在华领事裁判权的国家。

此后，特别是经过第二次鸦片战争，外国在华领事裁判权制度又得到急剧扩张，不仅英、美、法三国通过《天津条约》等再度扩大了领事裁判权的特权内容和适用范围，而且又有瑞典、挪威、沙俄、德国、丹麦、荷兰、西班牙、比利时、意大利等一大批资本主义国家相继获得在华领事裁判权，严重破坏了中国司法主权的独立性和完整性。

二、外国在华领事裁判权的主要内容

（一）外国在华领事裁判权的内容

根据外国在华领事裁判权的规定，对于在中国境内发生的涉及外国人的有关案件，一般采取被告主义原则进行管辖和适用法律。按照当事人所属国别的不同情况，大致分为三种受理诉讼及审理案件的不同方式。

凡是中国人与享有在华领事裁判权国家的侨民之间的民事或刑事诉讼案件，倘若被告是中国人，应由中国司法机关受理诉讼，依据中国法律审理案件；倘若被告是外国人，则由外国驻华领事或其有关司法机构受理诉讼，依据该国法律审理案件，中国司法机关不得过问。

---

[1] 王铁崖编：《中外旧约章汇编》第一册，生活·读书·新知三联书店1957年版，第62~63页。

凡是享有在华领事裁判权的同一国家侨民之间的民事或刑事诉讼案件，由其本国领事或其有关司法机构进行审理管辖，中国司法机关无权过问。

凡是享有在华领事裁判权的不同国家侨民之间的民事或刑事诉讼案件，根据双方当事人所属国家之间的有关协议或法律商定解决，一般实行被告主义原则，由被告所属国家的领事或其有关司法机构审理管辖，中国司法机关无权过问。

凡是享有在华领事裁判权国家的侨民与不享有领事裁判权国家的侨民之间的民事或刑事诉讼案件，如果前者是被告，由该所属国家的在华领事或其有关司法机构审理管辖；如果后者是被告，应由中国司法机关审理管辖。

（二）西方列强行使领事裁判权的机构

为了行使外国在华领事裁判权，西方列强大都在中国设置了相关的司法审判机构。其中以各国普遍设立的领事法庭为主要形式，一般是作为一审案件的初审机构。有些国家还在领事法庭之上设置了一些专门法院或上诉法院，其中以英美两国的设置最为系统，也最有代表性。英国是在领事法庭之上设置最高法院和上诉法院，前者主要审理不属于领事法庭管辖的民刑诉讼案件，后者负责审理不服各地领事法庭判决的上诉案件。美国领事法庭之上为公使处，负责审理不属于领事法庭管辖的民刑诉讼案件；另设专门的驻华法院，负责审理不服各地领事法庭判决的上诉案件。对于不服领事法庭或上诉法院判决的案件，一般可向其本国国内的上诉法院或最高法院提起上诉直至终审。

（三）观审制度

观审制度是对外国在华领事裁判权制度下的被告主义原则的补充和扩展，正式确立于光绪二年七月二十六日（1876 年 9 月 13 日）中英两国代表签订的《烟台条约》。该条约共三部分 16 款，其中第二部分第 3 款首次规定了观审制度："凡遇内地各省地方或通商口岸有关系英人命盗案件，议由英国大臣派员前往该处观审"；"至中国各口审断交涉案件，两国法律既有不同，只能视被告者为何国之人，即赴何国官员处控告；原告为何国之人，其本国官员只可赴承审官员处观审。倘观审之员以为办理未妥，可以逐细辨论"，

"各按本国法律审断"[1]。这项规定在适用被告主义原则的前提下，对于被告方所属国家有关机构审理中国人与英国人之间的民事或刑事诉讼案件时，允许原告方所属国家派员前往对方法庭行使观审权，即对案件审理过程进行观察并可提出异议。

光绪六年十月十五日（1880年11月17日），中美两国在北京签订的《续约附款》第4款也同样规定了观审制度："倘遇有中国人与美国人因事相争，两国官员应行审定。中国与美国允，此等案件被告系何国人，即归其本国官员审定。原告之官员于审定时，可以前往观审，承审官应以观审之礼相待。该原告之官员，如欲添传证见，或查讯、驳讯案中作证之人，可以再行传讯。倘观审之员以为办理不公，亦可逐细辩论，并详报上宪。所有案件，各审定之员均系各按本国律法办理。"[2]根据这一规定，中美两国交涉案件也开始适用观审制度，并且要求"承审官应以观审之礼相待"。

从条约规定的内容来说，观审权对于中外双方是同等适用的，而并非仅仅适用于外国官员。但是，在具体的案件审理过程中，外国官员始终热衷于前往中国审判法庭积极行使观审权，而中国官员却往往自动放弃前往外国领事法庭行使观审权。于是，观审制度逐渐被外国领事或有关官员片面利用，成为干预甚至操控中国法庭审理中国人为被告的案件的一种手段，严重干扰了中国独立自主地行使司法审判权。

（四）会审公廨

会审公廨是中国在租界内设立的特殊司法审判机关，是外国在华领事裁判权制度在租界内的延伸。根据《虎门条约》关于准许英国人在中国五个通商口岸租地建屋的条款，道光二十五年十一月初一（1845年11月29日），英国领事与上海道签订《上海土地章程》（又称《上海租地章程》）[3]，开始在上海建立租界。英国在租界内继续适用领事裁判权，对于中国人与英国人之间的诉讼案件，仍然采取被告主义原则。道光二十八年至二十九年，美、法两国也相继在上海建立租界。

咸丰三年（1853年），小刀会暴动并占领上海县城，上海道地

---

[1] 王铁崖编：《中外旧约章汇编》第一册，生活·读书·新知三联书店1957年版，第348页。
[2] 王铁崖编：《中外旧约章汇编》第一册，生活·读书·新知三联书店1957年版，第380~381页。
[3] 王铁崖编：《中外旧约章汇编》第一册，生活·读书·新知三联书店1957年版，第63~70页。

第九章 清末法律制度的变革

方官府的管理控制陷于瘫痪，大批中国人涌入宣布"中立"的租界，使其治安问题以及中外交涉案件迅速增多。上海租界随即成立工部局作为市政管理机构，巡捕房作为治安及刑事管理机构，外国领事开始操控租界内的司法审判权。

视频资料：
命丧热河

第二次鸦片战争后，为了便于管理租界内人数众多的中国人及其相关案件，英国驻上海领事巴夏礼向上海道提议，在租界内组织一个中国法庭，审理中国人和不享有外国在华领事裁判权的无约国侨民为被告的民刑诉讼案件；对于涉及享有外国在华领事裁判权国家及其侨民利益的案件，有约国领事可以派员出庭陪审。该提议获得上海道及江苏地方官同意后，报送北京的总理衙门审批通过。同治三年（1864 年），在英国领事馆设立"洋泾浜北首理事衙门"，由上海道派员出任理事官，担任法庭主审，英国领事派员担任陪审官，开始会审中外交涉案件。

同治七年十二月二十八日（1869 年 2 月 9 日），总理衙门批准上海道与英国领事商定起草的《上海洋泾浜设官会审章程》。至八年三月初九（1869 年 4 月 20 日），由上海道与英、美等国领事公布该章程，会审公廨正式成立。根据该章程的规定，会审公廨由上海道委派一名同知担任委员，主持公廨各项事务；公廨所需翻译、书差等人员，由该委员自行招募或雇佣，所需经费由委员赴上海道按月领取；公廨主要管辖各国租界内以中国人或无约国人为被告的钱债、斗殴、盗窃、词讼等案件，依据中国律例进行羁押、审理及判决。凡属中国人（不包括为外国人服务或受雇者）之间的诉讼，由委员审判，各国领事无须干预；凡是案件牵涉外国人并且必须到庭，由委员和外国领事或派员会审；凡为外国人服务或受雇的中国人涉案并且出庭，由委员审判，外国领事或派员观审；凡是享有领事裁判权国家侨民为被告的案件，公廨无权处理。[1]

继上海之后，武汉、厦门等地也先后设立会审公廨。虽然会审公廨是中国在租界内设立的司法审判机构，按规定也是由中国地方官员担任主审，但是，由于外国领事不断扩大会审、观审和陪审权，逐渐控制会审公廨的主审权，因而出现了"外人不受中国之刑章，而华人反就外国之审判"[2]的现象，进一步扩大了外国在华领

---

[1] 王铁崖编：《中外旧约章汇编》第一册，生活·读书·新知三联书店 1957 年版，第 269~270 页。
[2] 《清史稿》卷一百四十四《刑法志三》，中华书局 1977 年版，第 4216 页。

事裁判权制度,成为中国丧失司法主权的又一标志。

拓展阅读材料

1. 上海商务印书馆编译所编纂:《大清新法令(1901~1911)》,商务印书馆2010~2011年版。

2. 故宫博物院明清档案部汇编:《清末筹备立宪档案史料》,中华书局1979年版。

3. 王铁崖编:《中外旧约章汇编》,生活·读书·新知三联书店1957年版。

4. 薛梅卿等编:《清末民初监狱法制辑录》,中国政法大学出版社2017年版。

5.《清史稿》卷一百四十二至一百四十四《刑法志》,中华书局1977年版。

6.(清)沈家本:《历代刑法考》,中华书局1985年版。

第十章　中华民国南京临时政府的法律制度

(公元 1911 年~1912 年)

1911 年 10 月 10 日，武昌起义的爆发，迅速影响了南方各省的革命形势，仅仅一个多月就有十多个省先后宣布独立。1912 年 1 月 1 日，孙中山宣告中华民国成立，宣誓就任临时大总统，组建南京临时政府，创立了中国历史上第一个资产阶级民主共和国，开始建立中国近代资产阶级民主法制体系。虽然南京临时政府仅仅存在三个月，但以孙中山为代表的资产阶级革命党人的积极努力和有益尝试，结束了中国历史上延续两千多年的君主专制集权制度，为中国近代的民主法制建设奠定了基础。

视频资料：
辛亥革命

第一节　《中华民国临时政府组织大纲》的制定与颁行

一、《中华民国临时政府组织大纲》产生的社会背景

武昌起义的首义成功，促使南方各省争相效法，它们纷纷宣布独立，相继成立各省都督府，声明脱离宣统王朝的统治，形势发展非常迅速。由于各省都督府的领导权几乎全部落入旧军阀和立宪派等人手中，南方各省很快出现了各自为政的分立局面。为了早日实现资产阶级革命党人从同盟会成立时即确定的推翻清朝君主专制制度的革命目标，当务之急是尽快建立一个强有力的中央政府，以便统一指挥和协调各省都督府的行动，迅速推进南方的革命形势。

在资产阶级革命党人的积极斡旋下，自 1911 年 11 月 15 日起，南方各省先后在上海和汉口连续召开各省都督府代表联合会议，决定采用美国的总统制和三权分立体制组建中央政府，同时推举雷奋、马君武、王正廷三人负责起草《中华民国临时政府组织大纲》，作为具有基本法性质的临时政府组织法，为中华民国南京临时政府的成立提供法律依据。

1911年12月3日，各省都督府代表会议审议通过并公布施行《中华民国临时政府组织大纲》。12月29日，各省都督府代表一致推举刚刚回国的孙中山担任中华民国临时中央政府的第一届临时大总统。1912年1月2日，根据当时政治情况的需要，孙中山提请各省都督府代表会议对该组织大纲进行修订，增设临时副总统，将原定中央政府的五个部增加为九个部，同时将该组织大纲的施行期限规定为到中华民国宪法产生之日止，从而确认了它所具有的宪法性法律的性质。

二、《中华民国临时政府组织大纲》的政府体制与基本内容

《中华民国临时政府组织大纲》[1]包括临时大总统、参议院、行政各部、附则等4章21条，其基本内容是规定中华民国南京临时政府的中央政府体制。

（一）采用总统制的政府组织形式

《中华民国临时政府组织大纲》采用总统制的政府组织形式，临时大总统既是国家元首，又是政府首脑和军队统帅，不另行设置国务总理。根据第一章"临时大总统"的规定，"临时大总统副总统由各省都督府代表选举之，以得票满投票总数三分之二以上者为当选。代表投票权，每省以一票为限"；临时大总统有"统治全国、统率海陆军之权"；"得参议院之同意，有宣战、媾和及缔结条约"，"制定官制、官规及任命国务员及外交专使"，"设立临时中央审判所之权"；"临时副总统于大总统因故去职时升任之；但于大总统有故障不能视事时，得受大总统之委任，代行其职权"。

第三章"行政各部"规定，"行政各部设部长一人为国务员，辅佐临时大总统办理各部事务"，并制定"各部所属职员之编制及其权限"，"经临时大总统批准施行"。

根据以上规定，临时大总统是临时政府最高行政长官，行使国家最高行政权，国务员及行政各部辅助临时大总统管理国家行政事务。

（二）确立三权分立的国家政治制度

《中华民国临时政府组织大纲》确立三权分立的国家政治制

---

[1]《中华民国临时政府组织大纲》，参见中国史学会主编：《辛亥革命》（八），上海人民出版社1957年版，第5~8页。以下引自该大纲的各章内容，不再标注。

度，由临时大总统、副总统领导行政各部行使行政权，参议院行使立法权，临时中央审判所行使司法权。

参议院是临时政府最高立法机关。根据第二章"参议院"的有关规定，它"以各省都督府所派参议员组织之"；"参议员每省以三人为限，其派遣方法，由各省都督府自定之"；"参议院会议时，每参议员有一表决权"；"参议院议长，由参议员用记名投票法互选之，以得票满投票总数之半者为当选"；在"参议院未成立以前，暂由各省都督府代表会代行其职权，但表决权每省以一票为限"。

第二章第十一条具体规定了参议院的各项职权，包括"议决临时政府之预算"；"调查临时政府之出纳"；"议决全国统一之税法、币值及发行公债事件"；"议决暂行法律"及"临时大总统交议事件"；"答复临时大总统咨询事件"；"议决"临时大总统提出的"宣战、媾和及缔结条约"、"设立中央审判所"等事件；"承诺"审议临时大总统"制定官制、官规及任命国务员及外交专使"等事件。

临时中央审判所是临时政府最高司法审判机关。根据第一章第六条的规定，其设立与否，由临时大总统得参议院同意后决定。而实际情况是由于各种原因，在临时政府存在的三个月里，临时中央审判所始终没能设立起来。

三、《中华民国临时政府组织大纲》的性质与历史意义

《中华民国临时政府组织大纲》是中国历史上第一部具有资产阶级民主共和性质的政府组织法。根据第四章"附则"的规定："临时政府组织大纲施行期限，以中华民国宪法成立之日为止。"因此，在中华民国宪法正式诞生之前，这部临时政府组织法也是一部具有国家基本法性质的宪法性法律。它以国家根本法的权威地位和立宪形式，肯定和确认辛亥革命的成果，宣告结束中国延续两千多年的君主专制集权制度的帝国统治体制，首次建立资产阶级民主共和性质的国家政治制度，为中华民国南京临时政府的成立提供了法律依据，开创了中华民国近代国家体制及其政府组织形式，在中国历史上具有决定性、启蒙性的划时代意义。

由于《中华民国临时政府组织大纲》属于临时政府组织法性质，并未把人民应当享有的自由民主权利内容包含在内，它所规定

的参议院以及临时大总统、副总统、行政各部的产生或罢免也缺乏广泛的民主性,因而大多数人民并未能直接分享辛亥革命的成果,仍然无法获得决定或管理国家事务的政治权利,加之该组织大纲的制定时间及立法程序过于仓促,难免具有一些历史局限性。

第二节 《中华民国临时约法》的制定与颁行

一、《中华民国临时约法》产生的社会背景

《中华民国临时约法》是南京临时政府宣告成立后,由参议院制定的一部具有临时宪法性质的根本法。

辛亥革命爆发后,清廷迫于朝野各方的巨大压力,被迫下诏解散"皇族内阁",匆忙颁布"十九信条",表示出某种妥协和让步。同时,又重新启用此前被罢免的袁世凯出任第二届内阁总理及钦差大臣,试图利用北洋军阀集团的政治军事势力,挽救行将灭亡的垂死命运。

视频资料:
清十二帝
之宣统

南京临时政府成立后,出现了两个政权并存于一国的局面。为了尽早结束这种南北对峙的严峻形势,双方派出代表开始进行"南北议和"的谈判。袁世凯利用手中的权力和武力讨价还价,以逼迫清帝退位和赞成共和为交换条件,在孙中山兑现辞职许诺后,被参议院选为第二届临时大总统。以孙中山为代表的资产阶级革命派,出于防范袁世凯专权独裁的需要,敦促参议院加快制宪进程,并且在第三稿中修改部分内容,限制并制约临时大总统的权力,于1912年3月8日经参议院三读通过。3月10日,袁世凯在北京宣誓就任临时大总统。次日,孙中山在南京签署颁布了《中华民国临时约法》。[1]

二、《中华民国临时约法》的主要内容与性质

《中华民国临时约法》是中国历史上第一部近代资产阶级民主共和国的临时宪法,共有总纲、人民、参议院、临时大总统副总统、国务员、法院、附则等7章56条,基本具备了比较完整的宪

---

[1] 《中华民国临时约法》,参见中国史学会主编:《辛亥革命》(八),上海人民出版社1957年版,第30~36页。以下引自该约法的各章内容,不再标注。

第十章 中华民国南京临时政府的法律制度

法结构和主要内容，同时又具有限制临时大总统权力，以防止专断独裁的显著特征。

（一）首次确立"主权在民"的宪法原则和国家性质

第一章"总纲"第一条和第二条明文规定，"中华民国由中华人民组织之"；"中华民国之主权，属于国民全体"，首次以国家基本法的形式，确立"主权在民"的宪法原则和国家性质，否定了中国传统社会"君权神授"和"朕即国家"的君主专制国家性质，同时也摒弃了清末的君主立宪主张，赋予人民在国家中的权利主体地位。

（二）首次规定人民平等自由的民主权利及法定义务

第二章"人民"第五条明确规定："中华民国人民，一律平等，无种族、阶级、宗教之区别。"首次以国家基本法的形式，确认近代资产阶级主张的"天赋人权，胥属平等"[1]的政治原则，否定了中国历代沿袭的官僚贵族等级特权制度。

第六条具体规定了人民依法享有的各项"自由权"，包括"非依法律"不得限制人身自由，不得侵入"人民之家宅"；人民保有财产及营业、言论、著作、刊行、集会、结社、书信秘密、居住迁徙、信教等自由。

第七条至十二条进一步规定了人民依法享有的各项政治权利，包括向议会请愿、向行政官署陈诉、向法院诉讼、向平政院陈诉"官吏违法损害权利之行为"以及参加"应任官考试之权"和"选举及被选举权"。而第十三条和十四条也同时规定了人民依法有纳税和服兵役的相应义务。

这些规定首次以国家基本法的形式，确认并保障人民依法享有的宪法所赋予的自由民主权利，同时承担相应的法律义务，否定了中国历代君主专制集权制度践踏人权的政治传统，恢复了"人民"应有的基本属性。

（三）继续坚持三权分立的政权组织形式

《中华民国临时约法》继续坚持《中华民国临时政府组织大纲》确立的三权分立的政权组织形式。第一章"总纲"第四条规定："中华民国以参议院、临时大总统、国务员、法院行使其统治

---

[1]《南京临时政府公报》第41号，见中国科学院近代史研究所史料组编辑：《辛亥革命资料》，中华书局1961年版，第302页。

权。"第三章至第六章全面系统地规定了分别行使立法权、行政权和司法权的各个国家机关及其组织编制、职权范围、工作程序和法律责任。

参议院是临时政府最高立法机关。根据第三章"参议院"的规定,"中华民国之立法权,以参议院行之";参议院按本约法确定的名额,以"各地方所选派之参议员组织之";其议长"用记名投票法互选之,以得票满投票总数之半者为当选";"参议院得自行集会、开会、闭会","每参议员有一表决权";"参议院以国会成立之日解散,其职权由国会行之"。可见,参议院具有国会成立之前代行国会职权的性质和地位。

参议院的职权非常广泛,根据本章第十九条的各项规定,包括"议决一切法律案"及"临时政府之预算、决算"、"全国之税法、币制及度量衡之准则"、"公债之募集及国库有负担之契约";"议决"临时大总统制定的官制、官规;"承诺"审议临时大总统"任命国务员及外交大使公使"、"宣战、媾和及缔结条约"及大赦等事件;"答复临时政府咨询事件";"受理人民之请愿";将"关于法律及其他事件之意见建议于政府";向国务员"提出质问书","并要求其出席答复";"咨请政府查办官吏纳贿违法事件";等等。

临时大总统是临时政府最高行政长官。第四章"临时大总统副总统"规定,"临时大总统、副总统由参议院选举之,以总员四分之三以上之出席,得票满总数三分之二以上者为当选";"临时大总统代表临时政府,总揽政务,公布法律",依法"发布命令"或"宣告戒严";"统率全国海陆军队";"代表全国,接受外国之大使公使";"颁给勋章并其他荣典";宣告"特赦、减刑、复权";经参议院"议决"或"同意","制定官制、官规","任命国务员及外交大使公使","宣战、媾和及缔结条约","宣告大赦";等等。

第五章"国务员"规定,"国务总理及各总长,均称为国务员",组成责任内阁,"辅佐临时大总统负其责任",共同管理国家行政事务。而第四十五条规定的"国务员于临时大总统提出法律案、公布法律及发布命令时,须副署之",则赋予国务员在临时大总统处理重大法律事务时,拥有签名联署的"副署权"。这实际是对临时大总统行使行政权的一种重要限制,也成为责任内阁制取代《中华民国临时政府组织大纲》确立的总统制的重要标志。

法院是临时政府的司法审判机关。根据第六章"法院"的有关规定,"法院以临时大总统及司法总长分别任命之法官组织之","依法律审判民事诉讼及刑事诉讼";"法官独立审判,不受上级官厅之干涉";"法官在任中不得减俸或转职,非依法律受刑罚宣告,或应免职之惩戒处分,不得解职"。这些规定确立司法独立原则,为法官依法独立审理案件,保障法院司法审判活动的公平公正,提供了法律依据。

(四)规定临时约法的效力和严格的修改程序

第七章"附则"第五十四条规定了临时约法的效力及性质:"中华民国之宪法,由国会制定;宪法未施行以前,本约法之效力与宪法等。"这一规定赋予临时约法具有与正式宪法同等的效力和性质。

第五十五条规定了临时约法的严格修改程序:"本约法由参议院议员三分之二以上或临时大总统之提议,经参议员五分之四以上之出席,出席员四分之三之可决,得增修之。"这一严格的修改程序,正是为了防范临时大总统擅自修改临时约法,改变三权分立的国家政治体制和政权组织形式,进而达到专权独断的个人目的。

三、《中华民国临时约法》的特点与历史意义

(一)《中华民国临时约法》的特点

《中华民国临时约法》是辛亥革命推翻清朝君主专制集权制度,建立资产阶级民主共和国的过程中制定并颁布的。值此政权更迭的复杂形势下,各派政治力量之间存在严重分歧和激烈博弈,最终迫使孙中山决定辞去临时大总统,而由参议院推选袁世凯继任第二届临时大总统。在资产阶级革命党人即将丧失临时政府领导权之际,为了维护资产阶级民主共和的国家性质和三权分立的政权组织形式,参议院采纳孙中山的建议,在制定《中华民国临时约法》的过程中进行重大修改,增加了制约临时大总统权力的重要内容。

第一,《中华民国临时约法》改变《中华民国临时政府组织大纲》确立的临时政府的行政体制,以责任内阁制取代总统制,从三权分立的行政权内部的权力分配入手,防范临时大总统的专权独断。其中最重要的标志就是约法赋予国务员在临时大总统处理重大法律事务时行使"副署权",以限制临时大总统的部分权力。

第二,《中华民国临时约法》扩大参议院的权力,以三权分立之一的立法权,监督和制约临时大总统的行政权,防止临时大总统

滥用权力。约法规定的临时大总统、副总统由参议院选举产生；其重要行政权力的行使，重大国务事项的决定，必须经参议院同意；临时大总统有谋叛行为时，参议院经法定人数通过决议后，可以对其进行弹劾，并由最高法院组织特别法庭进行审判等内容，就体现了参议院对临时大总统行政权的监督和制约。

第三，《中华民国临时约法》第七章"附则"规定了严格的修改程序，防止临时大总统随意修改临时政府基本法，擅自改变临时政府的权力制衡，从而实行专制独裁统治。

《中华民国临时约法》关于限制总统权力的规定，反映了以孙中山为代表的资产阶级革命党人，用法律制约临时大总统权力，防范袁世凯个人专权，捍卫临时政府基本法的权威地位，维护三权分立的资产阶级民主共和国的不懈追求。

（二）《中华民国临时约法》的历史意义

《中华民国临时约法》是中国历史上第一部资产阶级民主共和国的宪法性法律，在中华民国正式宪法颁布以前，其地位相当于一部具有国家根本法性质的临时宪法。它以近代西方资本主义国家的宪法为制宪依据，以孙中山所主张的民权主义理论为制宪纲领，以资产阶级革命党人民主共和的法治思想为制宪宗旨，以"主权在民"的宪法原则为制宪基础，以国家基本法的形式，充分肯定辛亥革命的重要成果，彻底否定在中国延续两千多年的君主专制集权制度，正式确立资产阶级民主共和的国家制度和三权分立的政治体制，全面规定人民平等自由的民主权利及法定义务，反映了资产阶级革命派的政治意志和法制理想，符合当时条件下中国社会发展的进步趋势，从一定程度上代表了广大人民群众要求民主自由的愿望，在中国近代宪政理论和立宪活动方面具有开创性的历史意义。

第三节 南京临时政府社会改革的主要法令

南京临时政府仅仅存在三个月时间，不具备系统地进行大规模立法活动的客观条件，主要是通过临时大总统以及临时政府的有关部门发布一系列政令、法令及规章，在一定程度上反映了资产阶级革命党人的民主法制精神。

第十章　中华民国南京临时政府的法律制度

一、促进经济发展的法令

南京临时政府成立后，陆续颁布了一些振兴民族实业和促进经济发展的重要法令，鼓励民间兴办实业，扶持困难企业，保护民族工商业和民族资本主义。凡是受到政府不法侵害的工商企业，允许向平政院或地方都督府进行控告。例如：临时大总统发布的《慎重农事令》，要求保护农民，恢复农业生产；实业部拟订的《商业注册章程》和《商业银行则例》等商事法规，保障商业、企业及银行的正常经营活动。

1912年1月28日，临时政府还发布《内务部通饬保护人民财产令》，维护经济社会的稳定。该法令共有5条，对于各种不同性质的财产，做出了各种不同的规定："①凡在民国势力范围之人民，所有一切私产，均应归人民享有。②前为清政府官产，现入民国势力范围者，应归民国政府享有。③前为清政府官吏所得之私产，现无确实反对民国证据，已在民国保护之下者，应归该私人享有。④现虽为清政府官吏，其本人确无反对民国之实据，而其财产在民国势力范围下者，应归民国政府保护，俟该本人投归民国时，将其财产交该本人享有。⑤现为清政府官吏，而又为清政府出力，反对民国政府，虐杀民国人民，其财产在民国势力范围内者，应一律查抄，归民国政府享有。"[1]

二、保障人权的法令

南京临时政府建立后，根据资产阶级人权思想和平等原则，先后颁布了各种废除等级特权制度和保障人权的法令。

（一）废止对"贱民"的歧视与和限制

1912年3月17日，临时政府发布《大总统通令开放疍户惰民等许其一体享有公权私权文》，宣称"天赋人权，胥属平等"，明令取消清朝法律对于各类"贱民"的身份歧视和特别限制，赋予"闽粤之疍户[2]、浙之惰民、豫之丐户及所谓发功臣暨披甲家为奴"之义民、优倡、隶卒等"对于国家社会之一切权利，公权若

---

〔1〕《南京临时政府公报》第6号，见中国科学院近代史研究所史料组编辑：《辛亥革命资料》，中华书局1961年版，第42~43页。

〔2〕疍户，世代以船为生的水上居民。

选举、参政等,私权若居住、言论、出版、集会、信教之自由等,均许一体享有,毋稍歧异,以重人权而彰公理"[1]。

(二)禁止买卖人口

1912年3月2日,临时政府发布《大总统令内务部禁止买卖人口文》,"通饬各属,嗣后不得再有买卖人口情事,违者罚如令。其从前所结买卖契约悉予解除,视为雇主雇人之关系,并不得再有主奴名分"[2],责令内务部保护其人身权利、人格尊严和人权地位。

1912年3月19日,临时政府又发布《大总统令外交部妥筹禁绝贩卖猪仔及保护华侨办法文》,"除令广东都督严行禁止猪仔出口外",同时责令外交部"妥筹杜绝贩卖及保护侨民办法,务使博爱平等之义实力推行"[3],以保护华工、华侨利益。

三、发展文化教育的法令

1912年2月,教育部发布《普通教育暂行办法》14条和《普通教育暂行课程标准》11条,将学堂改称学校,监督、堂长改称校长,规定初等小学可以男女同校,鼓励女子读书识字,废止小学读经,要求教科书必须合乎共和民国宗旨,禁止使用清朝学部颁行的教科书。[4]

1912年3月,教育部又发布《教育部禁用前清各书通告各省电文》,正式废止前清等"有碍民国精神暨非各学校应授之科目",发展民国教育事业,开展国民社会教育。高等学校虽然可以暂按旧章办理,但是《大清会典》《大清律例》《皇朝掌故》和《国朝事实》以及其他有碍民国精神的书籍一律禁止,前清皇帝御批书籍也

---

[1]《南京临时政府公报》第41号,见中国科学院近代史研究所史料组编辑:《辛亥革命资料》,中华书局1961年版,第302页。

[2]《南京临时政府公报》第27号,见中国科学院近代史研究所史料组编辑:《辛亥革命资料》,中华书局1961年版,第216页。

[3]《南京临时政府公报》第42号,见中国科学院近代史研究所史料组编辑:《辛亥革命资料》,中华书局1961年版,第311~312页。

[4]《南京临时政府公报》第4号,见中国科学院近代史研究所史料组编辑:《辛亥革命资料》,中华书局1961年版,第28页;详见中国史学会主编:《辛亥革命》(八),上海人民出版社1957年版,第58~60页。

第十章 中华民国南京临时政府的法律制度

禁止使用。[1]

四、改革社会陋习的法令

南京临时政府成立后,连续颁布了一系列改革社会陋习的法令,倡导移风易俗,宣扬近代文明,改进社会风尚。

(一)禁烟

1912年3月,临时政府发布《大总统令禁烟文》,对于"饮鸩自安,沉湎忘返",继续吸食鸦片者,"当咨行参议院,于立法时剥夺其选举、被选一切公权";"并由内务部转行各省都督,通饬所属官署,重申种、吸各禁,勿任废弛"[2],彻底禁绝烟毒。

(二)禁赌

1912年3月,先后通过《内务部报告禁赌呈》和《内务部请大总统查禁赌博陋习及禁售各种赌具呈》,内务部以"赌博陋习,最为社会之害","亟应严切禁止,为我共和国民祛除污点"为由,分别咨请各部及各省都督,并且通饬南京巡警总监和南京府知事,"无论何项赌博,一体禁除";"凡人民宴会游饮集合各场所,一概不准重蹈赌博旧习。其店铺中有售卖各种赌具者,即著自行销毁,嗣后永远不准出售。责任各该地方巡警严密稽查,倘有违犯,各按现行律科罪,以绝赌风而肃民纪"[3]。

(三)限令剪辫

1912年3月5日,临时政府发布《大总统令内务部晓示人民一律剪辫文》,责成内务部"通行各省都督,转谕所属地方一体知悉。凡未去辫者,于令到之日,限二十日,一律剪除净尽。有不遵者,以违法论。该地方官毋稍容隐,致干国纪"[4]。

(四)劝禁缠足

1912年3月,临时政府发布《大总统令内务部通饬各省劝禁

---

[1]《南京临时政府公报》第32号,见中国科学院近代史研究所史料组编辑:《辛亥革命资料》,中华书局1961年版,第254页。

[2]《南京临时政府公报》第27号,见中国科学院近代史研究所史料组编辑:《辛亥革命资料》,中华书局1961年版,第215页。

[3]《南京临时政府公报》第29号、第31号,见中国科学院近代史研究所史料组编辑:《辛亥革命资料》,中华书局1961年版,第235、248页。

[4]《南京临时政府公报》第29号,见中国科学院近代史研究所史料组编辑:《辛亥革命资料》,中华书局1961年版,第233页。

缠足文》，责令内务部通饬全国各省，对于妇女缠足的恶俗"一体劝禁。其有故违禁令者，予其家属以相当之罚"[1]。内务部随即发布《内务部咨各省都督禁止缠足文》，强调"已缠者令其必放，未缠者毋许再缠。倘乡僻愚民仍执迷不悟，则或编为另户，以激其羞恶之心；或削其公权，以生其向隅之感"[2]。

（五）改革旧式称呼

1912年3月，临时政府发布《大总统令内务部通知各官署革除前清官厅称呼文》，内务部随即奉命发布《内务部咨各省革除前清官厅称呼文》，申明"官厅为治事之机关，职员乃人民之公仆，本非特殊之阶级，何取非分之名称"。因此，明令废止清朝官厅的大人、老爷等称呼，均以官职相称。民间则以先生或君相称，"不得再沿前清官厅恶称"[3]。

五、改革司法制度的法令

南京临时政府实行三权分立和司法独立原则，先后制订了各种改革司法制度的法令予以落实。

（一）确立司法独立原则

根据三权分立的政权组织形式，《中华民国临时约法》确立了司法独立原则，规定"法官独立审判，不受上级官厅之干涉"；"法官在任中不得减俸或转职，非依法律受刑罚之宣告，或应免职之惩戒处分，不得解职"；同时制定法官常任制、薪俸保障制等配套制度，保障司法独立原则的实施。

（二）禁止刑讯

1912年3月2日，临时政府发布《大总统令内务司法两部通饬所属禁止刑讯文》，规定"不论行政司法官署及何种案件，一概不准刑讯。鞫狱当视证据之充实与否，不当偏重口供"；并且命令各级官厅，"从前不法刑具，悉令焚毁"。对于执行情况，临时政府"不时派员巡视。如有不肖官司，日久故智复萌，重煽亡清遗毒

---

[1]《南京临时政府公报》第37号，见中国科学院近代史研究所史料组编辑：《辛亥革命资料》，中华书局1961年版，第280页。

[2]《南京临时政府公报》第45号，见中国科学院近代史研究所史料组编辑：《辛亥革命资料》，中华书局1961年版，第336页。

[3]《南京临时政府公报》第27号，见中国科学院近代史研究所史料组编辑：《辛亥革命资料》，中华书局1961年版，第216页。

者，除褫夺官职外，付所司治以应得之罪"[1]。内务部随即发布《内务部咨司法部严令所属各官厅一律停止刑讯文》，传达临时大总统的禁令。[2]

（三）禁止体罚

1912年3月11日，临时政府发布《大总统令内务司法部通饬所属禁止体罚文》，谴责"体罚制度为万国所摒弃，中外所讥评"，"亟宜申明禁令，迅予革除"，责令内务、司法两部"速行通饬所属，不论司法行政各官署，审理及判决民刑案件，不准再用笞杖、枷号及他项不法刑具。其罪当笞杖、枷号者，悉改科罚金、拘留"[3]。

（四）采用审判公开、陪审制度及辩护制度

南京临时政府成立时间较为短暂，在司法审判制度方面并未制定专门的法律法规，而是通过《中华民国临时约法》的有关规定以及司法审判活动的具体实践，提出了审判公开、陪审制度及辩护制度。关于审判公开制度，《中华民国临时约法》第50条明确规定："法院之审判，须公开之。但有认为妨害安宁秩序者，得秘密之。"司法总长伍廷芳在致电孙中山时，也明确提出了公开审判、陪审制度及辩护制度等拟议："派精通中外法律之员承审，另选通达事理、公正和平、名望素著者三人为陪审员，并准两造聘请辩护士到堂辩护。审讯时，任人旁听。"[4] 这些规定和拟议，反映了南京临时政府司法制度的基本精神。

（五）重视律师制度

早在1912年1月，上海律师界即率先发起成立律师公会，并且起草了《中华民国律师总公会章程》。[5] 1月28日，中华民国律师总公会在上海召开成立大会，选举了临时会长和临时副会长。4月1日，《临时政府公报》刊登《内务部警务局长孙润宇建议施行

---

[1]《南京临时政府公报》第27号，见中国科学院近代史研究所史料组编辑：《辛亥革命资料》，中华书局1961年版，第216页。

[2]《南京临时政府公报》第28号，见中国科学院近代史研究所史料组编辑：《辛亥革命资料》，中国书局1961年版，第226页。

[3]《南京临时政府公报》第35号，见中国科学院近代史研究所史料组编辑：《辛亥革命资料》，中华书局1961年版，第271页。

[4]《伍先生（秩庸）公牍》，台湾文海出版社有限公司1971年版，第53页。

[5] 参见上海《民立报》1912年1月11日和14日连载。

律师制度呈孙大总统文》,详细阐述了建立律师制度的重要意义。孙润宇还将所编《律师法草案》呈送孙中山,请求"准予咨送参议院议决施行。庶司法机关得以完固,民间冤抑凭此雪伸"[1]。孙中山在《大总统令法制局审核呈复律师法草案文》中也明确指出:"律师制度与司法独立相辅为用,夙为文明各国所通行。现各处暨纷纷设立律师公会,尤应亟定法律,俾资依据。合将原呈及草案发交该局,仰即审核呈复,以便咨送参议院议决。"[2]综上所见,南京临时政府是非常重视律师法的制定和律师制度建设的。

拓展阅读材料

1. 中国科学院近代史研究所史料组编辑:《辛亥革命资料》,中华书局1961年版。

2. 谢振民:《中华民国立法史》,中国政法大学出版社2000年版。

---

[1]《南京临时政府公报》第54号,见中国科学院近代史研究所史料组编辑:《辛亥革命资料》,中华书局1961年版,第411页。

[2]《南京临时政府公报》第45号,见中国科学院近代史研究所史料组编辑:《辛亥革命资料》,中华书局1961年版,第337页。

法学 e 系列教材

书　名	作　者
法理学	赵雪纲
宪法学	姚国建
行政法学	王敬波
行政诉讼法学	张　锋
中国法制史	马志冰
民法总论	姚新华
物权法	刘智慧
债法总论	费安玲
合同法	朱晓娟
侵权行为法	寇广萍
知识产权法	周长玲
公司法学	吴景明等
证券法	王光进
经济法学	薛克鹏　张钦昱
金融法学	魏敬淼
竞争法学	刘继峰　刘　丹
刑法学总论	曲新久
刑法学分论	阮齐林
民事诉讼法学	杨秀清
刑事诉讼法学	卫跃宁
国际法	马呈元
国际私法	刘　力
国际经济法	张丽英